ENERGIERECHT

Beiträge zum deutschen, europäischen
und internationalen Energierecht

Herausgegeben von
Jörg Gundel und Knut Werner Lange

6

Michael Kling

Die Rechtskontrolle von Netzentgelten im Energiesektor

Entgeltbestimmung durch „simulierten Wettbewerb" und Missbrauchskontrolle nach Regulierungsrecht, Kartellrecht und Zivilrecht

Mohr Siebeck

Michael Kling, geboren 1972; Studium der Rechtswissenschaften in Mainz; 2000 Promotion; 2008 Habilitation; seit 2009 ordentlicher Professor an der Philipps-Universität in Marburg.

ISBN 978-3-16-152406-6
ISSN 2190-4766 (Energierecht)

Die Deutsche Nationalbibliothek verzeichnet diese Publikation in der Deutschen Nationalbibliographie; detaillierte bibliographische Daten sind im Internet über *http://dnb.dnb.de* abrufbar.

© 2013 Mohr Siebeck Tübingen. www.mohr.de

Das Werk einschließlich aller seiner Teile ist urheberrechtlich geschützt. Jede Verwertung außerhalb der engen Grenzen des Urheberrechtsgesetzes ist ohne Zustimmung des Verlags unzulässig und strafbar. Das gilt insbesondere für Vervielfältigungen, Übersetzungen, Mikroverfilmungen und die Einspeicherung und Verarbeitung in elektronischen Systemen.

Das Buch wurde von Gulde-Druck in Tübingen auf alterungsbeständiges Werkdruckpapier gedruckt und von der Buchbinderei Spinner in Ottersweier gebunden.

"The best of all monopoly profits is a quiet life."

> J. R. Hicks, Annual Survey of Economic Theory:
> The Theory of Monopoly, Econometrica, Volume
> 3, Number 1 (January 1935), p. 8

Vorwort

Die vorliegende Monographie entstand größtenteils während eines Forschungsfreisemesters im Frühjahr und Sommer 2012. Sie geht auf eine konkrete Anregung von Herrn RiBGH *Dr. Lutz Strohn* aus dem vergangenen Jahr zurück. Diese Anregung bezog sich auf einen Aufsatz zum Thema „Kontrolle von Netzentgelten nach Kartellrecht, Regulierungsrecht und Zivilrecht" für eine von ihm mit herausgegebene, renommierte Fachzeitschrift. Bald nach Beginn der Bearbeitung des Themas zeigte sich, dass dieses Thema bei vertiefter Bearbeitung die Grenzen des Aufsatzformats deutlich überschreiten würde. Nach einer zwischenzeitlich notwendig gewordenen Unterbrechung durch ein anderes wissenschaftliches Projekt habe ich mich zu einer ausführlichen Bearbeitung des Themas entschlossen. Ich danke Herrn *Dr. Strohn* herzlich für die Anregung des Themas und noch mehr für seine Geduld. Dem Fachbereich Rechtswissenschaften der Philipps-Universität danke ich für die großzügige Gewährung des Forschungsfreisemesters.

Für eine Reihe von hilfreichen Anregungen und kritischen Hinweisen danke ich außerdem Herrn cand. iur. *Arian Nazari-Khanachayi* und meinen beiden Wissenschaftlichen Mitarbeitern, Frau Ref. iur. *Romy Nicole Fleischer* und Herrn Ass. iur. *Cai Rüffer*, sowie meiner Sekretärin *Sabine Bodenbender*.

Der Text befindet sich auf dem Stand von Mitte September 2012.

Marburg, im Oktober 2012   Michael Kling

Inhalt

Vorwort VII

Einleitung 1

I. Die Bedeutung der Netzzugangsentgelte für die Marktöffnung und
den Wettbewerb in der Energiewirtschaft 1

II. Gang der Untersuchung 3

Kapitel 1: Der Anspruch auf diskriminierungsfreien Netzzugang und die Ermittlung der Netzentgelte im Energierecht 5

I. Grundlagen 5
 1. Der Anspruch auf diskriminierungsfreien Netzzugang 5
 2. Die Zuständigkeitsverteilung zwischen den Kartell- und den
 Regulierungsbehörden im nationalen Recht 6

II. Der kostenbasierte Ansatz als Ausgangspunkt
der Entgeltbestimmung 7

III. Die Anreizregulierung als alternative Methode
der Entgeltbestimmung 8

 1. Grundlagen 8
 2. Wettbewerbstheoretische Vorüberlegungen 10
 3. Die Konkretisierung durch die Vorgaben der
 Anreizregulierungsverordnung 13
 a) Die Festlegung von Erlösobergrenzen 14
 b) Der Effizienzvergleich 16
 c) Das Konzept der Anreizsetzung im Einzelnen 19
 d) Die Erforderlichkeit und die Umsetzung der
 Qualitätsregulierung 20

IV. Die Vereinbarkeit der Anreizregulierung mit dem höherrangigen Recht ... 23

1. Verstoß gegen Grundrechte? ... 23
   a) Die Berufsfreiheit des Art. 12 Abs. 1 GG ... 23
   b) Die Eigentumsgarantie des Art. 14 Abs. 1 GG ... 25
   c) Der allgemeine Gleichheitssatz des Art. 3 Abs. 1 GG ... 28
2. Die sozialstaatliche Absicherung der Anreizregulierung ... 28

V. Der generelle sektorale Produktivitätsfaktor gemäß § 9 ARegV ... 29

1. Grundlagen ... 29
2. Die Bedeutung des generellen sektoralen Produktivitätsfaktors ... 31
3. Die unzureichende Ermächtigungsgrundlage im EnWG und der Neuerlass der Vorschrift ... 32

VI. Die Härtefallregelung in § 4 Abs. 4 Nr. 2 ARegV ... 36

1. Die unbestimmten Rechtsbegriffe „unvorhergesehenes Ereignis" und „unzumutbare Härte" ... 36
2. Die Rechtsprechung des OLG Düsseldorf zur Härtefallregelung . 39
3. Die Rechtsprechung des BGH zur Härtefallregelung ... 40

VII. Die Regulierung von Gasnetzentgelten ... 43

Kapitel 2: Die kartellrechtliche Entgeltkontrolle ... 49

I. Der Ausschluss von §§ 19, 20 und § 29 GWB durch § 111 Abs. 1 Satz 1 EnWG ... 49

II. Die Bedeutung des Art. 102 AEUV für überhöhte Netzentgelte ... 51

1. Vorüberlegungen ... 51
2. Kein Ausschluss des Art. 102 AEUV durch § 111 EnWG ... 52
3. Die marktbeherrschende Stellung des Netzbetreibers ... 53
4. Die Missbräuchlichkeit der Entgelte ... 54
   a) Das Erfordernis eines unternehmerischen Handlungsspielraums ... 57
   b) Fallgruppen missbräuchlicher Verhaltensweisen ... 60
   c) Kein einheitliches Netznutzungsentgelt für alle Netzbetreiber ... 61
   d) Die Methoden zur Ermittlung eines kartellrechtlichen Missbrauchs ... 62

aa) Das Vergleichsmarktkonzept..62
bb) Die Methode der Gewinnspannenbegrenzung 66
5. Das Verhältnis der Entgeltgenehmigung zum kartellrechtlichen
Preishöhenmissbrauch...67
a) „Richtigkeitsgewähr" genehmigter Entgelte? 67
b) Kritik 68
6. Die Eignung zur Beeinträchtigung des Handels zwischen den
Mitgliedstaaten (sog. Zwischenstaatlichkeitsklausel) 69

III. Die sog. Kosten-Preis-Schere als Anwendungsfall
des Art. 102 AEUV..72

1. Grundlagen 72
2. Das Verfahren „Gasmarktabschottung durch RWE"
der Europäischen Kommission..77
3. Stellungnahme 79
4. Keine schematische Anwendung ökonometrischer
Methoden bei der Feststellung eines Missbrauchs im
Sinne des Art. 102 AEUV 81
5. Die objektive wirtschaftliche Rechtfertigung im Rahmen von
Art. 102 AEUV 84
6. Zwischenfazit...85

Kapitel 3: Die energierechtliche Entgeltkontrolle......................87

I. Grundlagen...87

II. Die Missbrauchsaufsicht durch die Regulierungsbehörde 88

1. Der Missbrauchstatbestand des § 30 EnWG 88
a) Überblick 88
aa) Die Generalklausel des § 30 Abs. 1 Satz 1 EnWG 89
bb) Die Regelbeispiele des § 30 Abs. 1 Satz 2 EnWG............92
(1) § 30 Abs. 1 Satz 2 Nr. 1 EnWG 92
(2) Die weiteren Regelbeispiele in § 30 Abs. 1
Satz 2 Nr. 2 bis Nr. 6 EnWG 94
(3) Der Behinderungsmissbrauch gemäß
§ 30 Abs. 1 Satz 2 Nr. 2 EnWG 94
(4) Das Verbot externer Diskriminierung gemäß
§ 30 Abs. 1 Satz 2 Nr. 3 EnWG 97
(5) Das Verbot interner Diskriminierung gemäß
§ 30 Abs. 1 Satz 2 Nr. 4 EnWG 98

(6) Der Ausbeutungsmissbrauch gemäß
§ 30 Abs. 1 Satz 2 Nr. 5 EnWG 99
(7) Der Strukturmissbrauch gemäß
§ 30 Abs. 1 Satz 2 Nr. 6 EnWG 101
cc) Zwischenfazit zu § 30 Abs. 1 EnWG 103
b) Die behördlichen Eingriffsbefugnisse gemäß
§ 30 Abs. 2 EnWG 104
2. Das besondere Missbrauchsverfahren gemäß § 31 EnWG 106
3. Aufsichtsmaßnahmen der Regulierungsbehörde gemäß
§ 65 EnWG 109

III. Der energierechtliche Zivilrechtsschutz gemäß §§ 32, 33 EnWG 111

1. Grundlagen 111
2. Die Ansprüche auf Unterlassung, Beseitigung und
Schadensersatz gemäß § 32 EnWG 111
3. Die Vorteilsabschöpfung gemäß § 33 EnWG 113

Kapitel 4: Die zivilrechtliche Entgeltkontrolle 115

*I. Das Problem der bereicherungsrechtlichen Rückabwicklung
überhöhter Netzzugangsentgelte* 115

1. Einführung 115
2. Der Grundsatz der Mehrerlösabschöpfung im
Energiewirtschaftsrecht 115

*II. Die zivilrechtliche Billigkeitskontrolle nach § 315 BGB im
Anwendungsbereich des § 23a Abs. 5 Satz 1 EnWG* 117

1. Die Rechtslage nach der Energierechtsnovelle 2005 117
2. Pro und Contra einer zivilrechtlichen Entgeltkontrolle in
der Rechtsprechung der Oberlandesgerichte 119
3. Die Entscheidung der Streitfrage durch das Urteil
„Stromnetznutzungsentgelt V" des BGH vom 15. Mai 2012 121
4. Parallelen zur Entgeltbestimmung im
Eisenbahnregulierungsrecht 125
5. Die Anwendbarkeit des § 315 BGB auf Netznutzungsentgelte
im System der Anreizregulierung 126
6. Die zeitliche Dimension der Geltendmachung
des Kondiktionsanspruchs 127
a) Einführung 127
aa) Die Verjährung des Kondiktionsanspruchs 127

bb) Die Verwirkung des Klagerechts 129
　　(1) Das Zeitmoment 129
　　(2) Das Umstandsmoment 131
　　(3) Besonderes Beschleunigungsgebot im
　　　　Energiewirtschaftsrecht? 133
　b) Die Verteilung der Darlegungs- und Beweislast und die
　　Folgen für die gerichtliche Festsetzung des Netznutzungs-
　　entgelts gemäß § 315 Abs. 3 Satz 2 BGB 133
7. Der Maßstab der Billigkeit in § 315 Abs. 3 Satz 2 BGB 136
　a) Der weite Anwendungsbereich der Vorschrift 136
　b) Der objektiv-individuelle Maßstab im Vertragsrecht
　　des BGB 138
　c) Der überindividuelle Maßstab bei der Überprüfung von
　　Netzentgelten nach § 315 BGB und die Konkretisierung
　　durch energiewirtschaftliche Bewertungsmaßstäbe 142
　d) Stellungnahme 143
　e) Der mittelbare „Sanktionscharakter" des § 315 Abs. 3 BGB
　　infolge der Beweislastverteilung 145
8. Die gerichtliche Entscheidungsfindung bei der Neufestsetzung
　des Entgelts gemäß § 315 Abs. 3 Satz 2 BGB 145
9. Prozessuale Besonderheiten betreffend den Klageantrag 147

Zusammenfassende Thesen 151

Literaturverzeichnis 161
Stichwortverzeichnis 167

Einleitung

I. Die Bedeutung der Netzzugangsentgelte für die Marktöffnung und den Wettbewerb in der Energiewirtschaft

Die vorliegende Monographie[1] ist der Rechtskontrolle von Netzzugangsentgelten im Kartellrecht, Energierecht und Zivilrecht gewidmet.[2] Solche Entgelte werden von den Inhabern von Energienetzen für die Inanspruchnahme ihrer Leitungsnetze zum Zwecke der „Durchleitung" von Energie durch Dritte erhoben. Wegen der Leitungsgebundenheit der Energieversorgung und aufgrund der fehlenden Duplizierbarkeit[3] der Energienetze haben deren Inhaber sog. natürliche Monopole[4] inne. Das Verlangen nach prohibitiv hohen Netzentgelten stellt eine große Gefahr für den Wettbewerb dar, denn dadurch kann der Anspruch der Konkurrenten auf diskriminierungs-

---

[1] Rechtsprechungszitate mit Randnummernangabe sind solche nach juris.

[2] Nicht erörtert wird hier das Problem der Rechtskontrolle von Strom- und Gastarifen der Energieversorger gegenüber Endkunden sowie die Billigkeitskontrolle einseitiger Tariferhöhungen des Versorgers gemäß § 315 BGB; siehe dazu z.B. BGH v. 13. 6. 2007 – VIII ZR 36/06, BGHZ 172, 315 = NJW 2007, 2540; BGH v. 19. 11. 2008 – VIII ZR 138/07, RdE 2009, 54 mit Anm. *Markert*; BGH v. 22. 2. 2012 – VIII ZR 34/11, WuW/E DE-R 3569 = RdE 2012, 211 – Gaspreiserhöhung; BGH v. 14. 3. 2012 – VIII ZR 93/11, WuW/E DE-R 3577 = RdE 2012, 200 – Gaspreisanpassung; siehe ferner *Dreher*, ZNER 2007, 103 ff.; *Ambrosius*, ZNER 2007, 95 ff.; *Becker*, ZNER 2008, 289 ff.; *Büdenbender*, NJW 2007, 2945 ff.; *ders.*, NJW 2009, 3125 ff.; *Mankowski/Schreier*, AcP 208 (2008), 725, 766 ff.; *Wielsch*, JZ 2008, 68 ff.; *Markert*, ZNER 2008, 44 ff.; *ders.*, ZMR 2009, 898 ff.; *ders.*, ZNER 2009, 193 ff.; *ders.*, Festschrift für Säcker, S. 845 ff.; *Böcker*, ZWeR 2009, 105 ff.; *Bayer*, ET 2010, 65 ff.; *Metzger*, ZHR 172 (2008), 458 ff.; *Martini*, DVBl. 2008, 21, 26 ff.; *Säcker*, ZWeR 2008, 348, 358 ff.; *Tonner*, in: Tamm/Tonner, Verbraucherrecht, 2012, § 21 Rn. 1 ff.; *Scholtka/Baumbach*, NJW 2012, 2704, 2708 ff.

[3] Die Duplizierung durch doppelten Leitungsbau ist nicht nur mit erheblichem Aufwand verbunden, sondern sie wäre im Übrigen auch volkswirtschaftlich nicht sinnvoll, weil es sich um eine „höchst überflüssige Verschwendung knapper Ressourcen" handeln würde, so zutreffend *Säcker/Boesche*, in: Berliner Kommentar, § 20 EnWG Rn. 19.

[4] *Meyer-Lindemann*, in: Frankfurter Kommentar, Sonderbereich Energiewirtschaft, Rn. 9, 149; *Theobald/Hummel/Gussone/Feller*, Anreizregulierung, S. 1; zum Begriff des „natürlichen Monopols" siehe *Olbricht*, Netzzugang, S. 57; siehe außerdem *Säcker*, Berliner Kommentar, EnWG Einl. A. Rn. 25.

freien Netzzugang nach § 20 Abs. 1 EnWG 2005[5], der überhaupt erst zur Marktöffnung in der Energiewirtschaft geführt hat, leicht zu einem „zahnlosen Tiger" werden. Neben der Öffnung der Netze durch den Anspruch auf Netzzugang[6] spielt die Höhe der Netzzugangsentgelte anerkanntermaßen die „entscheidende Rolle"[7] für die Öffnung der leitungsgebundenen Energiewirtschaft für den Wettbewerb,[8] denn deren Höhe entscheidet mit darüber, ob die Wettbewerber konkurrenzfähige Angebote machen können.[9] Die Netzkosten bilden – was die jährlichen Monitoringberichte der Bundesnetzagentur[10] verdeutlichen – einen nicht zu vernachlässigenden Anteil an den Entgelten, welche die Energieversorger gegenüber ihren Kunden verlangen. Nach den Angaben im Monitoringbericht der BNetzA von 2011 betrug der Anteil der Netzkosten am Strompreis (Stichtag jeweils 1. April 2011) bei Industriekunden 39,1%[11], bei Gewerbekunden 34,3%[12] und bei Haushaltskunden 33,0%[13]. Im Gasbereich belief sich der Anteil der Netzkosten demgegenüber lediglich 7,75% bzw. 7,4%[14] bei Industriekunden, 17,69% bzw. 18,4% bei Gewerbekunden[15] und 19,43%[16] bei Haushaltskunden.

Nur in dem Fall der Gewährung des Netzzugangs zu angemessenen Bedingungen, wie sie § 21 Abs. 1 EnWG vorschreibt, ist die effektive Durchsetzung des Netzzugangsanspruchs gemäß § 20 Abs. 1 Satz 1 EnWG und

---

[5] Bei § 20 Abs. 1 Satz 1 EnWG handelt es sich um einen unmittelbaren Anspruch auf Netzzugang, nicht lediglich um einen Anspruch auf Aufnahme von Vertragsverhandlungen oder auf Vertragsabschluss (d.h. zu den vom Netzbetreiber bestimmten Konditionen), siehe *Säcker/Boesche*, in: Berliner Kommentar, § 20 EnWG Rn. 21.

[6] Siehe dazu *Schreiber*, Zusammenspiel der Regulierungsinstrumente, S. 1: „Eine Liberalisierung ist ... nur denkbar, wenn das Netz als solches dem Wettbewerb geöffnet wird. Um hier Wettbewerb zu implementieren, ist das regulatorische Eingreifen des Staates jedenfalls im Bereich monopolistischer Engpässe, sog. ‚Bottlenecks', – dauerhaft – erforderlich."

[7] *Gleave/Judith*, in: Danner/Theobald, Energierecht, B 1. Missbrauchsaufsicht in der Energiewirtschaft, Rn. 137.

[8] Siehe dazu auch *Säcker*, N&R 2009, 78, 79; *Busse von Colbe*, in: Berliner Kommentar, Vor §§ 21 ff. EnWG, Rn. 1.

[9] *Martini*, DVBl. 2008, 21, 24.

[10] Der Bericht ist abrufbar unter www.bundesnetzagentur.de/DE/Presse/Berichte/berichte_node.html. Die Rechtsgrundlage dafür ist § 63 Abs. 4 EnWG i.V.m. § 35 EnWG.

[11] BNetzA, Monitoringbericht 2011, S. 138.

[12] BNetzA, Monitoringbericht 2011, S. 140.

[13] BNetzA, Monitoringbericht 2011, S. 33, 145.

[14] BNetzA, Monitoringbericht 2011, S. 206 f.

[15] BNetzA, Monitoringbericht 2011, S. 204 f.

[16] BNetzA, Monitoringbericht 2011, S. 68.

damit der erwünschte Leitungswettbewerb gewährleistet.[17] Der angestrebte „echte Wettbewerb" in der leitungsgebundenen Energiewirtschaft setzt voraus, dass die Netzbetreiber keine Monopolrenditen aus dem Netzgeschäft ziehen können[18], bzw. dass sie daran gehindert werden, Monopolrenditen zur Quersubventionierung ihres Geschäfts als Energielieferanten (im Fall sog. vertikal integrierter Unternehmen) zu verwenden.[19] Deshalb sind der Netzbetrieb und die Energielieferung im geltenden deutschen Energierecht inzwischen strikt voneinander getrennt.[20] Die Regulierung der Netzentgelte erhält ihre Rechtfertigung in dem Ziel der Verhinderung überzogener Preise als Folge eines die gesamtwirtschaftliche Wohlfahrt mindernden Strebens der Netzbetreiber nach Gewinnmaximierung.[21] Die Regulierung sowohl des Netzzugangs als auch der Netzentgelte durch das Energiewirtschaftsgesetz von 2005 betrifft damit zwei Seiten derselben Medaille.[22]

II. Gang der Untersuchung

Im Folgenden geht es allein um die Kehrseite der besagten Medaille.[23] Zunächst werden die energierechtlichen Grundlagen des Netzzugangs und der Bestimmung der Netzzugangsentgelte unter besonderer Berücksichtigung des Systems der Anreizregulierung erörtert (unter II.). Sodann werden nacheinander die kartellrechtliche und die energierechtliche Missbrauchskontrolle untersucht (unter III. und IV.), bevor der Frage nach der bereicherungsrechtlichen Rückforderung überhöhter Entgelte und dem Problem der richterlichen Entgeltbestimmung gemäß § 315 Abs. 3 Satz 2 BGB

---

[17] Ebenso *Martini*, DVBl. 2008, 21, 24.
[18] Vgl. dazu auch *Säcker*, in: Berliner Kommentar, EnWG Einl. A. Rn. 34.
[19] So schon *Säcker*, ZNER 2004, 98 und 104.
[20] *de Wyl/Thole*, in: Schneider/Theobald, Recht der Energiewirtschaft, § 16 Rn. 321: „Ausgangspunkt sämtlicher Vertragsinhalte ist die strikte Trennung von Netznutzung und Stromlieferung."
[21] Zutreffend *Olbricht*, Netzzugang, S. 263 f.
[22] Siehe dazu die Begründung zum Entwurf eines Zweiten Gesetzes zur Neuregelung des Energiewirtschaftsrechts v. 14. 10. 2004, BT-Drucks. 15/3917, S. 51; siehe ferner *Säcker/Boesche*, in: Berliner Kommentar, § 20 EnWG Rn. 21.
[23] Gemäß dem Rechtsstand des Zweiten Gesetzes zur Neuregelung des Energiewirtschaftsrechts, BT-Drucks. 15/3917, S. 7 ff.; zur Entwicklung vom EnWG 1998 zum EnWG 2005 in Bezug auf die Netzentgelte und die Einführung der Regulierung siehe *Theobald/Zenke/Lange*, in: Schneider/Theobald, Recht der Energiewirtschaft, § 17 Rn. 1 ff.

nachgegangen wird (unter V.). Abschließend werden die wesentlichen Thesen zusammengefasst (unter VI.).

1. Kapitel

Der Anspruch auf diskriminierungsfreien Netzzugang und die Ermittlung der Netzentgelte im Energierecht

I. Grundlagen

1. Der Anspruch auf diskriminierungsfreien Netzzugang

Gemäß § 20 Abs. 1 EnWG haben die Betreiber von Energieversorgungsnetzen[1] jedermann[2] nach sachlich gerechtfertigten Kriterien diskriminierungsfrei[3] Netzzugang zu gewähren.[4] Netzzugang bedeutet die Zurverfü-

---

[1] Anspruchsverpflichtete sind die Betreiber von Energieversorgungsnetzen, d.h. die Betreiber von Elektrizitäts- und Gasversorgungsnetzen, die über eine oder mehrere Spannungs- oder Druckstufen reichen (§ 3 Nr. 16 EnWG); siehe *Säcker/Boesche*, in: Berliner Kommentar, § 20 EnWG Rn. 51 f., 59 ff.

[2] Der Kreis der Netzzugangsberechtigten ist sehr weit gezogen, was sich bereits aus dem Begriff „Jedermann" ergibt. Dazu zählen z.B. Netznutzer i. S. des § 3 Nr. 28 EnWG, d.h. natürliche oder juristische Personen, die Energie in ein Elektrizitäts- oder Gasversorgungsnetz einspeisen oder daraus beziehen. Zu den Berechtigten zählen außerdem Strom- und Gaslieferanten, Großhändler, Energieerzeuger und Energieversorgungsunternehmen sowie Letztverbraucher mit hohem Eigenverbrauch, die mittels eines eigenen Netzzugangs- und Netznutzungsvertrags ihren Energiebezug optimieren wollen, siehe *Säcker/Boesche*, in: Berliner Kommentar, § 20 EnWG Rn. 53; siehe ferner *de Wyl/Thole*, in: Schneider/Theobald, Recht der Energiewirtschaft, § 16 Rn. 223. Nicht zu berechtigten Netznutzern zählen die auf der Seite der Verpflichteten stehenden Netzbetreiber, siehe dazu *Säcker/Boesche*, ebd. § 7 Abs. 1 EnWG verlangt eine rechtliche Entflechtung von Netzbetrieb und Versorgung, d.h., dass die sog. integrierten Versorgungsunternehmen sicherstellen müssen, dass die mit ihnen verbundenen Netzbetreiber hinsichtlich ihrer Rechtsform von den anderen Tätigkeitsbereichen des Versorgungsunternehmens unabhängig sind. Gemäß § 8 Abs. 2 Satz 2 bis 5 EnWG (in der seit 4. 8. 2011 geltenden Fassung) ist zusätzlich die Unabhängigkeit der Leitung des Netzbetreibers vorgeschrieben, d.h. auch in operationeller Hinsicht ist der Netzbetreiber unabhängig von den Leitungsorganen des Energieversorgungsunternehmens; zu den verschiedenen Formen der Entflechtung (scil.: eigentumsrechtliche Entflechtung, Etablierung eines Unabhängigen Netzbetreibers [Independent System Operator – ISO], „dritter Weg" des *efficient and effective unbundling*) und der z.T. deutlichen Kritik der Monopolkommission daran siehe ihr 17. Hauptgutachten 2006/2007, BT-Drucks. 16/10140, Rn. 20 ff., 38 ff., 51 ff.

[3] Zum Aspekt der Diskriminierungsfreiheit siehe auch *Küpper/Pedell*, in: Berliner Kommentar, Vor §§ 21 ff. EnWG Rn. 114.

gungstellung von Netzkapazitäten für den „Transport" von Energie, d.h. es geht um ein Mitbenutzungsrecht an einer der Energieversorgung dienenden Leitung innerhalb eines Energienetzes.[5] Die Bedingungen für den Netzzugang und die dafür verlangten Entgelte müssen angemessen, diskriminierungsfrei, transparent und dürfen nicht ungünstiger sein, als sie von den Betreibern der Energieversorgungsnetze in vergleichbaren Fällen für Leistungen innerhalb ihres Unternehmens oder gegenüber verbundenen oder assoziierten Unternehmen angewendet und tatsächlich oder kalkulatorisch in Rechnung gestellt werden (§ 21 Abs. 1 EnWG).[6]

2. Die Zuständigkeitsverteilung zwischen den Kartell- und den Regulierungsbehörden im nationalen Recht

Soweit es sich bei den Netzzugangsentgelten um tatsächliche oder kalkulatorische Bestandteile von Preisen handelt, die die Energieversorgungsunternehmen von den Letztverbrauchern verlangen, haben die Kartellbehörden in Verfahren wegen Verletzung der §§ 19, 20 und 29 GWB gemäß § 111 Abs. 3 EnWG grundsätzlich die von den Netzbetreibern nach § 20 Abs. 1 EnWG i.V.m. § 27 Abs. 1 Satz 1 StromNEV und § 27 Abs. 1 Satz 1 GasNEV[7] im Internet (d.h. auf der Webseite des jeweiligen Netzbetreibers)

---

[4] Der zwischen dem Anspruchsberechtigten und dem Anspruchsgegner ggf. zustande kommenden *Netznutzungsvertrag* wird als typengemischter Vertrag sui generis mit Elemente des Kauf-, Dienst-, Werk-, Miet- und Geschäftsbesorgungsvertrags angesehen, siehe *de Wyl/Thole*, in: Schneider/Theobald, Recht der Energiewirtschaft, § 16 Rn. 226. Der Abschluss eines solchen Vertrags ist eine Obliegenheit und nicht etwa eine Rechtspflicht des Netzzugangspetenten, da wegen des gesetzlichen Netzzugangsanspruchs gemäß § 20 Abs. 1 Satz 1 EnWG die Einräumung des Netzzugangs auch ohne vertragliche Regelung möglich ist; zur dogmatischen Einordnung des Netzzugangsanspruchs als gesetzliches Schuldverhältnis siehe im Einzelnen *Säcker/Boesche*, in: Berliner Kommentar, § 20 EnWG Rn. 22, 26, 30, 35 ff., 44 ff.; siehe ferner *de Wyl/Thole*, a.a.O., § 16 Rn. 237. Die Höhe des Netznutzungsentgelts erfolgt im Rahmen der Anreizregulierung durch die BNetzA, wobei der Abschluss des Netznutzungsvertrags gegebenenfalls durch Annahme unter Vorbehalt zustande kommen kann, siehe wiederum *Säcker/Boesche*, in: Berliner Kommentar, § 20 EnWG Rn. 27.

[5] *de Wyl/Thole*, in: Schneider/Theobald, Recht der Energiewirtschaft, § 16 Rn. 225.

[6] Daraus folgt, dass wesentlich Gleiches gleich behandelt werden muss, so zutreffend *de Wyl/Thole*, in: Schneider/Theobald, Recht der Energiewirtschaft, § 16 Rn. 221 mit Beispielen.

[7] Danach sind die Netzbetreiber verpflichtet, die für ihr Netz geltenden Netzentgelte, einschließlich der Entgelte für die Messung und Abrechnung, auf ihren Internetseiten zu veröffentlichen und auf Nachfrage jedermann unverzüglich in Textform mitzuteilen.

veröffentlichten[8] Netzzugangsentgelte als rechtmäßig zugrunde zu legen.[9] Daraus folgt, dass die Netzzugangsbedingungen und die für den Netzzugang geforderten Entgelte – soweit veröffentlicht –[10] ausschließlich nach dem Regulierungsrecht des EnWG, nicht aber nach den Regelungen des deutschen Kartellrechts in den § 19, § 20 und § 29 GWB zu beurteilen sind.[11] Damit vermeidet der Gesetzgeber im Anwendungsbereich des nationalen Kartell- und Energierechts eine unerwünschte Doppelzuständigkeit von Regulierungs- und Kartellbehörden.

II. Der kostenbasierte Ansatz als Ausgangspunkt der Entgeltbestimmung

Die Netzzugangsentgelte sind grundsätzlich kostenbezogen zu ermitteln.[12] Sie dürfen keine Kosten[13] oder Kostenbestandteile[14] enthalten, die sich ihrem Umfang nach im Wettbewerb nicht einstellen würden (§ 21 Abs. 2 Satz 2 EnWG). Die Entgelte sind letztlich so zu regulieren, wie sie sich bei funktionsfähigem Leitungswettbewerb einstellen würden.[15] § 21 Abs. 2 Satz 1 EnWG[16] bestimmt dazu, dass die Entgelte auf der Grundlage der

---

[8] Zu den Einzelheiten der Bekanntgabe der Netznutzungsentgelte und -bedingungen siehe *Säcker/Boesche*, in: Berliner Kommentar, § 20 EnWG Rn. 87 ff.; *Säcker/Meinzenbach*, in: Berliner Kommentar, § 21 EnWG Rn. 31 ff.

[9] Siehe *Säcker/Boesche*, in: Berliner Kommentar, § 20 EnWG Rn. 45.

[10] Anderenfalls tritt die Bindungswirkung nicht ein, siehe *Schreiber*, Zusammenspiel der Regulierungsinstrumente, S. 169 m.w.N., 171 f.

[11] *Bechtold*, GWB, Vor § 28 Rn. 24; *Kling/Thomas*, Kartellrecht, § 16 Rn. 11; zur Anwendbarkeit der §§ 19, 20 und 29 GWB auf den dem Netz vor- und nachgelagerten Märkten siehe *Schreiber*, Zusammenspiel der Regulierungsinstrumente, S. 167 ff.

[12] *Braun*, in: Langen/Bunte, Kartellrecht, Bd. 1, Anhang z. 5. Abschn. Sonderbereich Energiewirtschaft, Rn. 204. Zu den in Betracht kommenden Preisermittlungskonzepten – Substraktionsmethode und Gewinnbegrenzungsmodell – siehe *Olbricht*, Netzzugang, S. 266 ff. Ausführlich zu den „Feinheiten" der kostenbasierten Entgeltbildung bis zur Einführung der Anreizregulierung *Theobald/Zenke/Lange*, in: Schneider/Theobald, Recht der Energiewirtschaft, § 17 Rn. 6 ff.

[13] Zum Kostenbegriff des EnWG siehe *Busse von Colbe*, in: Berliner Kommentar, Vor §§ 21 ff. EnWG Rn. 19 ff.; *Säcker/Meinzenbach*, in: Berliner Kommentar, § 21 EnWG Rn. 45 ff.

[14] Siehe dazu *Busse von Colbe*, in: Berliner Kommentar, Vor §§ 21 ff. EnWG Rn. 32 ff.

[15] *Busse von Colbe*, in: Berliner Kommentar, Vor §§ 21 ff. EnWG Rn. 4.

[16] Die erforderlichen Konkretisierungen der allgemeinen Vorgaben des § 21 Abs. 2 EnWG erfolgten durch die StromNEV und die GasNEV, siehe *Ruge*, in: Schneider/Theobald, Recht der Energiewirtschaft, § 18 Rn. 2.

Kosten einer Betriebsführung, die denen eines effizienten[17] und strukturell vergleichbaren Netzbetreibers entsprechen müssen, unter Berücksichtigung von Anreizen für eine effiziente Leistungserbringung und einer angemessenen, wettbewerbsfähigen und risikoangepassten Verzinsung des eingesetzten Kapitals gebildet werden, soweit in einer Rechtsverordnung nach § 24 EnWG nicht eine Abweichung von der kostenorientierten Entgeltbildung[18] bestimmt ist.

III. Die Anreizregulierung als alternative Methode der Entgeltbestimmung

1. Grundlagen

Die Netzzugangsentgelte können abweichend von vorgenannten Grundsätzen der kostenbasierten Entgeltbildung auch durch die alternative Methode der sog. Anreizregulierung (engl. *incentive regulation*) bestimmt werden.[19] Mit Wirkung zum 1. Januar 2009 hat diese Methode, die bis zuletzt politisch umstritten war,[20] das System der Netzentgeltgenehmigung nach § 23a EnWG 2005 abgelöst.[21] Zwar bildet der bisher praktizierte kostenbasierte Ansatz der Entgeltbestimmung „gewissermaßen die Basis der Anreizregu-

---

[17] Kritisch zum Fehlen einer Definition des Effizienzbegriffs *Olbricht*, Netzzugang, S. 285; zum Effizienzerfordernis des § 21 Abs. 2 EnWG siehe *Busse von Colbe*, in: Berliner Kommentar, Vor §§ 21 ff. EnWG Rn. 30 f.

[18] Zum europäischen Hintergrund dieses Entgeltmaßstabs gemäß den Beschleunigungsrichtlinien siehe *Bruhn*, Berliner Kommentar, § 21a Rn. 15 ff.; *Säcker/Meinzenbach*, in: Berliner Kommentar, § 21 Rn. 5; siehe ferner *Theobald/Hummel/Gussone/Feller*, Anreizregulierung, S. 16.

[19] Siehe § 21a Abs. 1, 6 Satz 1 Nr. 1, § 23a Abs. 1, 1. Halbs. EnWG; siehe Monopolkommission, Sondergutachten „Strom und Gas 2007: Wettbewerbsdefizite und zögerliche Regulierung", BT-Drucks. 16/7087, S. 152 ff. (= Rn. 579 ff.) sowie das Sondergutachten „Strom und Gas 2009 – Energiemärkte im Spannungsfeld von Politik und Wettbewerb", BT-Drucks. 16/14060 v. 15. 9. 2009, S. 80 ff. (= Rn. 284 ff.); siehe ferner *Zeidler*, RdE 2010, 122, 123; *Britz*, RdE 2006, 1 ff.; *Braun*, in: Langen/Bunte, Kartellrecht, Bd. 1, Anhang z. 5. Abschn. Sonderbereich Energiewirtschaft, Rn. 204 ff.; *Säcker/Meinzenbach*, in: Berliner Kommentar, § 21 EnWG Rn. 95 ff.

[20] So *Britz*, RdE 2006, 1; siehe aber auch *Theobald/Hummel/Gussone/Feller*, Anreizregulierung, S. 17, die betonen, dass bei durchaus gegensätzlichen Positionen im Detail zwischen Netzbetreibern und Regulierungsbehörden die Einführung der Anreizregulierung zum 1. 1. 2009 „von allen betroffenen Kreisen nie ernsthaft in Frage gestellt worden" sei.

[21] Näher dazu *Theobald/Zenke/Lange*, in: Schneider/Theobald, Recht der Energiewirtschaft, § 17 Rn. 3 f.

III. Die Anreizregulierung als alternative Methode

lierung".[22] Die Anreizregulierung unterscheidet sich von der kostenorientierten Regulierung jedoch durch eine sukzessive Entkopplung von Kosten und Erlösen oder Preisen.[23] Gemäß § 21a Abs. 2 Satz 1 EnWG beinhaltet die Anreizregulierung die Vorgabe von Obergrenzen, die in der Regel für die Höhe der Netzzugangsentgelte oder die Gesamterlöse aus Netzzugangsentgelten gebildet werden, und zwar für eine Regulierungsperiode unter Berücksichtigung von Effizienzvorgaben.

Für die Anreizregulierung stehen derzeit grundsätzlich drei verschiedene Methoden zur Verfügung.[24] Die sog. *Price-Cap-Regulierung* führt zur Festlegung individueller Höchstpreise und der Vorgabe von Preisentwicklungspfaden für die Netzbetreiber.[25] Die sog. *Revenue-Cap-Regulierung* ist durch die Festlegung individueller Erlösobergrenzen gekennzeichnet. Sie führt zu einer Begrenzung der Gesamtumsatzerlöse der Netzbetreiber.[26] Diese Methode wird seit 1. Januar 2009 in Deutschland praktiziert. Außerdem gibt es noch die Methode der *Yardstick Competition*.[27] Dabei handelt es sich um ein Konzept, das sich an der durchschnittlichen Effizienzsteigerung einer ganzen Branche und nicht an der Effizienz des einzelnen Netzbetreibers orientiert. Die Anwendung dieser Methode ist in Deutschland frühestens ab dem 1. Januar 2019 geplant. Sie ist nicht unproblematisch, weil infolge der einheitlichen Effizienzvorgabe die individuelle Lage einzelner Netzbetreiber außer Betracht bleibt.[28] Die Gemeinsamkeit der ge-

---

[22] *Franz/Angenendt*, in: Berliner Kommentar, Vor § 21a EnWG Rn. 15; siehe auch *Baur/Pritzsche/Garbers*, Anreizregulierung, S. 70.

[23] *Bruhn*, in: Berliner Kommentar, § 21a EnWG Rn. 3; *Theobald/Hummel/Gussone/Feller*, Anreizregulierung, S. 17 f.

[24] Zur Entwicklung und den einzelnen Unterformen – Price Cap-Regulierung, Revenue Cap-Regulierung und Yardstick Competition – siehe *Olbricht*, Netzzugang, S. 270 ff., 330 ff.; *Busse von Colbe*, in: Berliner Kommentar, Vor §§ 21 ff. EnWG Rn. 10, 95 ff.; *Bruhn*, in: Berliner Kommentar, § 21a EnWG Rn. 29; *Baur/Pritzsche/Garbers*, Anreizregulierung, S. 29 ff., 33 ff.; für einen Übergang von der Revenue-Cap-Regulierung zur Price-Cap-Regulierung sprach sich die Monopolkommission in ihrem 17. Hauptgutachten 2006/2007, BT-Drucks. 16/10140, Rn. 25 aus.

[25] *Baur/Pritzsche/Garbers*, Anreizregulierung, S. 29 ff.

[26] *Baur/Pritzsche/Garbers*, Anreizregulierung, S. 33.

[27] Dieses Konzept geht zurück auf *Andrei Shleifer*, Rand Journal of Economics, Vol. 16 (1985), p. 319 et seqq; siehe dazu Monopolkommission, Sondergutachten Strom und Gas 2007: Wettbewerbsdefizite und zögerliche Regulierung, BT-Drucks. 16/7087, Rn. 583; siehe ferner *Baur/Pritzsche/Garbers*, Anreizregulierung, S. 35 ff.

[28] Nach *Shleifer*, Rand Journal of Economics, Vol. 16 (1985), p. 323 muss der Regulator entschlossen sein, nicht auf die Beschwerden von Unternehmen zu reagieren. Er müsse sich mit der Insolvenz ineffizienter Unternehmen abfinden, da anderenfalls Kostenreduzierungen nicht effektiv durchgesetzt werden könnten. Die einschlägige Textpassage lautet im Original: „(...) It is essential for the regulator to commit himself not to pay attention to the firms' complaints and to be prepared to let the firms go bankrupt if the

nannten Methoden besteht in der Zielsetzung, die Netzentgelte sukzessiv von den Kosten abzukoppeln und die Effizienzunterschiede zwischen den Netzbetreibern durch die Einbeziehung von Effizienzparametern abzubauen.[29]

2. Wettbewerbstheoretische Vorüberlegungen

Bei der Anreizregulierung handelt es sich um ein in den Details sehr komplexes System der Entgeltregulierung,[30] das nicht nur in Deutschland, sondern beispielsweise auch in den USA und in Großbritannien, in Norwegen, Dänemark, Österreich, Italien und Australien praktiziert wird.[31] Der Hintergrund des Methodenwechsels von einem kostenbasierten Regulierungsansatz zu einem sog. *performance-based ratemaking* mit einer Festsetzung von sog. *benchmarks* für Preise und Erlöse ist in der stärkeren Wettbewerbsorientierung der den Wettbewerb simulierenden Methode zu sehen.[32] Während die kostenbasierte Regulierungsmethode unternehmensinterne Kosten nicht berücksichtigt, führt die Vorgabe von Erlösobergrenzen (§ 32 Abs. 1 Nr. 1 EnWG) bei einer Übererfüllung der Vorgaben zu Zusatzgewinnen des Netzbetreibers.[33] Der regulatorische Hintergrund für die Einführung der Anreizregulierung in Deutschland liegt in den fundamentalen Unterschieden zwischen funktionsfähigen Wettbewerbsmärkten einerseits und monopolistisch strukturierten Wirtschaftsbereichen andererseits, die von der Bundesregierung wie folgt umschrieben wurden:

„In funktionsfähigen Wettbewerbsmärkten zwingen die Marktkräfte die Marktteilnehmer dazu, Produktivitätsfortschritte zu realisieren und die erzielten Gewinne in Form von niedrigeren Preisen an ihre Kunden weiterzugeben.[34] Die allgemeine Inflationsrate drückt

---

choose inefficient cost levels. Unless the regulator can credibly threaten to make inefficient firms lose money ... cost reduction cannot be enforced."; siehe dazu auch *Baur/Pritzsche/Garbers*, Anreizregulierung, S. 39.

[29] Monopolkommission, 17. Hauptgutachten 2006/2007, BT-Drucks. 16/10140, Rn. 25 mit Fn. 27.

[30] *Thau/Schüffner*, N&R 2011, 181.

[31] *Theobald/Hummel/Gussone/Feller*, Anreizregulierung, S. VI; *Baur/Pritzsche/Garbers*, Anreizregulierung, S. 50; zur Anreizregulierung im internationalen Vergleich, insbesondere in den Sektoren Strom und Gas in England und Wales, siehe *Baur/Pritzsche/Garbers*, a.a.O., S. 47 ff.

[32] Siehe dazu im Einzelnen *Säcker*, ZNER 2004, 98, 103.

[33] *Säcker*, ZNER 2004, 98, 103; *Olbricht*, Netzzugang, S. 271.

[34] Zugleich macht der beste Marktakteur die größten Gewinne, siehe *Säcker*, in: Berliner Kommentar, EnWG Einl. A. Rn. 49.

III. Die Anreizregulierung als alternative Methode

in diesen Märkten die Differenz zwischen der Wachstumsrate der Inputpreise und der Rate des generellen Produktivitätswachstum aus."[35]

In monopolistisch strukturierten Wirtschaftsbereichen, zu denen auch der Betrieb von Strom- und Gasnetzen zählt, muss der Wettbewerb nach den Vorstellungen der Bundesregierung „simuliert" werden.[36] Das Ziel der Regulierung besteht darin, durch das Mittel der Anreizregulierung „höhere Produktivitätssteigerungen zu realisieren als in wettbewerblich organisierten Märkten".[37] Es geht dabei vor allem um den Abbau überhöhter Gewinnmargen und Ineffizienzen beim Netzbetrieb.[38] Dies geschieht zum einen durch *individuelle* Effizienzvorgaben (d.h. solche, die sich auf einen konkreten Netzbetreiber in Relation zu anderen Netzbetreibern beziehen) und zum anderen durch *überindividuelle* Produktivitätsfaktoren, die sich auf die Produktivität der gesamten Branche in Relation zu der abweichenden Entwicklung der Gesamtwirtschaft beziehen.[39] Auf diese Weise wird der Netzbetreiber trotz des Fehlens eines wirksamen Wettbewerbs letztlich dazu gebracht, seine Leistung effizient zu erbringen, ganz so, als ob er sich in einem echten, unverfälschten Leitungswettbewerb mit anderen Anbietern befände.[40] In der Literatur hat man die Anreizregulierung im Vergleich zu dem früheren System der „Cost-Plus-Regulierung" als den „intelligenteren Weg" zur Steigerung der Effizienz natürlicher Monopole bezeichnet,[41] weil die Kostenregulierung keine Anreize zur Absenkung der Kosten setzt.[42] Führt also die Kostenregulierung nicht zu einem „verbraucherfreundlichen Verhalten", dann muss – bei Fehlen von Wettbewerb – demnach „alles getan werden ..., um die Unternehmen durch attraktive Anreize gleichwohl zu einer effizienten Leistungserbringung bei gleichzeitiger Er-

---

[35] BR-Drucks. 417/07, S. 48 (Begründung zu § 9 ARegV); zum Verhältnis von Marktpreis und Marktversagen und der Relevanz von funktionierenden Märkten bei der Bestimmung des Wertes und des üblichen Preises im Zivilrecht vgl. auch *Mankowski/Schreier*, AcP 208 (2008), 725, 744 ff.

[36] BR-Drucks. 417/07, S. 48 (Begründung zu § 9 ARegV); siehe ferner den Entwurf eines Gesetzes zur Neuregulierung energiewirtschaftlicher Vorschriften (CDU/CSU und FDP) v. 8. 11. 2011, BT-Drucks. 17/7632, S. 5.

[37] BR-Drucks. 417/07, S. 48 (Begründung zu § 9 ARegV).

[38] *Schendel*, IR 2011, 242.

[39] BR-Drucks. 417/07, S. 48.

[40] *Säcker*, N&R 2009, 78, 79; *Martini*, DVBl. 2008, 21, 24.

[41] *Säcker*, N&R 2009, 78, Vorspann und S. 80; siehe auch das Fazit von *Säcker* auf S. 83 desselben Beitrags.

[42] Siehe *Baur/Pritzsche/Garbers*, Anreizregulierung, S. 21; *Theobald/Hummel/Gussone/Feller*, Anreizregulierung, S. 18; *Ruge*, in: Schneider/Theobald, Recht der Energiewirtschaft, § 18 Rn. 4; *Martini*, DVBl. 2008, 21, 25.

füllung der ihnen im Bereich der Daseinsvorsorge obliegenden Aufgaben zu veranlassen."[43]

Der wettbewerbstheoretische Hintergrund dieser Aussagen ist vereinfacht gesagt der folgende: Für die marktwirtschaftlich organisierten Wirtschaftssysteme hat sich der Wettbewerb als unverzichtbar erwiesen, da er die notwendigen Anreize für „Vorstoß und Verfolgung" der miteinander konkurrierenden Unternehmen und damit für die Optimierung des Angebots setzt.[44] Der Wettbewerb ist dem regulierenden staatlichen Eingriff typischerweise überlegen, weil seine „invisible hand" regelmäßig zu nicht vorhersehbaren Marktergebnissen führt, so dass es sich dabei um ein „Entdeckungsverfahren" im Sinne *F. A. v. Hayeks* handelt.[45] Demgegenüber setzt die staatliche Regulierung die vorherige Bestimmung von Regulierungszielen voraus.[46] Bei natürlichen Monopolen funktionieren die Wettbewerbskräfte entweder gar nicht oder nur sehr eingeschränkt. In diesem Fall erweist sich die staatliche Regulierung als erforderlich und auch zielführend, wenn und soweit sie dazu führt, „dass sich auch der Monopolist so verhalten muss, wie wenn er wirksamem Wettbewerb ausgesetzt ist".[47] Diese „zweitbeste Lösung" der Regulierung[48] ist in den Fällen des natürlichen Monopols der einzig gangbare Weg, um Marktergebnisse zu erreichen, die den unter wirksamem Wettbewerb erzielten Ergebnissen vergleichbar sind.[49] Dazu zählen namentlich angemessene Netzzugangsentgelte (vgl. § 21 Abs. 1 EnWG). Die Netzkunden profitieren grundsätzlich davon, dass „die durch Effizienzsteigerungen an ein wettbewerbsanaloges Niveau angenäherten Kosten in Form kontinuierlich sinkender Netzentgel-

---

[43] *Säcker*, N&R 2009, 78, 80.

[44] Sehr ähnlich *Säcker*, in: Berliner Kommentar, EnWG Einl. A. Rn. 49; zum engen Zusammenhang zwischen Wettbewerb und Effizienz vgl. auch *Küpper/Pedell*, in: Berliner Kommentar, Vor §§ 21 ff. EnWG Rn. 115: „Funktionierender Wettbewerb erzwingt langfristig effiziente Prozesse. (...) Ein hohes Maß an Effizienz wird unter gegebenen Realbedingungen tendenziell umso eher erreicht, je besser der Wettbewerb funktioniert."

[45] *V. Hayek,* Der Wettbewerb als Entdeckungsverfahren (1968), in: Freiburger Studien, S. 249 ff.

[46] Aus ökonomischer Perspektive heben *Franz/Angenendt*, in: Berliner Kommentar, Vor § 21a EnWG Rn. 26 ff. die Analogie der Ergebnisse der Anreizregulierung zum Resultat wettbewerblicher Marktinteraktion mit Recht hervor.

[47] So prägnant *Säcker*, in: Berliner Kommentar, EnWG Einl. A. Rn. 49.

[48] Zum Begriff der Regulierung siehe *Franz/Angenendt*, in: Berliner Kommentar, Vor § 21a Rn. 2; zum „second best" der Regulierung in diesem Bereich und zu dem erreichbaren Maß an ökonomischer Effizienz siehe auch *Säcker/Meinzenbach*, in: Berliner Kommentar, § 21 EnWG Rn. 76 f.; zur Funktion der „Staatsaufsicht als Wettbewerbssurrogat" siehe *Büdenbender*, ZWeR 2006, 233, 238.

[49] So auch *Säcker*, in: Berliner Kommentar, EnWG Einl. A. Rn. 49.

te an diese weitergegeben werden".⁵⁰ Tatsächlich haben sich sowohl die Netzentgelte als auch die Netzentgeltanteile am Gesamtelektrizitätspreis im Zeitraum von 2006 bis 2011 signifikant verringert.⁵¹

Verallgemeinernd kann man sagen, dass es bei der Regulierung grundsätzlich darum geht, „in den Teilbereichen, in denen dies möglich ist, den Übergang auf eine Wettbewerbstruktur einzuleiten".⁵² Die Entgelte sind demgemäß „so festzulegen, dass sie den Eintritt von effizienten Wettbewerbern in den betreffenden Markt fördern".⁵³ Der Gesetzgeber muss zugleich die Gefahr im Auge behalten, dass ein „Zuviel" an Regulierung den Weg in die „Energieplanwirtschaft"⁵⁴ bereiten würde, was wiederum dem Grundanliegen der Überführung des Energiesektors in eine Wettbewerbswirtschaft widerspräche. Außerdem muss er bei den leitungsgebundenen Wirtschaftszweigen die Versorgungsqualität und -sicherheit im Auge behalten. Auf diese Aspekte wird im Folgenden noch näher einzugehen sein.

3. Die Konkretisierung durch die Vorgaben der Anreizregulierungsverordnung

Die Anreizregulierungsverordnung (im Folgenden: ARegV)⁵⁵ vom 29. Oktober 2007, die am 6. November 2007 in Kraft trat,⁵⁶ fußt auf der Rechts-

---

⁵⁰ *Säcker/Meinzenbach*, in: Berliner Kommentar, § 21 EnWG Rn. 17; siehe dazu auch Monopolkommission, Sondergutachten „Strom und Gas 2007: Wettbewerbsdefizite und zögerliche Regulierung", BT-Drucks. 16/7087 v. 20. 11. 2007, Rn. 582.

⁵¹ BNetzA, Monitoringbericht 2011, S. 106 f., abrufbar über www.bundesnetzagentur.de /DE/Presse/Berichte/berichte_node.html. So ist das Netzentgelt bei Haushaltskunden von 7,30 ct/kWh im Jahr 2006 auf 5,75 ct/kWh im Jahr 2011 gesunken (Stichtag ist jeweils der 1. April). Bei den Gewerbekunden erfolgte eine Senkung von 6,37 ct/kWh im Jahr 2006 auf 4,89 ct/kWh im Jahr 2011. Bei den Industriekunden fiel die Senkung geringer aus. Sie lag im Jahr 2006 bei 1,65 ct/kWh und im Jahr 2011 bei 1,46 ct/kWh. Die Netzentgeltanteile am Gesamtelektrizitätspreis sanken demnach bei den Haushaltskunden von 38,7% im Jahr 2006 auf 22,2% im Jahr 2011, bei den Gewerbekunden von 32,9% im Jahr 2006 auf 20,9% im Jahr 2011 und bei den Industriekunden von 14,8% im Jahr 2006 auf 9,3% im Jahr 2011. Die Senkung ist jedenfalls bei den Haushaltskunden und den Industriekunden eine kontinuierliche, wie die Grafiken im Bericht der BNetzA verdeutlichen.

⁵² *Küpper/Pedell*, in: Berliner Kommentar, Vor §§ 21 ff. EnWG Rn. 112.

⁵³ *Küpper/Pedell*, ebd. (Fn. 52).

⁵⁴ So ein Ausdruck von *Haucap/Coenen*, Festschrift für Säcker, S. 721, 736.

⁵⁵ Verordnung über die Anreizregulierung der Energieversorgungsnetze (Anreizregulierungsverordnung – ARegV) v. 29. 10. 2007 (BGBl. 2007 I, 2529), zuletzt geändert durch Art. 2 des Zweiten Gesetzes zur Neuregelung energiewirtschaftlicher Vorschriften v. 22. 12. 2011, BGBl. 2011 I, 3034 und BGBl. 2012 I, 131.

⁵⁶ *Ruge*, in: Schneider/Theobald, Recht der Energiewirtschaft, § 18 Rn. 6.

grundlage des § 21a Abs. 6 i.V.m. § 23a Abs. 1, 2. Halbs. EnWG 2005.[57] Sie regelt die Festlegung der Entgelte für den Zugang zu den Energieversorgungsnetzen[58] im Wege der Anreizregulierung mit Wirkung ab dem 1. Januar 2009 (siehe § 1 ARegV).[59] Bei der Auslegung der Bestimmungen der ARegV sind – wegen des Vorbehalts des Gesetzes – die durch § 21a EnWG gesetzten Grenzen zu beachten.[60]

a) Die Festlegung von Erlösobergrenzen

Die ARegV enthält die Vorgabe, dass die Netzentgelte ab dem 1. Januar 2009 sich nach einer behördlich genehmigten Erlösobergrenze des Netzbetreibers bestimmen.[61] Die Anreizregulierung tritt wie oben dargelegt grundsätzlich an die Stelle einer kostenbasierten Entgeltbildung.[62] Eine auf den Netzkosten basierende Entgeltbestimmung findet nur zu Beginn einer Regulierungsperiode statt, während ansonsten für die Regulierungsperiode jeweils Erlösobergrenzen festgelegt werden, die auf den Effizienzvorgaben der Regulierungsbehörde fußen.[63] Die zentrale Neuerung besteht darin, dass die bei der Kostensenkung erfolgreichen Unternehmen die erzielten Einsparungen, die größer sind als die durch die Regulierungsbehörde gemachten Vorgaben, behalten dürfen.[64] Dadurch erhält der Netzbetreiber ganz erhebliche Anreize dafür, seine Leistungserbringung effizient zu gestalten.[65] Der wesentliche Vorteil der Anreizregulierung wird zu Recht dar-

---

[57] Siehe dazu auch *Elspas/Rosin*, RdE 2007, 329 ff.; *Theobald/Zenke/Lange*, in: Schneider/Theobald, Recht der Energiewirtschaft, § 17 Rn. 4, 29.

[58] Von der ARegV erfasst sind im Strombereich die Entgelte für den Zugang zu den Übertragungs- und Elektrizitätsverteilernetzen und im Gasbereich die Entgelte für den Zugang zu Fernleitungsnetzen, Gasverteilernetzen, LNG-Anlagen und Speicheranlagen, siehe dazu *Elspas/Rosin*, RdE 2007, 329 f.

[59] Siehe *Groebel*, Berliner Kommentar, Anh. § 21a EnWG, § 1 ARegV Rn. 1 ff.

[60] *Ruge*, in: Schneider/Theobald, Recht der Energiewirtschaft, § 18 Rn. 3 unter Hinweis auf BVerfG v. 21. 12. 2009 – 1 BvR 2738/08, NVwZ 2010, 373 = RdE 2010, 92 (Nichtannahmebeschluss), Orientierungssatz 3c,d.

[61] *Pohl/Rädler*, RdE 2008, 306; *Theobald/Zenke/Lange*, in: Schneider/Theobald, Recht der Energiewirtschaft, § 17 Rn. 40 ff.

[62] *Pohl/Rädler*, RdE 2008, 306; *Theobald/Zenke/Lange*, in: Schneider/Theobald, Recht der Energiewirtschaft, § 17 Rn. 4, 35 (dort auch zu den verbliebenden Elementen der Kostenprüfung); Beschlussempfehlung und Bericht des Ausschusses für Wirtschaft und Arbeit, BT-Drucks. 15/5268, S. 120.

[63] *Bruhn*, in: Berliner Kommentar, § 21a EnWG Rn. 3; zum Begriff der „Festlegung" der Erlösobergrenzen im Unterschied zum Begriff der „Genehmigung" der Netzentgelte siehe *Theobald/Hummel/Gussone/Feller*, Anreizregulierung, S. 26.

[64] *Säcker*, N&R 2009, 78, 81, 82.

[65] *Theobald/Hummel/Gussone/Feller*, Anreizregulierung, S. 22; *Martini*, DVBl. 2008, 21, 25.

in gesehen, dass sie ausreichend Spielraum für die Eigeninitiative der Unternehmen – mit dem Ziel der Kostensenkung –[66] lässt, um ein wettbewerbsanaloges Verhalten zu erreichen, denn nunmehr steht jeder Netzbetreiber „im künstlichen Wettbewerb" mit dem besten Netzbetreiber, dem sog. „Frontier-Unternehmen".[67] Seine Rendite richtet sich danach, ob er über oder unter diesem Maßstab bleibt. Damit erweist sich die Anreizregulierung als „das marktwirtschaftskonformste ... Instrument"[68] Der eigentliche Zweck der Anreizregulierung wird in der Literatur dahin umschrieben, dass es sich um „eine Art ‚Entdeckungsverfahren' im Hinblick auf effizientes Wirtschaften" handele.[69] Insofern teilt sie also die zentrale Eigenschaft mit dem wirtschaftlichen Wettbewerb außerhalb der regulierten Wirtschaftsbereiche.

Die Monopolkommission hat in ihrem Sondergutachten Strom und Gas von 2009 dazu die folgenden grundsätzlichen Ausführungen gemacht:

„Mit einer anreizorientierten Regulierung der Netzentgelte wird versucht, regulatorisch Wettbewerb zu simulieren, indem die Erlöse bzw. die Preise über die Dauer einer Regulierungsperiode von den Kosten abgekoppelt werden. Die Unternehmen werden hierdurch angehalten, sich sowohl an der Produktivitätsentwicklung der Elektrizitäts- bzw. Gasbranche als auch an der eigenen Kostenentwicklung zu orientieren. Von dieser Art der Regulierung gehen allgemein positive ökonomische Anreize hinsichtlich der allokativen, produktiven und dynamischen Effizienz aus. Zum einen wird die Nachfrage bei der Preissetzung berücksichtigt und zum anderen werden Kostensenkungen durch Produktivitätsfortschritte an die Netznutzer weitergegeben. Darüber hinaus können die Netzbetreiber durch zusätzliche Rationalisierungsanstrengungen Gewinne realisieren, die sie einbehalten dürfen. Effiziente Unternehmen erhalten demnach eine höhere Kapitalverzinsung. Dagegen erzielen ineffiziente Unternehmen geringere Renditen. Gleichwohl ist die Anreizregulierung in ihrer Wirkung als ein Instrument zur Senkung der Energiepreise für die Endverbraucher nicht zu überschätzen, da die Netzentgelte nur einen Teil der Energiepreise ausmachen."[70]

---

[66] *Franz/Angenendt*, in: Berliner Kommentar, Vor § 21a EnWG Rn. 19 führen dazu aus, dass es der Sinn eines Anreizregulierungsregimes sei, indirekten Wettbewerb zwischen den Unternehmen zu schaffen, um möglichst erfolgreiche Kostensenkungsprogramme in Gang zu setzen.

[67] *Theobald/Hummel/Gussone/Feller*, Anreizregulierung, S. 25.

[68] *Säcker*, in: Berliner Kommentar, EnWG Einl. A. Rn. 42; ähnlich *Bruhn*, in: Berliner Kommentar, § 21a EnWG Rn. 3; *Martini*, DVBl. 2008, 21, 25 f.

[69] *Franz/Angenendt*, in: Berliner Kommentar, Vor § 21a EnWG Rn. 16.

[70] Monopolkommission, Sondergutachten 2009 – Energiemärkte im Spannungsfeld von Politik und Wettbewerb 2009, BT-Drucks. 16/14060, Rn. 290. Die Einschätzung der Anreizregulierung durch die Monopolkommission ist allerdings nicht nur positiv. Als kritische Punkte benennt und erläutert sie (a.a.O., Rn. 291 ff., 327) (1) die Abgrenzung der beeinflussbaren von den nicht beeinflussbaren Kosten, (2) den Effizienzvergleich, (3) die Kosten für Systemdienstleistungen, (4) die Berücksichtigung von Investitionen sowie (5) die Qualitätsregulierung.

b) Der Effizienzvergleich

Die §§ 12 bis 14 ARegV behandeln den Effizienzvergleich[71] durch die Regulierungsbehörde,[72] der zum Ziel hat, die *individuellen* Effizienzwerte der Netzbetreiber – getrennt nach den Bereichen Strom und Gas – zu ermitteln.[73] Der Effizienzvergleich ist ein ganz zentrales Element der Anreizregulierung.[74] In Anwendung dieser Methode werden die Erlösobergrenzen für jeden Netzbetreiber individuell festgesetzt (§ 4 ARegV),[75] und zwar für jedes Kalenderjahr der Regulierungsperiode (§ 4 Abs. 2 Satz 1 ARegV).[76] § 17 Abs. 1 Satz 1 ARegV schreibt vor, dass die gemäß § 32 Abs. 1 Nr. 1 EnWG festgelegten Erlösobergrenzen in Entgelte für den Netzzugang umgesetzt werden, wobei die Details dazu in der GasNEV und der StromNEV geregelt sind.[77] Gemäß § 21a Abs. 5 Satz 4 EnWG müssen die Effizienzvorgaben so gestaltet und über die Regulierungsperiode verteilt sein, dass der betroffene Netzbetreiber oder die betroffene Gruppe von Netzbetreibern die Vorgaben unter Nutzung der ihm oder ihnen möglichen und zumutbaren Maßnahmen erreichen und übertreffen kann.

Maßgeblich sind zwei komplementäre, international anerkannte stochastische Vergleichsmethoden, nämlich die sog. *Dateneinhüllungsanalyse* (engl. *Data Envelopment Analysis* – DEA) und die sog. *Stochastischen Effizienzgrenzenanalyse* (engl. *Stochastic Frontier Analysis* – SFA).[78] Die

---

[71] Zum Effizienzvergleich siehe *Theobald/Hummel/Gussone/Feller*, Anreizregulierung, S. 29 ff. Die Kostenprüfung richtet sich nach §§ 4 ff. StromNEV; zu den Einzelheiten *Braun*, in: Langen/Bunte, Kartellrecht, Bd. 1, Anhang z. 5. Abschn. Sonderbereich Energiewirtschaft, Rn. 208 ff. sowie die Kommentierung von *Müller-Kirchenbauer*, in: Berliner Kommentar zum Energierecht, Anh. § 21a EnWG, § 12 ARegV Rn. 1 ff.; mit Blick auf die Auslegung von § 6 Abs. 2 ARegV siehe auch *Rosin*, RdE 2009, 37 ff.

[72] Für Übertragungsnetze und Fernleitungsnetze werden die Effizienzwerte nach Maßgabe des § 22 ARegV ermittelt.

[73] Ausführlich dazu *Säcker*, N&R 2009, 78, 83 f.

[74] *Theobald/Hummel/Gussone/Feller*, Anreizregulierung, S. 29.

[75] Siehe dazu im Einzelnen *Ruge*, in: Schneider/Theobald, Recht der Energiewirtschaft, § 18 Rn. 28 ff.; *Theobald/Hummel/Gussone/Feller*, Anreizregulierung, S. 24.

[76] *Braun*, in: Langen/Bunte, Kartellrecht, Bd. 1, Anhang z. 5. Abschn. Sonderbereich Energiewirtschaft, Rn. 205.

[77] Zu den Einzelheiten der Bestimmung der Erlösobergrenzen nach der ARegV siehe *Theobald/Hummel/Gussone/Feller*, Anreizregulierung, S. 25 ff., 34.

[78] BR-Drucks. 417/07, S. 54 (Begründung zu § 12 ARegV); zu diesen im Rahmen von Benchmarking-Verfahren verwendeten stochastischen Methoden siehe *Schmidt-Preuß*, EnWG Einl. C. Rn. 235; *Ruge*, in: Schneider/Theobald, Recht der Energiewirtschaft, § 18 Rn. 30; *Säcker*, N&R 2009, 78, 83; *Pohl/Rädler*, RdE 2008, 306, 309 f.; *Olbricht*, Netzzugang, S. 335; *Müller-Kirchenbauer*, in: Berliner Kommentar, Anh. § 21a EnWG, § 12 ARegV Rn. 3 ff.; *Theobald/Hummel/Gussone/Feller*, Anreizregulierung, S. 30 sowie *Baur/Pritzsche/Garbers*, Anreizregulierung, S. 41 ff.

III. Die Anreizregulierung als alternative Methode

Bestimmung der Effizienzwerte richtet sich nach dem sog. „Frontier-Unternehmen";[79] das ist der Netzbetreiber mit dem besten Verhältnis zwischen netzwirtschaftlicher Leistungserbringung und Aufwand.[80] Die so ermittelten Effizienzwerte bilden die Grundlage für die bei der Festlegung der Erlösobergrenzen einzubeziehenden Effizienzvorgaben bzw. der abzubauenden Ineffizienzen der nicht ebenso effizienten Netzbetreiber.[81] Der beste Netzbetreiber erhält den Effizienzwert 100%, während der Mindesteffizienzwert für den oder die schlechtesten Wettbewerber gemäß § 12 Abs. 4 Satz 1 ARegV 60% beträgt.[82] Die Ermittlung der Netzentgelte als solche erfolgt dabei allerdings durch den Netzbetreiber selbst, der insofern keiner Genehmigung durch die Regulierungsbehörde mehr bedarf.[83] Da die Erlösobergrenzen für die Dauer einer Regulierungsperiode festgesetzt werden, steht grundsätzlich auch die Höhe der Netzentgelte für diesen Zeitraum fest, es sei denn, in diesem Zeitraum würde eine Anpassung der Erlösobergrenzen erfolgen.[84]

Die Bundesnetzagentur beschreibt in ihrem Monitoringbericht von 2011[85] die Methodik des Effizienzvergleichs zusammenfassend wie folgt:

„Für die Durchführung des dualen Effizienzvergleichs gemäß § 14 ARegV sind die Gesamtkosten der Netzbetreiber um die dauerhaft nicht beeinflussbaren Kosten gemäß § 11 ARegV zu reduzieren. Der so verbleibende Kostenblock besteht aus Kapitalkosten, Betriebskosten und kostenmindernden Erlösen und Erträgen. Mit diesen drei Kostenpositionen wird der Effizienzvergleich mit den beiden Effizienzvergleichsmethoden DEA und SFA durchgeführt. In einem nächsten Schritt werden die tatsächlichen Kapitalkosten durch standardisierte Kapitalkosten gemäß § 14 Abs. 3 ARegV ersetzt. Mit dem so entstehenden Kostenblock aus standardisierten Kapitalkosten, Betriebskosten und kostenmindernden Erlösen und Erträgen wird dann ebenfalls der Effizienzvergleich mit den beiden Effizienzvergleichsmethoden DEA und SFA durchgeführt. Im Rahmen der Bestabrechnung wird aus den vier so ermittelten Effizienzwerten jeweils der für jeden Netz-

---

[79] Siehe dazu auch Monopolkommission, Sondergutachten „Strom und Gas 2007: Wettbewerbsdefizite und zögerliche Regulierung", BT-Drucks. 16/7087 v. 20. 11. 2007, Rn. 582; siehe ferner *Theobald/Hummel/Gussone/Feller*, Anreizregulierung, S. 30; kritisch zum sog. „Frontier-Ansatz" *Elspas/Rosin*, RdE 2007, 329, 335; diesen Ansatz gänzlich ablehnend *Ruge*, in: Schneider/Theobald, Recht der Energiewirtschaft, § 18 Rn. 40 mit Blick auf das kartellrechtliche Vergleichsmarktprinzip einerseits sowie Wortlaut, Systematik, Zweck und Entstehungsgeschichte des § 21a EnWG andererseits.

[80] Zu diesem Effizienzbegriff siehe *Pohl/Rädler*, RdE 2008, 306, 308.

[81] BR-Drucks. 417/07, S. 53 f. (Begründung zu § 12 ARegV); kritisch zu den Effizienzvorgaben *Pohl/Rädler*, RdE 2008, 306, 307 f.; die Vorgaben der ARegV betreffend die Orientierung am besten Netzbetreiber als Verstöße gegen höherrangiges Recht qualifizierend *Theobald/Hummel/Gussone/Feller*, Anreizregulierung, S. 124, 130.

[82] Siehe *Theobald/Hummel/Gussone/Feller*, Anreizregulierung, S. 30.

[83] *Theobald/Hummel/Gussone/Feller*, Anreizregulierung, S. 34.

[84] Näher dazu *Theobald/Hummel/Gussone/Feller*, Anreizregulierung, S. 34.

[85] BNetzA, Monitoringbericht 2011, S. 223.

betreiber individuell beste Effizienzwert angesetzt.[86] Zusätzlich ist gemäß § 12 ARegV der individuelle Effizienzwert auf mindestens 60 Prozent festgelegt."

---

[86] Die aufgrund des Effizienzvergleichs festgelegten Kosten richten sich nach dem bundesweit besten Effizienzwert, siehe dazu im Einzelnen Anlage 3 zu § 12 ARegV. Der Text dieser Anlage lautet:
„1. Die anzuwendenden Methoden bei der Durchführung des Effizienzvergleichs nach § 12 sind die
a) Dateneinhüllungsanalyse (Data Envelopment Analysis – DEA) und
b) Stochastische Effizienzgrenzenanalyse (Stochastic Frontier Analysis – SFA).
DEA im Sinne dieser Verordnung ist eine nicht-parametrische Methode, in der die optimalen Kombinationen von Aufwand und Leistung aus einem linearen Optimierungsproblem resultieren. Durch die DEA erfolgt die Bestimmung einer Effizienzgrenze aus den Daten aller in den Effizienzvergleich einzubeziehenden Unternehmen und die Ermittlung der relativen Positionen der einzelnen Unternehmen gegenüber dieser Effizienzgrenze.
Die SFA ist eine parametrische Methode, die einen funktionalen Zusammenhang zwischen Aufwand und Leistung in Form einer Kostenfunktion herstellt. Im Rahmen der SFA werden die Abweichungen zwischen den tatsächlichen und den regressionsanalytisch geschätzten Kosten in einen symmetrisch verteilten Störterm und eine positiv verteilte Restkomponente zerlegt. Die Restkomponente ist Ausdruck von Ineffizienz. Es wird somit von einer schiefen Verteilung der Restkomponente ausgegangen.
2. Die Effizienzgrenze wird von den Netzbetreibern mit dem besten Verhältnis zwischen netzwirtschaftlicher Leistungserbringung und Aufwand gebildet. Für Netzbetreiber, die im Effizienzvergleich als effizient ausgewiesen werden, gilt ein Effizienzwert in Höhe von 100 Prozent, für alle anderen Netzbetreiber ein entsprechend niedrigerer Wert.
3. Die Ermittlung der Effizienzwerte im Effizienzvergleich erfolgt unter Einbeziehung aller Druckstufen oder Netzebenen. Es erfolgt keine Ermittlung von Teileffizienzen für die einzelnen Druckstufen oder Netzebenen.
4. Bei der Durchführung einer DEA sind nicht-fallende Skalenerträge zu unterstellen.
5. Die Regulierungsbehörde führt für die parametrische Methode und für die nicht-parametrische Methode Analysen zur Identifikation von extremen Effizienzwerten (Ausreißern) durch, die dem Stand der Wissenschaft entsprechen müssen. Ermittelte Ausreißer in dem Sinne, dass sie eine besonders hohe Effizienz aufweisen, werden mit einem Effizienzwert von 100 Prozent festgesetzt. Ausreißer in dem Sinne, dass sie eine besonders niedrige Effizienz aufweisen, erhalten den Mindesteffizienzwert nach § 12 Abs. 4 Satz 1.
Bei der nicht-parametrischen Methode gilt ein Wert dann als Ausreißer, wenn er für einen überwiegenden Teil des Datensatzes als Effizienzmaßstab gelten würde. Zur Ermittlung von Ausreißern sind statistische Tests durchzuführen. Dabei ist die mittlere Effizienz aller Netzbetreiber einschließlich der potenziellen Ausreißer mit der mittleren Effizienz der Netzbetreiber zu vergleichen, die sich bei Ausschluss der potenziellen Ausreißer ergeben würde. Der dabei festgestellte Unterschied ist mit einer Vertrauenswahrscheinlichkeit von mindestens 95 Prozent zu identifizieren. Die auf diese Weise festgestellten Ausreißer sind aus dem Datensatz zu entfernen. Ergänzend ist eine Analyse der Supereffizienzwerte durchzuführen. Dabei sind diejenigen Ausreißer aus dem Datensatz zu entfernen, deren Effizienzwerte den oberen Quartilswert um mehr als den 1,5fachen

III. Die Anreizregulierung als alternative Methode

Die Ausrichtung der ARegV an dem effizientesten Vergleichsunternehmen wird als „Frontier-Ansatz" bezeichnet.[87] Davon macht die ARegV selbst gewisse Ausnahmen, diese sind vorliegend jedoch nicht von Bedeutung.[88] Dass die Anreizregulierung auf Unternehmensvergleichen (d.h. auf sog. Benchmarking-Verfahren) basiert, ist durchaus nicht selbstverständlich. Theoretisch wäre es sehr wohl denkbar, die Rationalisierungspotentiale jedes einzelnen Netzbetreibers völlig individuell zu ermitteln. Diesbezüglich wird in der Literatur allerdings zu Recht von einer Informationsasymmetrie gesprochen. Damit ist das Problem angesprochen, dass ein Unternehmen für gewöhnlich seine eigenen Rationalisierungspotentiale am besten kennt, dass es aber kaum dazu gezwungen werden kann, diese in voller Höhe gegenüber der Regulierungsbehörde zu offenbaren.[89] Daher wird vom Verordnungsgeber zu Recht auf die praktikablere Lösung der Unternehmensvergleiche zurückgegriffen.

c) Das Konzept der Anreizsetzung im Einzelnen

Wenn es den Netzbetreibern gelingt, ihre Kosten innerhalb der fünfjährigen Regulierungsperiode (§ 3 Abs. 2 ARegV)[90] über die von der Regulierungsbehörde für sie getroffenen individuellen Festlegungen hinaus zu

---

Quartilsabstand übersteigen. Der Quartilsabstand ist dabei definiert als die Spannweite der zentralen 50 Prozent eines Datensatzes.

Bei der parametrischen Methode gilt ein Wert dann als Ausreißer, wenn er die Lage der ermittelten Regressionsgerade zu einem erheblichen Maß beeinflusst. Zur Ermittlung des erheblichen Einflusses sind statistische Tests durchzuführen, mit denen ein numerischer Wert für den Einfluss zu ermitteln ist. Liegt der ermittelte Wert über einem methodisch angemessenen kritischen Wert, so ist der Ausreißer aus dem Datensatz zu entfernen. Methoden, die zur Anwendung kommen können, sind insbesondere Cooks-Distance, DFBETAS, DFFITS, Covariance-Ratio oder Robuste Regression."

[87] *Weyer*, Festschrift für Säcker, S. 999, 1010.

[88] *Weyer*, ebd. (Fn. 87) benennt als „erhebliche Einschränkungen" dieses Ansatzes die Definition der dauerhaft nicht beeinflussbaren Kostenanteile, die nicht dem Effizienzvergleich unterfallen (z.B. § 11 Abs. 2 Nr. 9 - 11 ARegV) und die „best of four"-Abrechnung im Effizienzvergleich (§ 12 Abs. 3, Abs. 4a Satz 3 ARegV). Die Maßgeblichkeit des niedrigsten bereinigten Vergleichspreises sei jedenfalls nicht zwingend. Als Ausnahme wäre auch das vereinfachte Verfahren nach § 24 Abs. 1 Satz 1 ARegV zu nennen, dessen Folge darin besteht, dass der Netzbetreiber in der ersten Regulierungsperiode innerhalb von zehn Jahren die pauschal ermittelten Ineffizienzen i.H.v. 12,5% der Gesamtkosten senken muss, siehe dazu *Theobald/Hummel/Gussone/Feller*, Anreizregulierung, S. 43.

[89] *Busse von Colbe*, in: Berliner Kommentar, Vor §§ 21 ff. EnWG Rn. 102; *Franz/Angenendt*, in: Berliner Kommentar, Vor § 21a Rn. 3; *Martini*, DVBl. 2008, 21, 25.

[90] Für den Gasbereich wurde die erste Regulierungsperiode allerdings auf vier Jahre verkürzt, siehe *Elspas/Rosin*, RdE 2007, 329, 330.

reduzieren, dürfen sie daraus resultierende Gewinne behalten.[91] Durch das System der Anreizregulierung werden den Netzbetreibern somit erhebliche Anreize für eine effiziente Leistungserbringung gesetzt.[92] Je effizienter ein Netzbetreiber ist, d.h. je zügiger er seine Rationalisierungsprogramme und die möglichen und zumutbaren Kostensenkungsmaßnahmen erfolgreich durchführt, desto höher ist sein Gewinn.[93] Das Ziel der Anreizregulierung besteht in der größtmöglichen Annäherung an den Effizienzkostenmaßstab des § 21 Abs. 2 EnWG.[94]

Gemäß § 5 Abs. 1 Satz 1 ARegV wird die Differenz zwischen den nach § 4 ARegV zulässigen Erlösen und den vom Netzbetreiber unter Berücksichtigung der tatsächlichen Mengenentwicklung erzielbaren Erlösen jährlich auf einem Regulierungskonto verbucht. Die Regulierungsbehörde ermittelt den Saldo des Regulierungskontos im letzten Jahr der Regulierungsperiode für die vorangegangenen fünf Kalenderjahre (§ 5 Abs. 4 Satz 1 ARegV). Der Ausgleich des jeweiligen individuellen Saldos des Regulierungskontos erfolgt durch Zu- oder Abschläge erst in der folgenden Regulierungsperiode (§ 5 Abs. 4 Satz 2 ARegV). Dies führt sodann zu einer Neufestsetzung der Erlösobergrenzen. Dadurch wird erreicht, dass auch die Kunden von den über die Regulierungsvorhaben hinaus erreichten Effizienzsteigerungen profitieren können.[95]

d) Die Erforderlichkeit und die Umsetzung der Qualitätsregulierung

Die Anreizregulierung kann kurz- und mittelfristig betrachtet zu erheblichen Kosteneinsparungen und Effizienzsteigerungen, langfristig aber möglicherweise zu einer Verringerung der Anlagensubstanz und -qualität führen.[96] In dem Monitoringbericht 2011 der Bundesnetzagentur wird das Problem klar und deutlich benannt:

„Im Rahmen der Anreizregulierung besteht das Risiko, dass die Netzbetreiber die ihnen vorgeschriebenen bzw. möglichen Erlösabsenkungen realisieren, indem sie erforderliche Investitionen in ihre Netze unterlassen bzw. notwendige Maßnahmen zur Aufrechterhal-

---

[91] Näher dazu *Pohl/Rädler*, RdE 2008, 306, 308 und *Elspas/Rosin*, RdE 2007, 329, 335, die verfassungsrechtliche Bedenken (scil. Defizite in der Bestimmtheit nach der sog. Wesentlichkeitstheorie des BVerfG) geltend machen; siehe auch *Olbricht*, Netzzugang, S. 271, 275.

[92] Die Bandbreite für die Effizienzsteigerung soll dabei im Bereich von 1,4 bis 2% der beeinflussbaren Kosten liegen, siehe *Busse von Colbe*, in: Berliner Kommentar, Vor §§ 21 ff. EnWG Rn. 105 (zum Regulierungskonzept der BNetzA).

[93] *Säcker*, in: Berliner Kommentar, EnWG Einl. A. Rn. 48.

[94] *Säcker/Meinzenbach*, in: Berliner Kommentar, § 21 EnWG Rn. 69 a.E.

[95] *Olbricht*, Netzzugang, S. 271.

[96] *Olbricht*, ebd. (Fn. 95).

III. Die Anreizregulierung als alternative Methode

tung oder Verbesserung ihrer Versorgungsqualität nicht durchführen, um Kosten einzusparen. Die Folge kann eine Verschlechterung der Versorgungsqualität sein."[97]

Mit Blick auf die in § 1 Abs. 2 EnWG angesprochene Zielsetzung eines „langfristig angelegten leistungsfähigen und zuverlässigen Betrieb von Energieversorgungsnetzen" und dem zentralen Aspekt der Versorgungssicherheit bedarf es daher zugleich der Festlegung der Versorgungsqualität, d.h. der Setzung von (Mindest-)Standards,[98] damit es insoweit nicht zu einem *race to the bottom* kommt.[99] Die Monopolkommission hat es in ihrem Sondergutachten aus dem Jahr 2009 als problematisch angesehen, dass immer noch nicht geklärt sei, wie Qualitätsstandards gesetzt und bei Unterschreiten sanktioniert würden.[100] Im Übrigen vertrat sie die Ansicht, dass sich jede Qualitätsregulierung grundsätzlich an dem aus Sicht der Nachfrager erwünschten Versorgungsniveau zu orientieren habe. Die Höhe der Versorgungsqualität sei an den Bedürfnissen der Verbraucher auszurichten, die beispielsweise durch ihre Zahlungsbereitschaft gespiegelt werde.[101] Das aktuell – als Folge der Energiewende – als besonders dringlich angesehene Problem des Ausbaus der Energienetze wurde von der Monopolkommission schon damals, also lange „vor Fukushima" und unabhängig von der seitherigen umwelt- und energiepolitischen Entwicklung, klar erkannt.[102] Ihre damals geäußerte Einschätzung, dass zur Gewährleistung eines hinreichenden Maßes an Versorgungssicherheit der Aufbau einer zur

---

[97] BNetzA, Monitoringbericht 2011, S. 220.

[98] *Olbricht*, Netzzugang, S. 271 m.w.N.; zum Problem der Qualitätsregulierung siehe Monopolkommission, Sondergutachten Strom und Gas 2007: Wettbewerbsdefizite und zögerliche Regulierung, BT-Drucks 16/7087, Rn. 594 ff.; siehe ferner Monopolkommission, Sondergutachten 2009, BT-Drucks. 16/14060, Rn. 308 ff.; Monopolkommission, Sondergutachten 59 „Energie 2011: Wettbewerbsentwicklung mit Licht und Schatten", Rn. 335, abrufbar unter http://www.monopolkommission.de/sg_59/s59_volltext.pdf.

[99] Zu den ökonomischen Mechanismen der Absicherung durch Orientierung an der Nettosubstanzerhaltung bei Altanlagen im Gegensatz zur Realkapitalerhaltung bei Neuanlagen siehe *Küpper/Pedell*, in: Berliner Kommentar, Vor §§ 21 ff. EnWG Rn. 187; *Säcker/Meinzenbach*, in: Berliner Kommentar, § 21 EnWG Rn. 50 ff.; zum Verhältnis von Investitionen und Anreizregulierung siehe ausführlich und unter Berücksichtigung der Regulierungspraxis im Vereinigten Königreich *Franz/Angenendt*, in: Berliner Kommentar, Vor § 21a EnWG Rn. 117 ff.; zu dem notwendigen Qualitätselement siehe auch *Olbricht*, Netzzugang, S. 337 f.

[100] Monopolkommission, Sondergutachten 2009, BT-Drucks. 16/14060, Rn. 311, 327.

[101] Monopolkommission, Sondergutachten 2007, BT-Drucks. 16/7087, Rn. 596; Monopolkommission, Sondergutachten 2009, BT-Drucks. 16/14060, Rn. 312.

[102] Siehe Monopolkommission, Sondergutachten 2009, BT-Drucks. 16/14060, Rn. 313: „(...) Die Monopolkommission sieht es zudem als wahrscheinlich an, dass auch ein erheblicher Investitionsbedarf auf Verteilnetzebene besteht. Vor den skizzierten widersprüchlichen Angaben zur Netzqualität ist es ein Versäumnis der Regulierung, dass das Qualitätselement nicht bereits zu Beginn der Anreizregulierung implementiert wurde."

Anreizregulierung komplementären Qualitätsregulierung unabdingbar sei,[103] ist zutreffend. Das Gleiche gilt für die Forderung nach „grundsätzlich großzügigere[n] Anerkennungsmöglichkeiten für Investitionsbudgets im Rahmen der Anreizregulierungsverordnung".[104] Mit Recht hat die Bundesregierung im Jahr 2003 als ein maßgebendes Kriterium für die Einführung der Anreizregulierung die Abschätzung der Folgen für das Investitionsverhalten genannt.[105]

Die Lösung des Problems der Qualitätsregulierung ist vom Verordnungsgeber und der Bundesnetzagentur inzwischen angegangen worden. § 19 Abs. 2 ARegV schreibt vor, dass die Regulierungsbehörde über den Beginn der Anwendung des Qualitätselements, der bei Stromversorgungsnetzen zur zweiten Regulierungsperiode zu erfolgen hat, entscheidet. Um dem Problem einer möglichen Verschlechterung der Versorgungsqualität zu begegnen, wurde zum 1. Januar 2012 mit der Qualitätsregulierung im Strombereich[106] begonnen. Diese wird über ein Qualitätselement, das Bestandteil der Formel für die Berechnung der Erlösobergrenzen ist, umgesetzt, und zwar durch die Einführung eines Bonus-/Malus-Systems[107] Das heißt, dass diejenigen Netzbetreiber, deren Netz sich in den vergangenen Jahren im Vergleich zum Durchschnitt der Netzbetreiber durch eine gute Qualität ausgezeichnet hat, über das Qualitätselement einen Zuschlag auf die Erlösobergrenze erhalten. Die Netzbetreiber mit einer vergleichsweise schlechten Qualität müssen dagegen Abschläge in Kauf nehmen.[108] Die Qualitätsregulierung ist im Einzelnen sehr komplex. Die Details können hier jedoch außer Betracht bleiben. Insoweit sei ergänzend auf die weiterführenden Ausführungen der Bundesnetzagentur im Monitoringbericht 2011 hingewiesen.[109]

---

[103] Monopolkommission, Sondergutachten 2009, BT-Drucks. 16/14060, Rn. 327; ebenso *Baur/Pritzsche/Garbers*, Anreizregulierung, S. 23.

[104] Monopolkommission, Sondergutachten 2009, BT-Drucks. 16/14060, Rn. 364. Die Berücksichtigung von Investitionsbudgets kann nach Auffassung der Monopolkommission z.B. dadurch erfolgen, dass das Genehmigungsverfahren im Hinblick auf mögliche Abschläge stärker standardisiert wird und die Abschlagsmöglichkeiten in der Anreizregulierungsverordnung enumerativ eingegrenzt werden.

[105] BT-Drucks. 15/1510 v. 19. 9. 2003, S. 27 und *Theobald/Hummel/Gussone/Feller*, Anreizregulierung, S. 20.

[106] Der Gasbereich ist noch ausgenommen. Die Qualitätsregulierung im Gasbereich soll „zur oder im Laufe der zweiten Regulierungsperiode eingeführt werden ..., sofern hinreichend belastbare Datenreihen vorliegen" (BNetzA, Monitoringbericht 2011, S. 221).

[107] BNetzA, Monitoringbericht 2011, S. 220.

[108] BNetzA, Monitoringbericht 2011, S. 220.

[109] Siehe dazu BNetzA, Monitoringbericht 2011, S.220 ff.

IV. Die Vereinbarkeit der Anreizregulierung mit dem höherrangigem Recht

1. Verstoß gegen Grundrechte?

Fraglich ist, ob die Methode der Anreizregulierung mit dem höherrangigen Recht und insbesondere mit dem deutschen Verfassungsrecht vereinbar ist. Die Netzwirtschaft hat die Einführung des Systems der Anreizregulierung zwar keineswegs pauschal zugunsten einer Fortführung der zuvor praktizierten Kostenregulierung abgelehnt.[110] Allerdings wurden in Bezug auf die Regulierung der Netzentgelte verschiedentlich Grundrechtsverstöße geltend gemacht.[111] Das betraf zunächst die Entgeltregulierung nach dem früher praktizierten kostenbasierten Ansatz, d.h. die Festlegung konkreter Entgelte durch die zuständige Regulierungsbehörde.[112] Aber auch die Regelungen der Anreizregulierungsverordnung wurden auf den Prüfstand des Verfassungsrechts gestellt.[113] Die Rechtsprechung hat die erhobenen Bedenken bislang allesamt zurückgewiesen.

a) Die Berufsfreiheit des Art. 12 Abs. 1 GG

Zunächst wird untersucht, ob die Methode der Anreizregulierung mit den Vorgaben des Art. 12 Abs. 1 GG zur Berufsfreiheit vereinbar ist. Unstreitig werden private Netzbetreiber von dem Schutzbereich dieser Vorschrift erfasst.[114] Die verschiedenen Formen der Entgeltregulierung stellen Eingriffe in die Berufsfreiheit dar, weil dieses Grundrecht die Freiheit der Preissetzung (bzw. die Freiheit zum Aushandeln) für berufliche Leistungen schützt.[115] Es handelt sich typischerweise um Eingriffe auf der niedrigsten

---

[110] Ein Vertreter der Netzwirtschaft hat den Start der Anreizregulierung im Januar 2009 als im Vergleich zur Kostenregulierung „für die Netzbetreiber positiver und berechenbarer" bezeichnet, siehe *Böwing*, N&R 2009, Heft 1, Editorial. Diese positive Einschätzung dürfte auch mit der Hoffnung auf „steigende Ergebnisse für Netzbetreiber" (so *Böwing*, ebd.) verbunden gewesen sein.

[111] OLG Düsseldorf v. 28. 11. 2007 – VI-3 Kart 441/06 (V), offenbar unveröffentlicht; vgl. auch OLG Düsseldorf v. 24. 10. 2007 – VI-3 Kart 26/07 (V), WuW/E DE-R 2251, dort allerdings zur Vereinbarkeit des Verbots von Abschreibungen unter Null mit Artt. 14, 12 GG (a.a.O., Rn. 42 ff., 45 ff.); siehe dazu noch *Theobald/Hummel/Gussone/Feller*, Anreizregulierung, S. 65 ff.

[112] Zur Vereinbarkeit des „benchmarking" nach der Anreizregulierung mit Art. 14 GG siehe *Schmidt-Preuß*, in: Berliner Kommentar, EnWG Einl. C. Rn. 235 ff.

[113] Siehe *Theobald/Hummel/Gussone/Feller*, Anreizregulierung, S. 65 ff., die sich vor allem mit den Regelungen der ARegV zu den Kapitalkosten beschäftigen.

[114] Vgl. auch *Baur/Pritzsche/Garbers*, Anreizregulierung, S. 62.

[115] *Baur/Pritzsche/Garbers*, ebd. (Fn. 114).

Stufe, d.h. um Berufsausübungsregelungen.[116] Die verfassungsrechtliche Rechtfertigung dieser Eingriffe richtet sich nach der vom BVerfG entwickelten Drei-Stufen-Theorie.[117] Das OLG Düsseldorf hat die Vereinbarkeit der Entgeltregulierung auf dem Rechtsstand des Jahres 2007 mit dem Art. 12 Abs. 1 GG wie folgt begründet:

„Die Regulierung der Netzentgelte und die vorliegende Missbrauchsverfügung greifen zwar in die Freiheit der Betroffenen ein, das Entgelt für die Durchleitung durch das Netz selbst festsetzen oder mit den Interessenten aushandeln zu können. Indessen sind diese Eingriffe durch vernünftige Gründe des Gemeinwohls gedeckt. Ziel der Entgeltregulierung ist es, die Voraussetzungen für funktionierenden Wettbewerb auf den vor- und nachgelagerten Märkten für Elektrizität und Gas zu schaffen (...), wobei der Gesetzgeber die Vorgaben der Elektrizitäts- sowie der Erdgasbinnenmarktrichtlinie umsetzen musste. Das Erfordernis einer Entgeltberechnung, die auf die Betriebsführung eines effizienten und strukturell vergleichbaren Netzbetreibers bezogen ist, ist geeignet, einen funktionierenden Wettbewerb im Elektrizitäts- und Gasbinnenmarkt zu schaffen. Die Preisregulierung ist auch erforderlich, da keine Maßnahmen ersichtlich sind, die für die regulierten Unternehmen milder wären und trotzdem gleich wirksam zur Erreichung des angestrebten Ziels beitrügen (...)."[118]

Da im System der Anreizregulierung die Möglichkeit der Festlegung des Entgelts durch den Netzbetreiber bestehen bleibt und nur die Erlösobergrenze für eine bestimmte Regulierungsperiode behördlicherseits festgelegt wird, ist im Wege des Erst-recht-Schlusses von der Vereinbarkeit der Anreizregulierung mit den verfassungsrechtlichen Vorgaben des Art. 12 Abs. 1 GG auszugehen.[119] Dies gilt auch für die mit dieser Methode einhergehenden Pauschalierungen.[120] Dabei ist jedoch immer Voraussetzung, dass die Festlegung der Erlösobergrenzen ausreichend hoch ist, um eine

---

[116] Ein Eingriff in die Berufswahlfreiheit würde erfordern, dass die betroffenen Berufsangehörigen in aller Regel und nicht nur in Ausnahmefällen wirtschaftlich nicht mehr in der Lage sind, ihren gewählten Beruf auszuüben, während die Aufgabe des Netzbetriebs durch einzelne Netzbetreiber dafür nicht ausreicht, siehe *Baur/Pritzsche/Garbers*, Anreizregulierung, S. 64 unter Hinweis auf BVerfGE 30, 292, 314 ff.

[117] Näher dazu *Baur/Pritzsche/Garbers*, Anreizregulierung, S. 63 ff.

[118] OLG Düsseldorf v. 28. 11. 2007 – VI-3 Kart 441/06 (V), Rn. 31; OLG Düsseldorf v. 24. 10. 2007 – VI-3 Kart 26/07 (V), WuW/E DE-R 2251 Rn. 45. In der zuletzt genannten Entscheidung wird das Zitat noch um den folgenden „vielsagenden" Satz ergänzt: „Schließlich ist die Preisregulierung den Betroffenen auch zuzumuten, denn es handelt sich bei den regulierten Netzen um natürliche Monopole, die für die Daseinsvorsorge benötigt werden und aus Erträgen der Energieversorgungsunternehmen finanziert worden sind, die seit Jahrzehnten in abgeschirmten Märkten gewirtschaftet haben."

[119] Teilweise abweichend *Theobald/Hummel/Gussone/Feller*, Anreizregulierung, S. 87 in Bezug auf die Behandlung von Kapitalkosten aus Bestandsanlagen, allerdings nur für den eher fernliegenden Fall, dass die Regelung den Gewinn der Netzbetreiber derart beschränkt, dass die Ausübung des Berufs in der Zukunft nicht mehr möglich ist.

[120] Ausführlich dazu *Baur/Pritzsche/Garbers*, Anreizregulierung, S. 65 ff., 68 f.

unternehmerische Tätigkeit effizienter Netzbetreiber zu ermöglichen.[121] In diesem Zusammenhang sei auf § 21a Abs. 5 Satz 4 EnWG hingewiesen, der die Vorgabe enthält, dass die betroffenen Netzbetreiber die behördlichen Effizienzvorgaben unter Nutzung der ihnen möglichen und zumutbaren Maßnahmen erreichen oder übertreffen können müssen.[122]

b) Die Eigentumsgarantie des Art. 14 Abs. 1 GG

Bezüglich der Eigentumsgarantie des Art. 14 Abs. 1 GG ist zunächst die Eröffnung des Schutzbereichs problematisch, da diese Vorschrift bekanntlich nur Rechtspositionen schützt, die der Grundrechtsträger bereits erworben hat, nicht aber zukünftige Geschäftschancen usw.[123] Das Grundrecht aus Art. 14 Abs. 1 GG ist zwar für die verschiedenen denkbaren Varianten von Entflechtungstatbeständen offensichtlich relevant,[124] da diese Vorschrift vor Enteignungen schützt. Dies gilt auch für die rechtliche Verpflichtung zur Öffnung der Netze für Dritte nach § 20 Abs. 1 EnWG.[125] Darüber hinaus wären staatliche Preisregelungen, die den Netzbetrieb eines effizient geführten Unternehmens dauerhaft unmöglich machten, als enteignende oder enteignungsgleiche Eingriffe im Sinne des Art. 14 Abs. 1 GG zu bewerten.[126] Der Anspruch auf diskriminierungsfreien Netzzugang nach § 20 Abs. 1 EnWG darf jedenfalls nicht zur Existenzvernichtung eines ordnungsgemäß geführten Netzbetreibers führen.[127] Umgekehrt gewährleistet Art. 14 Abs. 1 GG selbstverständlich keinen Eigentumsschutz

---

[121] Vgl. auch *Baur/Pritzsche/Garbers*, Anreizregulierung, S. 64 f.
[122] Siehe dazu auch *Baur/Pritzsche/Garbers*, Anreizregulierung, S. 73.
[123] Zutreffend daher OLG Düsseldorf v. 24. 10. 2007 – VI-3 Kart 26/07 (V), WuW/E DE-R 2251 Rn. 44: „(...) Art. 14 GG gewährleistet lediglich das Recht, Sach- und Geldeigentum zu besitzen, zu nutzen, es zu verwalten und darüber zu verfügen. Geschützt werden damit nur Rechtspositionen, die Rechtssubjekten bereits zustehen, nicht aber in der Zukunft liegende Chancen und Verdienstmöglichkeiten, denn eine allgemeine Wertgarantie vermögenswerter Rechtspositionen lässt sich aus Art. 14 GG nicht ableiten (BVerfGE 68, 193, 222 f.; 105, 17, 30 f.). Von daher berühren hoheitlich bewirkte Minderungen des Tausch- oder Marktwerts eines Eigentumsguts in der Regel nicht das Eigentumsgrundrecht. Ob etwas anderes dann gelten muss, wenn die Existenz der Netzbetreiber durch die streitgegenständliche Regelung gefährdet würde, mag dahinstehen. (...).“; siehe auch *Baur/Pritzsche/Garbers*, Anreizregulierung, S. 59 f.
[124] Siehe dazu *Nettesheim/Thomas*, Entflechtung, S. 85 ff.; *Kühling*, Festschrift für Säcker, S. 783 ff.
[125] *Baur/Pritzsche/Garbers*, Anreizregulierung, S. 55.
[126] Vgl. auch *Theobald/Hummel/Gussone/Feller*, Anreizregulierung, S. 69 m.w.N.; zum Umfang des Kostenersatzes nach Art. 14 Abs. 1 GG siehe auch *Baur/Pritzsche/Garbers*, Anreizregulierung, S. 60 ff.
[127] *Baur/Pritzsche/Garbers*, Anreizregulierung, S. 60.

für ineffiziente Unternehmen.[128] Ein Verstoß gegen Art. 14 Abs. 1 GG kann jedenfalls nicht damit begründet werden, dass die Regulierungsmaßnahme zu Verlusten oder kurzfristigen Gewinneinbußen führt.[129] Wenn und soweit ein Netzbetreiber die ihm möglichen und zumutbaren Rationalisierungsreserven ausschöpft, hat er vielmehr Anspruch auf ein angemessenes Entgelt für diejenigen Leistungen, die er mit der Gewährung des Zugangs zu seinem Netz Dritten zur Verfügung stellt.[130]

Art. 14 Abs. 1 GG schützt ferner den eingerichteten und ausgeübten Gewerbebetrieb in der Substanz, die in ihrer Gesamtheit den wirtschaftlichen Wert des konkreten Gewerbebetriebes ausmacht.[131] Jedoch genießen die Ausstrahlungen und Erscheinungsformen des konkreten Betriebes nur insoweit Eigentumsschutz, wie sie einen bestimmten Gewerbebetrieb als eine von dem Inhaber geschaffene Organisation persönlicher und sachlicher Mittel, als eine bestimmte Sachgesamtheit und Rechtsgesamtheit kennzeichnen.[132] Stellt man bezüglich der Frage nach der Vereinbarkeit der Anreizregulierung mit dem Verfassungsrecht auf das Recht der Netzbetreiber am eingerichteten und ausgeübten Gewerbebetrieb ab,[133] so ist auf die besondere Qualität des Eingriffs, also auf das Erfordernis eines „unmittelbar betriebsbezogenen Eingriffs",[134] hinzuweisen. Dafür hat die Rechtsprechung strenge Anforderungen aufgestellt: Als „betriebsbezogen" in diesem Sinne kommen nur solche Beeinträchtigungen in Betracht, die die Grundlagen des Betriebes bedrohen oder gerade den Funktionszusammenhang der Betriebsmittel auf längere Zeit aufheben oder seine Tätigkeit als solche

---

[128] Näher dazu *Baur/Pritzsche/Garbers*, Anreizregulierung, S. 61.
[129] *Baur/Pritzsche/Garbers*, Anreizregulierung, S. 69.
[130] *Baur/Pritzsche/Garbers*, Anreizregulierung, S. 61.
[131] BGH v. 28. 2. 1980 – III ZR 131/77, BGHZ 76, 387 Rn. 30 = NJW 1980, 2457 – Fluglotsenstreik; BGH v. 13. 3. 1975 – III ZR 152/72, WM 1975, 834 Rn. 10. Zivilrechtlich wird der eingerichtete und ausgeübte Gewerbebetrieb über § 823 Abs. 1 BGB geschützt. Dieser Aspekt bleibt hier außer Betracht.
[132] BGH v. 28. 2. 1980 – III ZR 131/77, BGHZ 76, 387 Rn. 30 = NJW 1980, 2457 – Fluglotsenstreik.
[133] *Theobald/Hummel/Gussone/Feller*, Anreizregulierung, S. 69 unter Hinweis auf BGHZ 98, 341, 351.
[134] Siehe z.B. BGH v. 9. 12. 1958 – VI ZR 199/57, BGHZ 29, 65 Rn. 14 = NJW 1959, 478 – Stromunterbrechung; BGH v. 21. 12. 1970 – II ZR 133/68, BGHZ 55, 153 Rn. 18 = NJW 1971, 886 – Sperrung einer Wasserstraße; BGH v. 16. 6. 1977 – III ZR 179/75, BGHZ 69, 128 Rn. 42 = NJW 1977, 1875 – Fluglotsenstreik; BGH v. 28. 2. 1980 – III ZR 131/77, BGHZ 76, 387 Rn. 32 = NJW 1980, 2457 – Fluglotsenstreik; BGH v. 22. 6. 2011 – I ZR 159/10, GRUR 2011, 1018 Rn. 75 – Automobil-Onlinebörse; BGH v. 15. 5. 2012 – VI ZR 117/11, VersR 2012, 910 Rn. 21; BAG v. 22. 9. 2009 – 1 AZR 972/08, BAGE 132, 140 Rn. 29 = NJW 2010, 631 – Flashmob-Aktion.

infrage stellen.[135] Ein betriebsbezogener Eingriff fehlt hingegen bei einer Beeinträchtigung von Rechten oder Rechtsgütern, die mit der Wesenseigentümlichkeit des Betriebs nicht in Beziehung stehen und daher – auch wenn sie für den Betrieb wichtig sind – den Betrieb weder zum Erliegen bringen noch in seiner Substanz ernstlich beeinträchtigen, wenn sie dem Betriebsinhaber nicht mehr ungestört zur Verfügung stehen.[136] Denn die Berücksichtigung einer solchen Störung würde das Gewerbevermögen ohne sachlichen Grund privilegieren.[137] Die Regulierung der Erlösobergrenzen im Wege der Anreizregulierung erfüllt die strengen Anforderungen an den betriebsbezogenen Eingriff nicht.

Insgesamt folgt aus dem Vorstehenden für die „normale Regulierung" unterhalb von eigentumsentziehenden Maßnahmen und „drakonischen" Preisregulierungen jenseits der absoluten Grenze des „Kernbereichs" von Art. 14 Abs. 1 GG (scil. der Entziehung der Substanz),[138] dass die verfassungsrechtliche Eigentumsgarantie dafür keine engen Grenzen setzt;[139] zumal dann nicht, wenn man die Regelung zur Sozialbindung des Eigentums in Art. 14 Abs. 2 GG ergänzend mit in den Blick nimmt.[140] Die Verhinderung von missbräuchlich überhöhten Netzentgelten ist ein legitimes Ziel des Allgemeinwohls,[141] wenn auch eingeräumt werden muss, dass das Ziel einer preisgünstigen Energieversorgung als solches nicht unmittelbar im Grundgesetz verankert ist.[142] Die Verfassung schützt jedoch die wettbewerblichen Grundlagen der Preisbildung.[143] Da ein Wettbewerb zwischen den Netzbetreibern wegen der Leitungsgebundenheit der Energieversorgung und dem Fehlen paralleler Netze nicht möglich ist, der nötige Wettbewerbsdruck also fehlt, ist eine staatliche (Anreiz-)Regulierung mit dem Ziel, den Wettbewerb zu simulieren, verfassungsrechtlich legitim.[144]

---

[135] BGH v. 18. 1. 1983 – VI ZR 270/80, NJW 1983, 812 Rn. 12.
[136] BGH v. 18. 1. 2012 – I ZR 187/10, NJW 2012, 2034 Rn. 31 – gewinn.de; BGH v. 18. 1. 1983 – VI ZR 270/80, NJW 1983, 812 Rn. 12.
[137] BGH v. 18. 1. 1983 – VI ZR 270/80, NJW 1983, 812 Rn. 12 m.w.N.
[138] Siehe dazu *Theobald/Hummel/Gussone/Feller*, Anreizregulierung, S. 69 unter Hinweis auf BVerfGE 91, 294, 310.
[139] Siehe *Kühling*, Festschrift für Säcker, S. 783, 801.
[140] Zur besonderen Sozialpflichtigkeit der Energieversorgungsnetze vgl. auch *Theobald/Hummel/Gussone/Feller*, Anreizregulierung, S. 74 unter Hinweis BVerfGE 50, 290, 340 f. und BVerfGE 68, 361, 368. Die besondere Angewiesenheit der Allgemeinheit auf die Energieversorgungsnetze ergibt sich in der Tat daraus, dass die vorhandenen Netze durch einen parallelen Leitungsbau nicht beliebig erweitert werden können.
[141] *Theobald/Hummel/Gussone/Feller*, Anreizregulierung, S. 76; *Baur/Pritzsche/Garbers*, Anreizregulierung, S. 57.
[142] Theobald/Hummel/Gussone/Feller, Anreizregulierung, S. 79.
[143] *Theobald/Hummel/Gussone/Feller*, ebd. (Fn. 142).
[144] Siehe dazu *Baur/Pritzsche/Garbers*, Anreizregulierung, S. 57.

Das Gleiche gilt auch für das Regulierungsziel der Gewährleistung einer sicheren und zuverlässigen Energieversorgung als Teil der Daseinsvorsorge.[145] Die Allgemeinheit hat ein berechtigtes Interesse daran, dass der Betrieb der Energieversorgungsnetze sicher und zuverlässig sowie zu Entgelten erfolgt, die nach wettbewerblichen Kriterien gebildet worden sind.[146] Ein grundsätzlicher Konflikt der Anreizregulierung mit der Eigentumsgarantie des Art. 14 Abs. 1 GG besteht deshalb nicht.

c) Der allgemeine Gleichheitssatz des Art. 3 Abs. 1 GG

In Bezug auf mögliche Verstöße der Anreizregulierung gegen den allgemeinen Gleichheitssatz des Art. 3 Abs. 1 GG ist auf den weiten Gestaltungsspielraum des Gesetz- und Verordnungsgebers hinzuweisen.[147] Art. 3 Abs. 1 GG begründet kein Gewährleistungsrecht auf die jeweils beste Behandlung. Vielmehr ist der Gesetz- bzw. Verordnungsgeber im Fall von nicht gerechtfertigten Ungleichbehandlungen durchaus auch zur Streichung von Vergünstigungen befugt. Sollte sich ein Netzbetreiber im System der Anreizregulierung demnach schlechter stellen als andere Netzbetreiber, so liegt darin jedenfalls noch kein Verstoß gegen den allgemeinen Gleichheitssatz des Art. 3 Abs. 1 GG. Das Gleiche gilt für den Fall, dass dieser Netzbetreiber in dem früheren System der Entgeltgenehmigung wirtschaftlich erfolgreicher war als in dem neuen System der Anreizregulierung.

2. Die sozialstaatliche Absicherung der Anreizregulierung

In der Literatur werden zugunsten der Anreizregulierung sozialstaatliche und gemeinwohlorientierte Argumente vorgebracht.[148] Bei Infrastruktur-

---

[145] Siehe dazu *Theobald/Hummel/Gussone/Feller*, Anreizregulierung, S. 79; *Baur/Pritzsche/Garbers*, ebd. (Fn. 144).

[146] *Theobald/Hummel/Gussone/Feller*, Anreizregulierung, S. 79.

[147] Siehe *Baur/Pritzsche/Garbers*, Anreizregulierung, S. 67 m.w.N.; siehe auch OLG Düsseldorf v. 24. 10. 2007 – VI-3 Kart 26/07 (V), WuW/E DE-R 2251 Rn. 45, wo ausgeführt wird, dass die verfassungsgerichtliche Prüfungsdichte bei Preisregulierungen „angesichts des weiten wirtschafts- und sozialpolitischen Gestaltungsspielraums des Gesetzgebers stark eingeschränkt [ist], so dass sich Einzelheiten der Berechnung des Netzentgelts, wie sie in den Netzentgeltverordnungen geregelt sind, grundsätzlich in dem Freiraum halten, der dem politischen Prozess und damit Zweckmäßigkeitserwägungen vorbehalten ist."

[148] Dass die Sozialbindung des Eigentums gemäß Art. 14 Abs. 2 GG im Bereich der Regulierung der Energieordnung grundsätzlich von „großer Bedeutung" ist, konstatiert mit Recht *Kühling*, Festschrift für Säcker, S. 783, 792. Diese Aussage bezieht sich allerdings vornehmlich auf Maßnahmen der Entflechtung, was auch aus dem Fazit a.a.O., S. 801 deutlich wird. Zu dem grundsätzlich stärker ausgeprägten sozialen Bezug der Tätigkeit von ehemals staatlichen Monopolunternehmen siehe BVerfG v. 14.03.2006 – 1

monopolen, die den Bereich der Daseinsvorsorge betreffen, sei eine Regulierung sozialstaatlich geboten.[149] Diese „intelligente" Form der *ex-ante-*Regulierung auf der Netzebene sichere die Neutralität der Netzbetreiber, die Diskriminierungsfreiheit des Netzzugangs und die Angemessenheit der Netznutzungsentgelte.[150] Das Regulierungsrecht und das Kartellrecht verhielten sich dabei wie „Zwillingsschwestern". Beide Materien verfolgten das Ziel, einen fairen, gegen Missbrauch gesicherten privatautonomen Interessenausgleich zwischen Netzbetreibern und Netznutzern zu ermöglichen; sie gingen dabei aber unterschiedliche Wege (d.h. *ex ante-*Methodenregulierung im Regulierungsrecht und *ex post-*Missbrauchsaufsicht im Kartellrecht).[151] Das Regulierungsrecht habe daher einen doppelfunktionellen Charakter. Es schütze als Privatrecht die Wettbewerbsorientierung der Aufgabenerfüllung durch Private und als öffentliches Recht die Gemeinwohlorientierung der Leistungserbringung.[152]

V. Der generelle sektorale Produktivitätsfaktor gemäß § 9 ARegV

1. Grundlagen

Im Folgenden soll auf einige Besonderheiten der Anreizregulierung eingegangen werden. Ein besonders wichtiges Element ist der in § 9 ARegV geregelte „generelle sektorale Produktivitätsfaktor" (kurz: GSP oder Xgen)[153]. Mittels dieses Faktors, der für jede Regulierungsperiode neu festgesetzt wird, erfolgt die Berücksichtigung der überindividuellen branchenspezifischen Merkmale im Rahmen der Ermittlung der Erlösobergrenzen.[154] Der Zweck dieses Faktors besteht darin, die vermuteten besonderen Pro-

---

BvR 2087/03, 1 BvR 2111/03, BVerfGE 115, 205, 241 f. und dazu *Kühling*, a.a.O., S. 794 (sozialer Bezug) und S. 798 (Allgemeininteressen).

[149] *Säcker*, N&R 2009, 78, 80; zur gesteigerten Sozialpflichtigkeit der Inhaber natürlicher Monopole siehe auch *dens.*, in: Berliner Kommentar, EnWG Einl. A. Rn. 25, 30 sowie *dens.*, ZNER 2004, 98, 100; siehe auch *Säcker/Boesche*, in: Berliner Kommentar, § 20 EnWG Rn. 19.

[150] *Säcker*, N&R 2009, 78, 80 f.

[151] *Säcker*, ZNER 2004, 98, 100; *ders.*, in: Berliner Kommentar, EnWG Einl. A. Rn. 31.

[152] *Säcker*, ZNER 2004, 98, 100, 112; *ders.*, in: Berliner Kommentar, EnWG Einl. A. Rn. 31.

[153] *Scholtka/Baumbach*, NJW 2012, 2704, 2706.

[154] Siehe dazu *Theobald/Hummel/Gussone/Feller*, Anreizregulierung, S. 33; siehe ferner *Thau/Schüffner*, N&R 2011, 181, 182 f. sowie zu den Einzelheiten die Kommentierung von *Groebel*, in: Berliner Kommentar, Anh. § 21a EnWG, § 9 ARegV Rn. 1 ff.

duktivitätssteigerungspotentiale der Netzbranche dadurch abzuschöpfen, dass bei der Berechnung der Erlösobergrenzen statt des gesamtwirtschaftlichen Produktivitätsfortschritts (vgl. § 8 ARegV) der sektorale Produktivitätsfortschritt der Netzwirtschaft zugrunde gelegt wird.[155]

§ 9 Abs. 1 ARegV bestimmt, dass der generelle sektorale (d.h. der branchenspezifische) Produktivitätsfaktor aus der Abweichung des netzwirtschaftlichen Produktivitätsfortschritts vom gesamtwirtschaftlichen Produktivitätsfortschritt und der gesamtwirtschaftlichen Einstandspreisentwicklung von der netzwirtschaftlichen Einstandspreisentwicklung ermittelt wird. Dieser Faktor führt zu einer Absenkung der Erlösobergrenzen im Verlauf einer Regulierungsperiode um den unterstellten besonderen Produktivitätsfortschritt im Bereich der Netzwirtschaft.[156] Selbst ein Unternehmen mit dem Effizienzwert von 100% – also das „Frontier-Unternehmen" – ist danach verpflichtet, eine Effizienzsteigerung gemäß dem festgelegten generellen sektoralen Produktivitätsfaktor vorzunehmen.[157] In der ersten fünfjährigen Regulierungsperiode ab dem 1. Januar 2009 beträgt dieser Faktor 1,25%, und in den folgenden fünf Jahren dann 1,5%.[158] Ab der dritten Regulierungsperiode wird der generelle sektorale Produktivitätsfaktor gemäß § 9 Abs. 3 ARegV nach international anerkannten wissenschaftlichen Methoden wie dem *Törnquist-Index*[159] und dem *Malmquist-Index*[160] berechnet.[161] Diese Regelungstechnik wurde in der Literatur etwas abwertend als „dilatorischer Formelkompromiss" bezeichnet.[162] Der BGH hat dazu aber klargestellt, dass der Verordnungsgeber bei seiner Festlegung von dem *Törnquist-Index* ausgehen durfte, denn er habe diesen wie den *Malmquist-Index* als eine international anerkannte Methode ange-

---

[155] *Theobald/Hummel/Gussone/Feller*, Anreizregulierung, S. 91.

[156] *Missling*, IR 2011, 206.

[157] Mit Blick auf die Vorgaben des § 21a Abs. 5 Satz 1 EnWG kritisch *Pohl/Rädler*, RdE 2008, 306, 308.

[158] Kritisch Monopolkommission, Sondergutachten 2007, BT-Drucks. 16/7087, Rn. 599: Die allgemeine Produktivitätskennziffer falle mit 1,25% bzw. 1,5% gering aus und bewege sich unterhalb bzw. nur am Rand der von der BNetzA vorgeschlagenen und international üblichen Bandbreite.

[159] Zum Teil auch als Törnqvist- oder Tornqvist-Index bezeichnet. Der Index wurde nach dem finnischen Statistiker *Leo Waldemar Törnqvist* (1911 – 1983) benannt.

[160] Der Index wurde nach dem schwedischen Ökonomen und Statistiker *Sten Malmquist* (1917 – 2004) benannt.

[161] BR-Drucks. 417/07, S. 48 f. (Begründung zu § 9 ARegV); *Groebel*, in: Berliner Kommentar, Anh. § 21a EnWG, § 9 ARegV Rn. 9; zu der Präferenz des Törnquist-Index durch die BNetzA und den Verordnungsgeber vgl. BGH v. 31. 1. 2012 – EnVR 58/09 Rn. 18 ff.

[162] *Säcker*, N&R 2009, 78, 83.

sehen.[163] Hiergegen sei insbesondere unter Berücksichtigung der Empfehlung der OECD zur Verwendung des *Törnquist-Index* bei der Produktivitätsbemessung nichts zu erinnern.[164] Der *Malmquist-Index* liefere zwar möglicherweise genauere Ergebnisse, er sei aber für die erstmalige Ermittlung des sektoralen Produktivitätsfaktors nicht empfehlenswert.[165]

2. Die Bedeutung des generellen sektoralen Produktivitätsfaktors

Bei dem generellen sektoralen Produktivitätsfaktor handelt sich um einen Dreh- und Angelpunkt des neuen Systems der Anreizregulierung. Dazu hat das OLG Naumburg in einem Beschluss vom November 2011 Folgendes ausgeführt:

„Hintergrund der Einführung eines generellen sektoralen Produktivitätsfaktors in § 9 ARegV ist die Annahme, dass in bislang monopolistisch organisierten Wirtschaftszweigen gerade in den ersten Jahren der Regulierung höhere jährliche Produktivitätsfortschritte zu erzielen sind als in den jederzeit dem Wettbewerb unterworfenen Teilmärkten einer Volkswirtschaft. Würde man die zugestandenen Preise bzw. Erlöse lediglich an die allgemeine gesamtwirtschaftliche Inflationsrate koppeln, würde man vor diesem Hintergrund das Produktivitätspotenzial im Bereich der Netzbetreiber nicht optimal ausnutzen. Deshalb soll neben einem als sachgerecht empfundenen allgemeinen Preissteigerungsindex ein branchenspezifischer Index, eben der generelle sektorale Produktivitätsfaktor, Eingang in die Bestimmung der Erlösobergrenzen finden (...). Plakativ zusammengefasst bedeutete dies: Mit steigendem X – Faktor (= sektoraler Produktivitätsfaktor i.H.v. 1,25 % in der ersten Regulierungsperiode gemäß § 9 Abs. 2 ARegV) wächst die Konsumentenrendite und entsprechend sinkt die Produzentenrendite (...). Die optimale Ausnutzung des vorhandenen Produktivitätspotenzials zugunsten der Verbraucherendpreise, ist ein legitimes Anliegen des Gesetzgebers, gerade in Märkten, in denen es nach wie vor keinen wirklichen Wettbewerb gibt."[166]

---

[163] BGH v. 31. 1. 2012 – EnVR 58/09 Rn. 20; BGH v. 31. 1. 2012 – EnVR 16/10, EBE/BGH 2012, BGH-Ls 269/12 Rn. 30 – Gemeindewerke Schutterwald, jeweils unter Hinweis auf BR-Drucks. 417/07, S. 48 f.

[164] BGH v. 31. 1. 2012 – EnVR 58/09 Rn. 20 unter Hinweis auf OECD (2001), Measuring Productivity: Measurement of Aggregate and Industry-level Productivity Growth, OECD Manual, S. 87. In dem konkreten Fall hat der BGH ebd. die von der Rechtsbeschwerde vertretene Auffassung, dass ausschließlich der Malmquist-Index hätte verwendet werden dürfen, insbesondere im Hinblick auf den vorgenommenen Sicherheitsabschlag, ausdrücklich zurückgewiesen.

[165] BGH v. 31. 1. 2012 – EnVR 16/10, EBE/BGH 2012, BGH-Ls 269/12 Rn. 28 – Gemeindewerke Schutterwald. In diesem Fall hatte die BNetzA auf der Grundlage des Törnquist-Index den Produktivitätsfaktor auf 2,54% festgelegt (vgl. BGH, a.a.O. Rn. 31).

[166] OLG Naumburg v. 5. 11. 2009 – 1 W 6/09, RdE 2010, 150 Rn. 56.

3. Die unzureichende Ermächtigungsgrundlage im EnWG und der Neuerlass der Vorschrift

§ 9 ARegV hat zuletzt sowohl die Rechtsprechung als auch – in Reaktion darauf – den Verordnungsgeber beschäftigt. Im Kern ging es um Meinungsverschiedenheiten zwischen der Bundesnetzagentur und den Netzbetreibern darüber, wie einzelne Vorschriften der ARegV über die Bestimmung der Erlösobergrenzen auszulegen sind. Der BGH hat in zwei Beschlüssen vom 28. Juni 2011[167] unter anderem zur Frage der Bestimmung des generellen sektoralen Produktivitätsfaktors gemäß § 9 ARegV Stellung bezogen. Problematisch war insoweit die Frage, ob – wie das Beschwerdegericht angenommen hatte –[168] die Regelungen zum generellen sektoralen Produktivitätsfortschritt solche der allgemeinen Geldentwicklung seien, ob also der Verordnungsgeber lediglich die im Verbraucherpreisindex abgebildete gesamtwirtschaftliche Produktivitätsentwicklung korrigiert und auf diese Weise den Ausgleich der allgemeinen Geldentwicklung sachgerecht ausgestaltet habe.

Der Kartellsenat des BGH entschied abweichend von der Vorinstanz. Nach seiner Auffassung ermächtigte § 21a Abs. 6 Satz 1 Nr. 2 EnWG i.V.m. § 21a Abs. 6 Satz 2 Nr. 5 EnWG nur dazu, durch Rechtsverordnung eine von der Entwicklung der Verbraucherpreise abweichende Entwicklung der netzwirtschaftlichen Einstandspreise zu berücksichtigen, nicht aber einen generellen gesamtwirtschaftlichen oder netzwirtschaftlichen Produktivitätsfortschritt in die Beurteilung einzubeziehen.[169] Nach Auffassung des Kartellsenats des BGH war nicht zu beanstanden, dass gemäß § 9 Abs. 1 ARegV eine etwaige Abweichung der gesamtwirtschaftlichen Einstandspreisentwicklung von der netzwirtschaftlichen Einstandspreisentwicklung in die Regulierungsformel einfloss und so den nach Maßgabe des § 8 ARegV berechneten Wert für die allgemeine Geldentwicklung korrigierte.[170] § 21a Abs. 6 Satz 2 Nr. 5 EnWG lasse nähere Regelungen zum

---

[167] BGH v. 28. 6. 2011 – EnVR 34/10, N&R 2011, 20 = VW 2011, 207; BGH v. 28. 6. 2011 – EnVR 48/10, RdE 2011, 308 – EnBW Regional AG; siehe dazu *Missling*, IR 2011, 206; *Thau/Schüffner*, N&R 2011, 181; *dies.*, N&R 2011, 241; *Ernst*, N&R 2011, 213; *Koenig*, N&R 2011, 280; *Wollschläger*, IR 2011, 210; *Wolf*, VW 2011, 208.

[168] OLG Düsseldorf v. 24. 3. 2010 – VI-3 Kart 166/09 (V), ZNER 2010, 277 und VI-3 Kart 200/09 (V).

[169] BGH v. 28. 6. 2011 – EnVR 34/10, N&R 2011, 20 Rn. 30; BGH v. 28. 6. 2011 – EnVR 48/10, RdE 2011, 308 Rn. 36 – EnBW Regional AG; siehe auch OLG Celle v. 19. 8. 2010 – 13 VA 23/09, ZNER 2010, 389, 390 m.w.N.; eine fehlende Rechtsgrundlage monierte nach dem bisherigen Rechtsstand auch *Ruge*, in: Schneider/Theobald, Recht der Energiewirtschaft, § 18 Rn. 57.

[170] BGH v. 28. 6. 2011 – EnVR 34/10, N&R 2011, 20 Rn. 31; BGH v. 28. 6. 2011 – EnVR 48/10, RdE 2011, 308 Rn. 37 – EnBW Regional AG.

Verfahren bei der Berücksichtigung der Inflationsrate zu. Der Verordnungsgeber habe deshalb in Betracht ziehen dürfen, dass eine unveränderte Orientierung an dem Verbraucherpreisgesamtindex zu einer zu hohen Erlösobergrenze und damit zu überhöhten Netzentgelten führen könnte. Eben dies wäre der Fall, wenn die Entwicklung der Einstandspreise in der Netzwirtschaft hinter der Entwicklung der Verbraucherpreise zurückbliebe.[171] Allerdings fehlte es nach Auffassung des BGH an einer hinreichenden Ermächtigungsgrundlage für die in § 9 Abs. 1 ARegV ebenfalls vorgesehene Berücksichtigung der Abweichung des netzwirtschaftlichen Produktivitätsfortschritts von dem gesamtwirtschaftlichen Produktivitätsfortschritt. Weder § 21a Abs. 4 Satz 7 EnWG noch § 21a Abs. 5 EnWG böten hierfür eine hinreichende Grundlage.[172] Der BGH widersprach insoweit dem OLG Düsseldorf, das in der Vorinstanz die Berücksichtigung des generellen netzwirtschaftlichen Produktivitätsfortschritts als eine Regelung über den Ausgleich der allgemeinen Geldentwertung i. S. des § 21a Abs. 4 Satz 7 EnWG verstanden hatte.[173] In diesem Zusammenhang führt der BGH weiter aus, dass Produktivitätssteigerungen keine unmittelbaren Auswirkungen auf das allgemeine Preisniveau hätten, und dass der generelle sektorale Produktivitätsfaktor kein integraler Bestandteil der allgemeinen Geldentwicklung sei.[174] Der BGH nimmt ausdrücklich Bezug auf die Materialien zur ARegV 2007 und den dort gemachten Ausführungen zur Anreizregulierung durch Einführung des generellen sektoralen Produktivitätsfaktors, die mit der Erwartung des Verordnungsgebers nach höheren Produktionssteigerungen infolge der Simulation von Wettbewerb verbunden waren. Durch die Berücksichtigung des netzwirtschaftlichen Produktivitätsfortschritts, so der BGH, werde von den einzelnen Netzbetreibern eine zumindest branchendurchschnittliche Ausschöpfung von Produktivitätsreserven verlangt.[175] In dieser Verhaltensanforderung liege ein Unterschied des generellen sektoralen Produktivitätsfaktors von dem Mechanismus der all-

---

[171] BGH v. 28. 6. 2011 – EnVR 34/10, N&R 2011, 20 Rn. 32; BGH v. 28. 6. 2011 – EnVR 48/10, RdE 2011, 308 Rn. 38 – EnBW Regional AG.

[172] BGH v. 28. 6. 2011 – EnVR 34/10, N&R 2011, 20 Rn. 33; BGH v. 28. 6. 2011 – EnVR 48/10, RdE 2011, 308 Rn. 39 – EnBW Regional AG; siehe auch *Theobald/Hummel/Gussone/Feller*, Anreizregulierung, S. 103, die nach eingehender Analyse ebenfalls zu dem Ergebnis gelangen, dass § 9 ARegV seinerzeit nicht von der Ermächtigungsgrundlage gedeckt war.

[173] BGH v. 28. 6. 2011 – EnVR 34/10, N&R 2011, 20 Rn. 34; BGH v. 28. 6. 2011 – EnVR 48/10, RdE 2011, 308 Rn. 40 – EnBW Regional AG.

[174] BGH v. 28. 6. 2011, Az. EnVR 34/10, N&R 2011, 20 Rn. 35; BGH v. 28. 6. 2011 – EnVR 48/10, RdE 2011, 308 Rn. 41 – EnBW Regional AG.

[175] BGH v. 28. 6. 2011 – EnVR 34/10, N&R 2011, 20 Rn. 36; BGH v. 28. 6. 2011 – EnVR 48/10, RdE 2011, 308 Rn. 42 – EnBW Regional AG.

gemeinen Geldentwertung, dem im Grundsatz alle Unternehmen gleichermaßen ausgesetzt seien, ohne dass sie darauf Einfluss nehmen könnten.[176]

In Konsequenz dieser Entscheidung war die pauschale Festlegung der Höhe des generellen sektoralen Produktivitätsfaktors gemäß § 9 Abs. 2 ARegV durch die Bundesnetzagentur zunächst gegenstandslos.[177] Der Verordnungsgeber reagierte indessen sehr rasch auf diese problematische Situation. Bereits am 8. November 2011 legten die Fraktionen von CDU/CSU und FDP im Deutschen Bundestag den „Entwurf eines Zweiten Gesetzes zur Neuregelung energiewirtschaftlicher Vorschriften"[178] vor, gemäß dessen Art. 2 der bisherige § 9 ARegV neu erlassen werden sollte, um die Anwendbarkeit dieser wichtigen Vorschrift sicherzustellen. In diesem Gesetzentwurf wird zutreffend das Problem identifiziert, dass die Regelung des generellen sektoralen Produktivitätsfaktors in § 9 ARegV nicht vollständig von der Ermächtigungsgrundlage in § 21a EnWG gedeckt war, weil diese Vorschrift lediglich auf den gesamtwirtschaftlichen Produktivitätsfortschritt abzielt.[179] Die Entwurfsverfasser erachteten die Berücksichtigung des generellen sektoralen Produktivitätsfaktors in den Erlösobergrenzen für die Strom- und Gasnetze jedoch für sachlich gerechtfertigt. Diese Einschätzung beruhte maßgeblich auf den Unterschieden im Produktivitätsfortschritt in der Netzbranche im Verhältnis zu anderen Branchen.[180] Daher wurde vorgeschlagen, sowohl die Ermächtigungsgrundlage in § 21a EnWG als auch die Regelung zur Anreizregulierung in § 9 ARegV anzupassen, um den generellen sektoralen Produktivitätsfaktor rechtssicher auszugestalten.[181] Demgemäß wurden in dem „Zweiten Gesetz zur Neuregelung energiewirtschaftsrechtlicher Vorschriften (2. EnWNG)" vom 22. Dezember 2011 mit Wirkung zum 30. Dezember 2011[182] die erforderlichen textlichen Änderungen in § 21a Abs. 4 bis 6 EnWG (siehe Art. 1 des 2. EnWNG) vorgenommen[183] und § 9 ARegV auf Basis der geänderten Ermächtigungsgrundlage gänzlich neu erlassen (siehe Art. 2 Nr. 2 des 2. EnWNG). Diese Neufassung des § 9 ARegV ist nach dem Urteil des BGH

---

[176] BGH, ebd. (Fn. 175).
[177] BGH v. 28. 6. 2011 – EnVR 34/10, N&R 2011, 20 Rn. 40; BGH v. 28. 6. 2011 – EnVR 48/10, RdE 2011, 308 Rn. 46 – EnBW Regional AG.
[178] BT-Drucks. 17/7632.
[179] BT-Drucks. 17/7632, S. 5 (unter A. 1.).
[180] BT-Drucks. 17/7632, S. 5 (unter A. 2.).
[181] BT-Drucks. 17/7632, S. 6 (unter A. 2.).
[182] BGBl. 2011, I, 3034 und 2012 I, 131.
[183] Skeptisch zuvor *Missling*, IR 2011, 206, 208, der es für kaum möglich erachtete, einen generellen sektoralen Produktivitätsfaktor in die Regelung des § 21a EnWG aufzunehmen, ohne die gesamte Systematik der Anreizregulierung, insbesondere die Unterscheidung der einzelnen Kostenanteile, grundlegend zu ändern.

V. Der generelle sektorale Produktivitätsfaktor

„Gemeindewerke Schutterwald" von der neuen Ermächtigungsgrundlage in § 21a Abs. 4 Satz 7, Abs. 6 Satz 2 Nr. 5 EnWG gedeckt und auch im Übrigen wirksam.[184] Sie ist nach Ansicht des BGH rückwirkend auf die gesamte erste Regulierungsperiode anzuwenden, ohne dass hiergegen verfassungsrechtliche Bedenken bestünden.[185] Die gegenteilige Aussage des Urteils des BGH im Fall „EnBW Regional AG"[186] ist damit gegenstandslos geworden.[187]

Der Neuerlass umfasst auch die Anlage zu § 7 ARegV, die die Berechnungsformeln zur Festlegung der Erlösobergrenzen enthält.[188]

---

[184] BGH v. 31. 1. 2012 – EnVR 16/10, EBE/BGH 2012, BGH-Ls 269/12 Rn. 20, 22 – Gemeindewerke Schutterwald; siehe dazu auch *Scholtka/Baumbach*, NJW 2012, 2704, 2706.

[185] BGH v. 31. 1. 2012 – EnVR 16/10, EBE/BGH 2012, BGH-Ls 269/12 Rn. 20, 25 – Gemeindewerke Schutterwald. Der Senat argumentierte dort, dass die Neuregelung nur die Rechtslage wiederhergestellt habe, die bis zur Senatsentscheidung im Fall „EnBW Regional AG" der allgemeinen Handhabung durch die Regulierungsbehörden und der Rechtsprechung der meisten Oberlandesgerichte entsprochen habe. In der Zeit bis zum Erlass der Neuregelung habe wegen deren unverzüglicher Ankündigung kein schutzwürdiges Vertrauen entstehen können. Der Senat verwies insoweit auf die Entscheidungen BVerfGE 19, 187, 196 und BVerfGE 81, 228, 239.

[186] BGH v. 28. 6. 2011 – EnVR 48/10, RdE 2011, 308 Rn. 36 ff. – EnBW Regional AG.

[187] BGH v. 31. 1. 2012 – EnVR 16/10, EBE/BGH 2012, BGH-Ls 269/12 Rn. 17 – Gemeindewerke Schutterwald: „(...) Diese Rechtsprechung ist aber durch das Zweite Gesetz zur Neuregelung energiewirtschaftsrechtlicher Vorschriften vom 22. Dezember 2011 (BGBl. I S. 3034) gegenstandslos geworden, weil der Gesetzgeber darin mit § 21a Abs. 4 Satz 7, Abs. 6 Satz 2 Nr. 5 EnWG nF mit Rückwirkung zum 1. Januar 2009 eine ausreichende Ermächtigungsgrundlage für die Einbeziehung des generellen sektoralen Produktivitätsfaktors in die Erlösobergrenzen geschaffen und § 9 ARegV neu erlassen hat."

[188] „Die Festsetzung der Erlösobergrenze nach den §§ 4 bis 16 ARegV erfolgt in der ersten Regulierungsperiode nach der folgenden Formel:

$EO_t = KA_{dnb,t} + (KA_{vnb,0} + (1 - V_t) \cdot KA_{b,0}) \cdot (VPI_t/VPI_0 - PF_t) \cdot EF_t + Q_t + (VK_t - VK_0)$.

Ab der zweiten Regulierungsperiode erfolgt die Festsetzung der Erlösobergrenze nach den §§ 4 bis 16 nach der folgenden Formel:

$EO_t = KA_{dnb,t} + (KA_{vnb,0} + (1 - V_t) \cdot KA_{b,0}) \cdot (VPI_t/VPI_0 - PF_t) \cdot EF_t + Q_t + (VK_t - VK_0) + S_t$.

Dabei ist:

EO_t Erlösobergrenze aus Netzentgelten, die im Jahr t der jeweiligen Regulierungsperiode nach Maßgabe des § 4 Anwendung findet.

$KA_{dnb,t}$ Dauerhaft nicht beeinflussbarer Kostenanteil nach § 11 Absatz 2, der für das Jahr t der jeweiligen Regulierungsperiode unter Berücksichtigung der Änderungen nach § 4 Absatz 3 Satz 1 Nummer 2 Anwendung findet.

VI. Die Härtefallregelung in § 4 Abs. 4 Nr. 2 ARegV

1. Die unbestimmten Rechtsbegriffe „unvorhergesehenes Ereignis" und „unzumutbare Härte"

Die Festlegung der Erlösobergrenzen im System der Anreizregulierung ist nicht in jedem Einzelfall eine rein wirtschaftsmathematische Angelegenheit, die ohne ergänzende juristische Wertungsakte auskäme. Vielmehr enthält § 4 Abs. 4 Satz 1 Nr. 2 ARegV eine Härtefallregelung, die als ein weiteres Spezifikum der Anreizregulierung im Folgenden untersucht werden soll. Nach dieser Vorschrift, die die Rechtsprechung mehrfach beschäftigt hat,[189] kann eine Anpassung der Erlösobergrenze auf Antrag des

$KA_{vnb,0}$	Vorübergehend nicht beeinflussbarer Kostenanteil nach § 11 Absatz 3 im Basisjahr.
V_t	Verteilungsfaktor für den Abbau der Ineffizienzen, der im Jahr t der jeweiligen Regulierungsperiode nach Maßgabe des § 16 Anwendung findet.
$KA_{b,0}$	Beeinflussbarer Kostenanteil nach § 11 Absatz 4 im Basisjahr. Er entspricht den Ineffizienzen nach § 15 Absatz 3.
VPI_t	Verbraucherpreisgesamtindex, der nach Maßgabe des § 8 Satz 2 für das Jahr t der jeweiligen Regulierungsperiode Anwendung findet.
VPI_0	Durch das Statistische Bundesamt veröffentlichter Verbraucherpreisgesamtindex für das Basisjahr.
PF_t	Genereller sektoraler Produktivitätsfaktor nach Maßgabe des § 9, der die Veränderungen des generellen sektoralen Produktivitätsfaktors für das Jahr t der jeweiligen Regulierungsperiode im Verhältnis zum ersten Jahr der Regulierungsperiode wiedergibt. In Analogie zu dem Term VPI_t/VPI_0 ist PF_t dabei durch Multiplikation der einzelnen Jahreswerte einer Regulierungsperiode zu bilden.
EF_t	Erweiterungsfaktor nach Maßgabe des § 10 für das Jahr t der jeweiligen Regulierungsperiode.
Q_t	Zu- und Abschläge auf die Erlösobergrenze nach Maßgabe des § 19 im Jahr t der jeweiligen Regulierungsperiode.
S_t	Im letzten Jahr einer Regulierungsperiode wird nach Maßgabe des § 5 Absatz 4 der Saldo (S) des Regulierungskontos inklusive Zinsen ermittelt. Da nach § 5 Absatz 4 Satz 2 der Ausgleich des Saldos durch gleichmäßig über die folgende Regulierungsperiode verteilte Zu- oder Abschläge zu erfolgen hat, wird im Jahr t jeweils 1/5 des Saldos in Ansatz gebracht (St).
VK_t	volatiler Kostenanteil, der nach § 11 Absatz 5 im Jahr t der jeweiligen Regulierungsperiode Anwendung findet.
VK_0	volatiler Kostenanteil nach § 11 Absatz 5 im Basisjahr.

Das Basisjahr bestimmt sich jeweils nach Maßgabe des § 6 Absatz 1."; siehe dazu auch die Kommentierung von *Groebel*, in: Berliner Kommentar, Anh. § 21a EnWG, § 7 ARegV Rn. 1 ff.

[189] Siehe dazu auch *Theobald/Hummel/Gussone/Feller*, Anreizregulierung, S. 37.

VI. Die Härtefallregelung

Netzbetreibers – unabhängig von der in § 4 Abs. 4 Satz 1 Nr. 1 ARegV geregelten Änderung des Erweiterungsfaktors (= nachhaltige Änderung der Versorgungsaufgabe innerhalb einer Regulierungsperiode)[190] – erfolgen, wenn auf Grund des Eintritts eines *unvorhergesehenen Ereignisses* im Falle der Beibehaltung der Erlösobergrenze eine *unzumutbare Härte* für den Netzbetreiber entstehen würde. Dabei handelt es sich um unbestimmte Rechtbegriffe, die auslegungsbedürftig sind. Der Verordnungsgeber hat in der Entwurfsbegründung aus dem Jahr 2007 als Beispielsfälle für eine unzumutbare Härte infolge des Eintritts eines unvorhergesehenen Ereignisses lediglich Naturkatastrophen und Terroranschläge genannt.[191] Dieses enge Begriffsverständnis hat sich die Bundesnetzagentur zunächst zueigen gemacht. Die Rechtsprechung geht jedoch darüber weit hinaus, indem sie auch unvorhergesehene ökonomische Veränderungen in Betracht zieht wie z.B. erheblich gestiegene Kosten für die sog. Verlustenergie.[192] Diese Kosten gelten nach § 11 Abs. 5 Satz 2 ARegV als volatile Kostenanteile.[193]

Angesichts der Offenheit des Rechtsbegriffs der „unzumutbaren Härte" sind unterschiedliche Auffassungen betreffend seine Konkretisierung nicht

---

[190] Bei dem *Erweiterungsfaktor* gemäß § 4 Abs. 4 Satz 1 Nr. 1, § 10 und Anl. 2 ARegV handelt es sich – neben dem *pauschalierten Investitionszuschlag* gemäß §§ 25, 28 Nr. 7 und 34 Abs. 4 Satz 1 ARegV und dem *Investitionsbudget* gemäß §§ 23, 32 Abs. 1 Nr. 8 und § 8a ARegV, das grundlegende Erweiterungen und Umstrukturierungen betrifft – um eines von drei Elementen, die Investitionsanreize setzen, siehe dazu im Einzelnen *Schendel*, IR 2011, 242, 243 ff., *Ruge*, in: Schneider/Theobald, Recht der Energiewirtschaft, § 18 Rn. 60 f. sowie die Kommentierung von *Groebel*, in: Berliner Kommentar, Anh. § 21a EnWG, § 10 ARegV Rn. 1 ff.

[191] BR-Drucks. 417/07, S. 45.

[192] Bei der „Verlustenergie" oder „Ausgleichsenergie" handelt es sich um die bei der Übertragung von Energie in Netzen zwangsläufig entstehenden Energieverluste, die von den Netzbetreibern durch die Beschaffung von Verlustenergie kompensiert werden müssen; siehe dazu auch *Olbricht*, Netzzugang, S. 73 ff.; *de Wyl/Thole*, in: Schneider/Theobald, Recht der Energiewirtschaft, § 16 Rn. 241.

[193] BGH v. 28. 6. 2011 – EnVR 48/10, RdE 2011, 308 Rn. 75 – EnBW Regional AG, insoweit in Übereinstimmung mit der Vorinstanz, dem 3. Kartellsenat des OLG Düsseldorf; BGH v. 18. 10. 2011 – EnVR 13/10, N&R 2012, 94 Rn. 35 f. – PVU Energienetze GmbH. Preissteigerungen für die Beschaffung von Verlustenergie in Höhe von mehr als 50% in drei Jahren bzw. von 100% begründen ein „unvorhersehbares Ereignis" im Sinne des § 4 Abs. 4 Satz 1 Nr. 2 ARegV; die unzumutbare Härte wurde jedoch wegen einer fehlenden ausreichenden Darlegung des Härtefalls durch den betroffenen Netzbetreiber, den eine Mitwirkungslast (z.T. auch ungenau Mitwirkungspflicht genannt) trifft, verneint. In dem Fall BGH v. 31. 1. 2012 – EnVR 16/10, EBE/BGH 2012, BGH-Ls 269/12 – Gemeindewerke Schutterwald wurde das unvorhergesehene Ereignis bei einer Kostensteigerung von 120% ebenfalls bejaht (BGH, a.a.O. Rn. 41), die unzumutbare Härte wiederum wegen nicht hinreichender Darlegung eines Härtefalls durch die Betroffene verneint (BGH, a.a.O. Rn. 42 ff.)

überraschend. Teilweise wird gefordert, eine unzumutbare Härte müsse „den Netzbetreiber in Gänze betreffen, seine wirtschaftliche Existenz infrage stellen".[194] Demgegenüber halten es andere Vertreter der Literatur – ausgehend von dem Grundsatz, dass § 4 Abs. 4 Satz 1 Nr. 2 ARegV nur in eng begrenzten Ausnahmefällen einschlägig sei – für entscheidend, „dass der Netzbetreiber wegen des für ihn nicht vorhersehbaren Ereignisses unverzüglich einen ganz erheblichen Mehraufwand durch die Neuerrichtung und die Instandhaltung zu leisten hat, so dass ihm ein Zuwarten auf die nächste Regulierungsperiode oder die Genehmigung von Investitionsbudgets unter keinen Umständen zumutbar ist."[195] Nach einem Teil der Rechtsprechung enthält § 4 Abs. 4 Satz 1 Nr. 2 ARegV eine Ausnahmeregelung für solche Fälle, „die sich letztlich gänzlich einer Planbarkeit entziehen, quasi von außen auf den Netzbetreiber einwirken".[196] Geht man von diesem Prämissen aus, dann ist es durchaus konsequent, wenn die Steigerung von Kosten des Netzbetreibers bei der Beschaffung von Energie von der Rechtsprechung für „letztlich planbar" gehalten wird.[197]

Die divergierenden Auslegungsergebnisse sind vom Wortlaut und der Entstehungsgeschichte der Härtefallregelung des § 4 Abs. 4 Satz 1 Nr. 2 ARegV gedeckt.[198] Fraglich ist daher, ob systematische oder teleologische

---

[194] OLG Naumburg v. 5. 11. 2009 – 1 W 6/09, RdE 2010, 150 Rn. 48. Das Gericht geht davon aus, dass die in der Begründung des Verordnungsgebers genannten Beispiele Terroranschläge und Naturkatastrophen sicherlich nicht abschließend gemeint seien. Den beiden Fällen sei aber gemeinsam, dass sie von außen auf das Unternehmen einwirkten und daher weder vorhersehbar noch beeinflussbar seien (a.a.O., Rn. 44). Der Umstand, dass der Anstieg der Beschaffungskosten für Verlustenergie zu einer Gesamtkostensteigerung um circa 2,5% geführt habe, war aus der Sicht des OLG ohne Relevanz, weil daraus nicht ersichtlich war, inwieweit sich dies auf das Gesamtunternehmen als existenzbedrohend ausgewirkt haben könnte.

[195] *Theobald/Hummel/Gussone/Feller*, Anreizregulierung, S. 37.

[196] OLG Naumburg v. 5. 11. 2009 – 1 W 6/09, RdE 2010, 150 Rn. 46.

[197] OLG Naumburg v. 5. 11. 2009 – 1 W 6/09, RdE 2010, 150 Rn. 45. Der Beschwerdeführerin ging es in dem Fall allerdings nicht um Kostensteigerungen für Verlustenergie, sondern um Kostensteigerungen beim Bezug der Gesamtmenge. Diese generellen Bezugspreise müssten – so das OLG Naumburg – für die Beschwerdeführerin aber planbar gewesen sein, weil ansonsten der Bestand des Unternehmens infrage stehen würde.

[198] Das OLG Celle hat in seinem Beschluss v. 19. 8. 2010 – 13 VA 23/09, ZNER 2010, 389, 390 m.w.N. die Kosten für Verlustenergie als nicht von § 4 Abs. 4 Satz 1 Nr. 2 ARegV erfasst angesehen, weil diese Vorschrift eine Ausnahmeregelung nur für solche Fälle enthalte, die von außen auf den Netzbetreiber einwirken und sich einer Planbarkeit entziehen. Die Einkaufspreise für Energie richteten sich nach den jeweiligen allgemeinen Marktentwicklungen. Sie stellten daher einen – sich regelmäßig verändernden – Faktor dar, welcher der wirtschaftlichen Tätigkeit der Netzbetreiber immanent sei. Vielmehr müsse die Position der Kosten für die Beschaffung von Verlustenergie in Beziehung zu dem gesamten Unternehmen des Netzbetreibers gesetzt werden. Erst die Änderung der

Gründe für das eine oder das andere Auslegungsergebnis sprechen. In systematischer Hinsicht ist zunächst auf § 4 Abs. 4 Satz 1 Nr. 1 ARegV, d.h. auf die Regelung des sog. Erweiterungsfaktors, hinzuweisen.[199] Danach kann auf Antrag des Netzbetreibers eine Anpassung der Erlösobergrenze nach § 10 ARegV erfolgen, wenn eine nachhaltige Änderung der Versorgungsaufgabe erfolgt ist, was zur Bestimmung eines Erweiterungsfaktors nach dieser Vorschrift führt. Gemäß § 10 Abs. 2 Satz 1 ARegV bestimmt sich die Versorgungsaufgabe nach der Fläche des versorgten Gebietes und den von den Netzkunden bestimmten Anforderungen an die Versorgung mit Strom und Gas, die sich auf die Netzgestaltung unmittelbar auswirken. Die Regelung in § 4 Abs. 4 Satz 1 Nr. 1 ARegV macht deutlich, dass der Verordnungsgeber im Hinblick auf die Bemessung der Erlösobergrenze auch Umstände jenseits von unvorhersehbaren und unbeherrschbaren Umständen für beachtlich gehalten hat. Diese Erkenntnis führt allerdings noch nicht zwingend zu einer weiten Auslegung der Härtefallregelung in § 4 Abs. 4 Satz 1 Nr. 2 ARegV, denn man könnte diese Auffangregelung durchaus mit der Begründung, dass Ausnahmeregelungen eng auszulegen seien, auf eben solche unvorhersehbaren und unbeherrschbaren Umstände beschränken. Dies wäre sachlich allerdings nicht gerechtfertigt und würde demnach sowohl in teleologischer Hinsicht als auch vor dem Hintergrund des verfassungsrechtlichen Grundsatzes der Verhältnismäßigkeit nicht überzeugen.

2. Die Rechtsprechung des OLG Düsseldorf zur Härtefallregelung

Der 3. Kartellsenat des OLG Düsseldorf legt die Härtefallregelung relativ weit aus. Nach Auffassung des Senats handelt es sich bei § 4 Abs. 4 Satz 1 Nr. 2 ARegV um eine Auffangregelung, die grundsätzlich dann eingreifen müsse, wenn die übrigen vom Verordnungsgeber vorgesehenen Anpassungsmöglichkeiten nicht einschlägig oder nicht ausreichend seien, und wenn die Beibehaltung der festgesetzten Erlösobergrenze andernfalls zu einer unzumutbaren Härte führen würde.[200] Härtefallregelungen stellten eine gesetzliche Ausprägung des verfassungsrechtlichen Grundsatzes der Verhältnismäßigkeit dar. Sie sollten gewährleisten, dass auch in Ausnah-

---

Gesamtbelastung könnte überhaupt eine Korrektur rechtfertigen, nicht aber die isolierte Betrachtung eines einzelnen Kostenpunkts; vgl. dazu auch OLG Brandenburg v. 12. 1. 2010 – Kart W 2/09, ZNER 2010, 80 Rn. 71.

[199] Siehe dazu auch *Theobald/Hummel/Gussone/Feller*, Anreizregulierung, S. 36 f.

[200] OLG Düsseldorf v. 24. 3. 2010 – VI-3 Kart 200/09 (V) Rn. 75; ebenso OLG Düsseldorf v. 12. 1. 2011 – VI-3 Kart 185/09 (V), N&R 2011, 268 Rn. 93 ff. = ZNER 2011, 519, 522 m.w.N., unter wörtlicher Bezugnahme auf Beschlüssen des Senats v. 24. März 2010 – VI-3 Kart 166/09 (V) und VI-3 Kart 200/09 (V).

mefällen, die wegen ihrer atypischen Ausgestaltung nicht im Einzelnen vorhersehbar sind und sich deshalb nicht mit abstrakten Merkmalen erfassen lassen, ein Ergebnis erzielt wird, das dem Normergebnis in seiner grundsätzlichen Zielrichtung gleichwertig ist. Die Regelung des § 4 Abs. 4 Satz 1 Nr. 2 ARegV knüpfe daher auch an ein unvorhersehbares Ereignis an. Da es entscheidend darauf ankomme, welche Perspektive man für maßgeblich erachte, sei dieser Begriff allerdings mehrdeutig. Verstehe man ihn – wie die Bundesnetzagentur – objektiv, so sei die Regelung restriktiv zu handhaben. Stelle man indessen auf die subjektiven Erkenntnismöglichkeiten der Regulierungsbehörde im Zeitpunkt ihrer Entscheidung ab, gelange man zu einer weiten Auslegung der Regelung. In einem solchen Fall reichten auch solche zu Mehrkosten führenden Umstände aus, die in gewissem Sinne zwar vorhersehbar waren, von der Regulierungsbehörde indessen im maßgeblichen Entscheidungszeitpunkt nicht anerkannt wurden bzw. werden konnten.[201] Für diese Lösung sprächen der Wille des Verordnungsgebers, die Systematik der Anreizregulierung sowie die Vereinbarkeit mit dem höherrangigen Recht.[202]

3. Die Rechtsprechung des BGH zur Härtefallregelung

Der Kartellsenat des BGH gelangt zwar letztlich zu dem gleichen Ergebnis, er nimmt aber eine enge Auslegung des § 4 Abs. 4 Satz 1 Nr. 2 ARegV vor, die er aus dem Charakter der Vorschrift als Ausnahmeregelung ableitet.[203] Zwar hält der Kartellsenat § 4 Abs. 4 Satz 1 Nr. 2 ARegV für grundsätzlich analogiefähig.[204] Dem ist auch zuzustimmen, denn Ausnahmebestimmungen sind in der Tat nicht generell einer analogen Anwendung unzugänglich, vielmehr besteht die Analogiefähigkeit nur unter engeren Voraussetzungen. Für die These von der engen Auslegung des § 4 Abs. 4 Satz 1 Nr. 2 ARegV spricht aber die These des Kartellsenats, dass „[d]ie Anwendung der Härtefallregelung ... nicht zu einer allgemeinen Billigkeitskontrolle der danach sich ergebenden Erlösobergrenzen führen [darf]."[205] In

---

[201] OLG Düsseldorf v. 24. 3. 2010 – VI-3 Kart 200/09 (V) Rn. 76.
[202] Näher dazu OLG Düsseldorf v. 24. 3. 2010 – VI-3 Kart 200/09 (V) Rn. 77 ff.
[203] BGH v. 28. 6. 2011 – EnVR 48/10, RdE 2011, 308 Rn. 73 – EnBW Regional AG. Für dieses Ergebnis sprächen die beiden Tatbestandsvoraussetzungen des unvorhersehbaren Ereignisses und der nicht zumutbaren Härte. Die Bestimmung der Erlösobergrenzen habe grundsätzlich nach den einzelnen Vorgaben der Anreizregulierungsverordnung zu erfolgen.
[204] BGH v. 28. 6. 2011 – EnVR 48/10, RdE 2011, 308 Rn. 69 – EnBW Regional AG: jedenfalls entsprechende Anwendung der Vorschrift im Rahmen der ursprünglichen Festlegung der Erlösobergrenzen.
[205] BGH v. 28. 6. 2011 – EnVR 48/10, RdE 2011, 308 Rn. 73 a.E. – EnBW Regional AG.

VI. Die Härtefallregelung

der Sache ist es berechtigt, unvorhersehbare Kostensteigerungen auf Seiten des Netzbetreibers als unzumutbare Härte im Sinne der energierechtlichen Härtefallregelung zu qualifizieren. Dies gilt auch für eine erhebliche Steigerung der Verlustenergiekosten.[206] Die Richtigkeit dieser These hatte die Bundesnetzagentur nicht grundsätzlich bestritten; sie war allerdings der Meinung, dass solche Härten mit anderen in der Anreizregulierung vorgesehenen Anpassungsmechanismen vermieden werden könnten. Dem hielt der Kartellsenat jedoch zutreffend entgegen, dass die Anpassung der Erlösobergrenze nach § 4 Abs. 3 ARegV nur die Berücksichtigung von Änderungen des Verbraucherpreisindexes und bestimmter nicht beeinflussbarer Kostenanteile sowie (in der seit 9. September 2010 geltenden Fassung) von volatilen Kostenanteilen im Sinne von § 11 Abs. 5 ARegV ermögliche.[207]

Auch die weiteren Mechanismen der Anreizregulierung rechtfertigen nach Ansicht des Kartellsenats kein anderes Ergebnis.[208] Die Auslegung des unbestimmten Rechtsbegriffs „unvorhersehbares Ereignis" erfolgt dabei konsequent teleologisch: Der Begriff erfasse zwar zunächst außergewöhnliche, der Planung und Vorhersage entzogene Umstände wie Naturkatastrophen oder Terroranschläge, er sei darauf aber bei einer am Sinn und Zweck der Härtefallregelung orientierten Auslegung nicht beschränkt.[209] Als ein „unvorhersehbares Ereignis" in diesem Sinne komme auch ein Umstand in Betracht, der im Genehmigungsverfahren, ohne dass es auf die subjektiven Erkenntnismöglichkeiten der Regulierungsbehörde oder des betroffenen Netzbetreibers im Zeitpunkt der Behördenentscheidung ankäme, wegen des Zeitversatzes zu dem maßgeblichen Basisjahr nach den hierfür maßgeblichen Vorschriften nicht berücksichtigungsfähig war.[210] Allerdings sei der Eintritt eines unvorhersehbaren Ereignisses zu vernei-

---

[206] BGH v. 28. 6. 2011 – EnVR 48/10, RdE 2011, 308 Rn. 72 – EnBW Regional AG.
[207] BGH v. 28. 6. 2011 – EnVR 48/10, RdE 2011, 308 Rn. 70 – EnBW Regional AG.
[208] Der BGH benennt a.a.O. (Fn. 207) insoweit die Regelungen über das Regulierungskonto für mengenbedingte Prognoseabweichungen (§ 5 ARegV), die Genehmigung von Investitionsbudgets (§ 23 ARegV), den Schutz kleiner Netzbetreiber (§ 24 ARegV) und die Ausgestaltung der Effizienzvorgabe (§ 16 ARegV), die ebenfalls nur Teilaspekte erfassten und eine unzumutbare Härte, die auf anderen Ursachen beruht, nicht auszugleichen vermöge.
[209] BGH v. 28. 6. 2011 – EnVR 48/10, RdE 2011, 308 Rn. 74 – EnBW Regional AG; zustimmend *Wollschläger*, IR 2011, 208, 210.
[210] BGH, ebd. (Fn. 209). Der Senat führt ergänzend an, dass dieses Verständnis auch durch die Begründung der Verordnung zum Erlass von Regelungen über Messeinrichtungen im Strom- und Gasbereich bestätigt werde. Daraus ergebe sich, dass der Verordnungsgeber gerade im Fall des Auftretens von erheblichen Mehrkosten während einer Regulierungsperiode einen Antrag nach § 4 Abs. 4 Satz 1 Nr. 2 ARegV für sachgerecht gehalten habe (vgl. BR-Drucks. 568/08, S. 33).

nen, wenn der betreffende Umstand durch spezielle Anpassungs- und Korrekturregelungen der ARegV abschließend geregelt oder nach den einschlägigen gesetzlichen Regelungen und Wertungen dem Risikobereich des Netzbetreibers zugewiesen sei.[211]

Diese Aussagen des Kartellsenats des BGH verdienen Zustimmung. In den von den speziellen Anpassungs- und Korrekturregelungen der ARegV nicht erfassten Fällen kann die Härtefallregelung des § 4 Abs. 4 Satz 1 Nr. 2 ARegV eingreifen. Dies gilt unabhängig davon, welchen Effizienzwert der jeweilige Netzbetreiber aufweist.[212] Der Kartellsenat argumentiert überzeugend damit, dass andernfalls die von § 21 Abs. 1, 2 EnWG geforderte angemessene Verzinsung des eingesetzten Eigenkapitals[213] nicht gewährleistet wäre, wenn diese Verzinsung auf unabsehbare Zeit durch für den Netzbetreiber unvorhersehbare und unvermeidbare Kostensteigerungen z.B. bei dem Bezug von Verlustenergie aufgezehrt würden.[214] Die Frage nach dem Vorliegen einer unzumutbaren Härte für den Netzbetreiber infolge des Eintritts eines unvorhersehbaren Ereignisses erfordert nicht nur im Rahmen der kostenbasierten Entgeltbildung, sondern auch im Bereich der Anreizregulierung eine Gesamtbetrachtung.[215] Die Unzumutbarkeit setzt nach der Rechtsprechung voraus, dass die Entgeltbildung nach den Maßgaben der ARegV zu einem für den Netzbetreiber wirtschaftlich untragbaren Ergebnis führt.[216] Dabei sei im Rahmen einer wertenden Betrachtungsweise des § 4 Abs. 4 Satz 1 Nr. 2 ARegV insbesondere zu berücksichtigen, dass dem Netzbetreiber nach der gesetzlichen Wertung des § 21 Abs. 1 EnWG eine angemessene und wettbewerbsfähige Verzinsung seines Eigenkapitals verbleiben müsse.[217] Dies sei nicht im Sinne einer „gesetzlich garantierten" Eigenkapitalverzinsung in einer exakt bestimmten Höhe zu

---

[211] BGH v. 28. 6. 2011 – EnVR 48/10, RdE 2011, 308 Rn. 76 – EnBW Regional AG.

[212] BGH v. 28. 6. 2011 – EnVR 48/10, RdE 2011, 308 Rn. 80 – EnBW Regional AG. Das Beschwerdegericht hatte diesbezüglich eine abweichende Auffassung vertreten.

[213] Dafür ist eine Gesamtbetrachtung erforderlich, siehe BGH v. 14. 8. 2008 – KVR 35/07, RdE 2008, 341 Rn. 51 = ZNER 2008, 213 – Stadtwerke Neustadt an der Weinstraße.

[214] *Wollschläger*, IR 2011, 208, 210 weist darauf hin, dass im Hinblick auf die Verlustenergie ein Härtefall nur in den Jahren 2009 und 2010 in Betracht komme, da es danach eine wirksame Verfahrensregulierung durch die Bundesnetzagentur gegeben habe, die zu einer jährlichen Anpassung der Verlustenergiekosten berechtige.

[215] BGH v. 28. 6. 2011 – EnVR 48/10, RdE 2011, 308 Rn. 83 – EnBW Regional AG; kritisch *Wollschläger*, IR 2011, 208, 210, da die Gesamtbetrachtung letztlich eine neue Kostenprüfung bedeute.

[216] BGH v. 28. 6. 2011 – EnVR 48/10, RdE 2011, 308 Rn. 84 – EnBW Regional AG.

[217] BGH v. 28. 6. 2011 – EnVR 48/10, RdE 2011, 308 Rn. 84 – EnBW Regional AG mit Hinweis auf BGH v. 14. 8. 2008 – KVR 35/07, RdE 2008, 341 Rn. 53 – Stadtwerke Neustadt an der Weinstraße.

verstehen.²¹⁸ Dem Netzbetreiber sei vielmehr die Hinnahme von Kostensteigerungen für einen begrenzten Zeitraum und damit einhergehend eine vorübergehend geringere Verzinsung seines Eigenkapitals eher zuzumuten als dauerhafte oder für einen erheblichen Teil der Regulierungsperiode zu erwartende Kostensteigerungen.²¹⁹ Der Kartellsenat hält in diesem Zusammenhang wirtschaftlich vertretbare Rationalisierungsmaßnahmen mit dem Ziel einer zumindest teilweisen Verminderung der Kostenbelastung auf Seiten des Netzbetreibers für beachtlich. Er lehnt jedoch zu Recht eine überobligationsgemäße Ausschöpfung aller Rationalisierungsreserven ausdrücklich ab.²²⁰

VII. Die Regulierung von Gasnetzentgelten

Für den Bereich der Nutzung von Gasnetzen ist zu beachten, dass die erste Regulierungsperiode nur vier Jahre andauert (siehe § 34 Abs. 1b ARegV).²²¹ Weiter gilt zwar nach § 3 Abs. 1 GasNEV²²² im Regelfall das Gebot der kostenbasierten Entgeltbildung. § 3 Abs. 2 Satz 1 GasNEV enthält jedoch – basierend auf der seinerzeit in § 24 Satz 2 Nr. 5 EnWG²²³ enthaltenen Verordnungsermächtigung – eine Ausnahmeregelung, wenn der Betreiber überregionaler Fernleitungsnetze überwiegend einem wirksamen Leitungswettbewerb²²⁴ ausgesetzt ist.²²⁵ Gemäß § 3 Abs. 2, 19 und

---

²¹⁸ BGH v. 28. 6. 2011 – EnVR 48/10, RdE 2011, 308 Rn. 84 – EnBW Regional AG.
²¹⁹ BGH v. 28. 6. 2011 – EnVR 48/10, RdE 2011, 308 Rn. 84 – EnBW Regional AG.
²²⁰ BGH v. 28. 6. 2011 – EnVR 48/10, RdE 2011, 308 Rn. 84 – EnBW Regional AG.
²²¹ Siehe dazu auch *Groebel*, in: Berliner Kommentar, Anh. § 21a EnWG, § 3 ARegV Rn. 2.
²²² Verordnung über die Entgelte für den Zugang zu Gasversorgungsnetzen (Gasnetzentgeltverordnung – GasNEV) v. 25. 7. 2005, BGBl. I, S. 2197.
²²³ Diese Regelung (die vom 13. 7. 2005 bis 3. 8. 2011 galt und danach durch das Gesetz zur Neuregelung energiewirtschaftsrechtlicher Vorschriften v. 4. 8. 2011, BGBl. I, S. 1554 aufgehoben wurde) bestimmte, dass durch Rechtsverordnung der Bundesregierung Regelungen über eine Abweichung von dem Grundsatz der Kostenorientierung nach § 21 Abs. 2 Satz 1 getroffen werden können, nach denen bei bestehendem oder potentiellem Leitungswettbewerb die Entgeltbildung auf der Grundlage eines marktorientierten Verfahrens oder eine Preisbildung im Wettbewerb erfolgen kann. Die Aufhebung wird in dem Gesetzentwurf lapidar damit begründet, dass „kein praktischer Bedarf mehr" für diese Regelung bestehe (BT-Drucks. 17/6072 v. 6. 6. 2011, S. 81).
²²⁴ Zu diesem Begriff siehe im Einzelnen *Olbricht*, Netzzugang, S. 321 ff.: Es geht darum, dass der Transportkunde bzw. Durchleitungspetent zwischen mindestens zwei Anbietern ohne unverhältnismäßig große Marktmacht wählen kann, um den Gastransport durchzuführen. Nur wenn der jeweilige Anbieter konkret befürchten muss, dass die Nachfrager auf konkurrierende Angebote ausweichen können, besteht echter Wettbewerb

26 GasNEV sind für die wettbewerbsorientierte Entgeltbildung die Regelungen über das Vergleichsverfahren nach § 21 Abs. 3 EnWG i.V.m. §§ 21 ff. GasNEV anwendbar.[226] Eine Berücksichtigung unternehmensindividueller Kosten erfolgt in diesem Rahmen nicht.[227]

Die Ausnahmeregelung in § 3 Abs. 2 Satz 1 GasNEV[228] wird von einem Vertreter des Schrifttums als „möglicherweise sehr weitreichend" qualifiziert.[229] Tatsächlich würde eine staatliche Regulierung des Netzzugangs und der Netzzugangsentgelte ihres Sinns und ihrer Notwendigkeit entbehren, wenn in einem (Teil-)Bereich der leitungsgebundenen Wirtschaft bereits echter, unverfälschter (Substitutions-)Wettbewerb herrschte oder aber wenn er als potentieller Wettbewerb bestünde.[230] Es gibt – auf der Basis der zu § 3 Abs. 2 GasNEV ergangenen Rechtsprechung – allerdings hinreichende Gründe zu der Annahme, dass ein echter Wettbewerb in dem ge-

---

mit der Folge, dass auch die Netzentgelte unter Wettbewerbsbedingungen zustande kommen; zur restriktiven Annahme von tatsächlichem Leitungswettbewerb seitens der BNetzA siehe auch *Säcker/Meinzenbach*, in: Berliner Kommentar, § 21 EnWG Rn. 169 f.

[225] Kritisch im Hinblick auf die Vorgaben der Verordnung Nr. 1775/2005 über die Bedingungen für den Zugang zu den Erdgasfernleitungsnetzen v. 28. 9. 2005, ABl. EU Nr. L 289, S. 1 v. 3. 11. 2005 (FerngasVO) *Olbricht*, Netzzugang, S. 318; siehe weiter *Schreiber*, Zusammenspiel der Regulierungsinstrumente, S. 162 f.

[226] Näher dazu *Schreiber*, Zusammenspiel der Regulierungsinstrumente, S. 163 ff.; *Schmidt-Preuß*, EnWG Einl. C. Rn. 216; *Busse von Colbe*, in: Berliner Kommentar, Vor §§ 21 ff. EnWG Rn. 6; *Säcker/Meinzenbach*, in: Berliner Kommentar, § 21 EnWG Rn. 88, 166 ff.; aus ökonomischer Perspektive *Küpper/Pedell*, in: Berliner Kommentar, Vor §§ 21 ff. EnWG Rn. 181 ff.; ablehnend Monopolkommission, 16. Hauptgutachten 2004/2005, BT-Drucks. 16/2460, S. 65 f., Nr. 37: „(...) Da das Vergleichsverfahren, wie die Monopolkommission bereits in früheren Gutachten deutlich gemacht hat, nicht dazu geeignet ist, monopolistische Preismissbräuche in Netzsektoren wirksam zu kontrollieren, ist zu befürchten, dass der Durchleitungswettbewerb auf der Ebene der Gasfernleitungsnetze auch in Zukunft durch monopolistisch überhöhte Netzentgelte behindert wird. Die Monopolkommission spricht sich deshalb dafür aus, bei der Anwendung des § 3 Abs. 2 Satz 2 GasNEV strenge Prüfungsmaßstäbe anzulegen. (...)"

[227] *Olbricht*, Netzzugang, S. 326.

[228] Zweifel an der Europarechtskonformität des § 3 Abs. 2 GasNEV äußern *Säcker/Meinzenbach*, in: Berliner Kommentar, § 21 EnWG Rn. 171 f.

[229] So *Braun*, in: Langen/Bunte, Kartellrecht, Bd. 1, Anhang z. 5. Abschn. Sonderbereich Energiewirtschaft, Rn. 218.

[230] Richtig daher *Braun*, in: Langen/Bunte, Kartellrecht, Bd. 1, Anhang z. 5. Abschn. Sonderbereich Energiewirtschaft, Rn. 220, der ausführt, dass die Regulierung kein Selbstzweck sei und daher nach marktwirtschaftlichem Verständnis nur angebracht, wenn der Wettbewerb aufgrund schwerer Störungen seine volkswirtschaftlichen Steuerungsfunktionen nicht erfüllen könne. Netzindustrien seien der Regulierung zu entziehen, wenn sie (ausnahmsweise) wirksamem Wettbewerb unterlägen. Dies könne auch bei potenziellem Wettbewerb der Fall sein, was aber im Hinblick auf die Gasfernleitungsnetze umstritten sei.

nannten Sinn im Gasnetzbereich nicht oder allenfalls höchstens selten vorliegt.[231] Dies gilt nicht nur für die Netzebene selbst, sondern offenbar auch für die vor- und nachgelagerten Marktstufen.[232] Vor diesem Hintergrund ist die Befreiung des Gassektors von der Anreizregulierung – wie von der Monopolkommission im 16. Hauptgutachten moniert – zumindest fragwürdig.[233] Nach vertiefter Analyse des Problems und der von der BNetzA bis dato getroffenen zehn Entscheidungen gelangte die Monopolkommission in ihrem energiewirtschaftlichen Sondergutachten von 2009 zu dem Ergebnis, dass Gasfernleitungsnetzbetreiber keinem aktuellen oder potentiellen Leitungswettbewerb ausgesetzt seien.[234] Die Gasfernleitungsnetze stellten derzeit (noch) ein resistentes natürliches Monopol dar.[235] Selbst bei teilweise sich überlappenden Netzen sei eher von strategischem Parallelverhalten auszugehen als von einem Leitungswettbewerb zwischen den Netzbetreibern.[236] Auch die derzeitige Struktur des deutschen Gasmarktes mit seiner Vielzahl von Marktgebieten zeige keine Indizien für einen Wettbewerb zwischen den Ferngasnetzbetreibern.[237]

Die Rechtsprechung hat zu diesem Problem ausgeführt, dass gegen das Vorliegen echten Wettbewerbs spricht, wenn Gasimporteure, -lieferanten, -weiterverkäufer und die Betreiber eines Netzes zu derselben Unternehmensgruppe gehören, so dass ein „Ausscheren" eines mit dem Netzbetreiber gesellschaftsrechtlich verbundenen Netzkunden zu einem anderen

---

[231] Für den Wettbewerb im Bereich der Fernleitungsnetze in Deutschland ablehnend Monopolkommission, 16. Hauptgutachten 2004/2005, BT-Drucks. 16/2460, S. 65, Nr. 37: „Nach Auffassung der Monopolkommission stellt diese Ausnahmeregelung, mit der die Betreiber von Gasfernleitungsnetzen nicht nur von der kostenbasierten Entgeltregulierung nach § 21 Abs. 2 EnWG, sondern gemäß § 21 a EnWG auch von der in den kommenden Jahren die kostenbasierte Regulierung ablösenden Anreizregulierung befreit werden, eine wettbewerbspolitisch nicht zu rechtfertigende Privilegierung der Betreiber von Gasfernleitungsnetzen dar. Nach Auffassung der Monopolkommission entbehrt die Annahme, dass im Bereich der Gasfernleitungsnetze funktionsfähiger aktueller oder potentieller Leitungswettbewerb herrscht, der eine sektorspezifische Kostenregulierung überflüssig macht, jeder Grundlage. (...)"

[232] Siehe *Schreiber*, Zusammenspiel der Regulierungsinstrumente, S. 218 f. unter Hinweis auf den Abschlussbericht der Europäischen Kommission zur Untersuchung der Sektoren Gas und Elektrizität, KOM(2006) 851 endg.

[233] Siehe das Zitat in Fn. 231.

[234] Monopolkommission, Sondergutachten 2009, BT-Drucks. 16/14060, Rn. 314 ff. Die Ausnahmeregelung des § 3 Abs. 2 GasNEV wird a.a.O., Rn. 318 erneut scharf kritisiert.

[235] Monopolkommission, Sondergutachten 2009, BT-Drucks. 16/14060, Rn. 318 a.E.

[236] Monopolkommission, Sondergutachten 2009, BT-Drucks. 16/14060, Rn. 319 a.E. unter Bezugnahme auf das WINGAS-Netz.

[237] Monopolkommission, ebd. (Fn. 236).

Netzbetreiber wenig wahrscheinlich ist.[238] Weiter hat sie entschieden, dass die in § 3 Abs. 2 GasNEV genannten Kriterien nur Mindestkriterien für das Vorliegen eines wirksamen Leitungswettbewerbs seien. Dem Netzbetreiber obliege der Nachweis, dass sein überregionales Fernleitungsnetz zu einem überwiegenden Teil einem wirksamen – bestehenden oder potenziellen – Leitungswettbewerb ausgesetzt sei. Wirksamer bestehender Leitungswettbewerb in diesem Sinne liege nur dann vor, wenn die Preise für die Nutzung des überregionalen Fernleitungsnetzes durch tatsächlich bestehenden Wettbewerb kontrolliert würden. Dies lasse sich nur mit Hilfe geeigneter Indikatoren ausmachen. In dem Fall, dass durch eine echte „Transportalternative" erhöhter Wettbewerbsdruck ausgeübt werde, komme dies in der Regel in Wechselraten zum Ausdruck. Wirksamer Wettbewerb führe weiter dazu, dass das Preissetzungsverhalten eines Wettbewerbers dasjenige des Konkurrenten beeinflusse. Ganz entscheidende Bedeutung komme der Kapazitätssituation zu. Nur wenn überhaupt freie Kapazitäten in nicht unerheblichem Umfang angeboten werden könnten, könne der Wechselwillige frei zwischen den Alternativen wählen, so dass der Netzbetreiber seine Preise einem echten Wettbewerbsdruck ausgesetzt sehe. Knappe Kapazitäten an den Ein-und Ausspeisepunkten sprächen hingegen gegen Leitungswettbewerb.[239] Der Umstand, dass verschiedene Netzbetreiber im Rahmen eines *pipe-in-pipe*-Konzepts eine überregionale Fernleitung gemeinsam betreiben, indiziere kein Wettbewerbsverhältnis, da der wesentliche Teil der Netzentgelte – die gemeinsamen Betriebskosten – nicht unter der disziplinierenden Kontrolle des Wettbewerbs stehe.[240] Weiter führt die Rechtsprechung das Argument an, dass es sich bei überregionalen Fernleitungsnetzen nicht um bestreitbare Märkte[241] handele. Einem freien und ungehinderten Marktzutritt potentieller Wettbewerber ständen nämlich Marktzutrittsschranken – d.h. Langzeitverträge, vertikale Integration der Fernlei-

---

[238] OLG Düsseldorf v. 21. 4. 2010 – VI-3 Kart 67/08 (V), VW 2010, 149 = GewArch 2010, 375 (Zitat nach juris, dort Orientierungssatz 2 und Rn. 61 f.).
[239] OLG Düsseldorf v. 13. 1. 2010 – VI-3 Kart 63/08 (V), IR 2010, 88; OLG Düsseldorf v. 13. 1. 2010 – VI-3 Kart 74/08 (V), IR 2010, 88; OLG Düsseldorf v. 13. 1. 2010 – VI-3 Kart 72/08 (V), ZNER 2010, 399; OLG Düsseldorf v. 25. 11. 2009 – VI-3 Kart 73/08 (V), IR 2010, 88; OLG Düsseldorf v. 25. 11. 2009 – VI-3 Kart 59/08 (V), IR 2010, 88; OLG Düsseldorf v. 25. 11. 2009 – VI-3 Kart 57/08 (V), IR 2010, 88; OLG Düsseldorf v. 25. 11. 2009 – VI-3 48/08 (V), RdE 2010, 333 (Zitate jeweils nach juris, Orientierungssätze 1 bis 3, die textidentisch sind).
[240] OLG Düsseldorf (Fn. 239), Orientierungssatz 4.
[241] Zum Konzept der bestreitbaren Märkte (engl. *contestable markets*) siehe *Schwalbe/Zimmer*, Kartellrecht und Ökonomie, S. 190 f.; ausführlich dazu auch *Olbricht*, Netzzugang, S. 58 ff.

tungsnetzbetreiber sowie der auch von einem Stichleitungsbau ausgehende Planungs-und Zeitaufwand – entgegen.[242]

Bislang galt in dem Fall, dass ein Gasfernleitungsbetreiber nicht nachweisen konnte, dass sein überregionales Fernleitungsnetz zu einem überwiegenden Teil wirksamem Leitungswettbewerb ausgesetzt war, nach der Rechtsprechung die Pflicht, einen Antrag auf Genehmigung der Entgelte für den Gasnetzzugang gemäß § 23a EnWG zu stellen.[243] Inzwischen unterliegen die Fernleitungsnetzbetreiber im Gassektor allerdings der Anreizregulierung. Im September 2010 wurden für sie vorläufige Erlösobergrenzen für die Jahre 2010 und 2011 entsprechend der ARegV festgesetzt.[244]

---

[242] OLG Düsseldorf (Fn. 239), Orientierungssatz 6.
[243] OLG Düsseldorf (Fn. 239), Orientierungssatz 1 und Rn. 32.
[244] Monopolkommission, Sondergutachten 2011, Rn. 330, abrufbar unter http://www.monopolkommission.de/sg_59/s59_volltext.pdf.

2. Kapitel

Die kartellrechtliche Entgeltkontrolle

I. Der Ausschluss von §§ 19, 20 und § 29 GWB durch § 111 Abs. 1 Satz 1 EnWG

In der jüngeren Vergangenheit gab es – nach Wegfall der §§ 103, 103a GWB durch die erste Energierechtsnovelle von 1998 – eine kartellbehördliche Missbrauchsaufsicht im Bereich der Netznutzungsentgelte (bzw. in damaliger Terminologie: der Durchleitungsentgelte) gemäß dem nationalen Kartellrecht.[1] Dieser Rechtszustand entsprach dem kartellrechtlichen Universalitätsprinzip, demzufolge kein Wirtschaftszweig von der Beachtung des Kartellrechts *per se* freigestellt ist. Durch das In-Kraft-Treten der zweiten Energierechtsnovelle[2] zum 13. Juli 2005, mit der die sog. EG-Beschleunigungsrichtlinien[3] aus dem Jahr 2003 umgesetzt wurden, hat sich die Rechtslage jedoch grundlegend geändert.

---

[1] BGH v. 28. 6. 2005 – KVR 17/04, BGHZ 163, 282 = RdE 2005, 228 – Stadtwerke Mainz; siehe dazu die Besprechungsaufsätze von *Büdenbender*, ZWeR 2006, 233 ff.; *Haus/Jansen*, ZWeR 2006, 77 ff.; *Schebstadt*, WuW 2005, 1009 ff.; zur damaligen Praxis der Kartellbehörden und des Beschwerdegerichts siehe *Braun*, in: Langen/Bunte, Kartellrecht, Bd. 1, Anhang z. 5. Abschn. Sonderbereich Energiewirtschaft, Rn. 22.

[2] Zweites Gesetz zur Neuregelung des Energiewirtschaftsrechts, BT-Drucks. 15/3917, S. 7 ff.; zur Genese siehe *Braun*, in: Langen/Bunte, Kartellrecht, Bd. 1, Anhang z. 5. Abschn. Sonderbereich Energiewirtschaft, Rn. 32 ff.

[3] Richtlinie 2003/54/EG des Europäischen Parlaments und des Rates vom 26. Juni 2003 über gemeinsame Vorschriften für den Elektrizitätsbinnenmarkt und zur Aufhebung der Richtlinie 96/92/EG, ABl. EG 2003 Nr. L 176, S. 36 (Elektrizitätsbinnenmarkt-Richtlinie) und Richtlinie 2003/55/EG des Europäischen Parlaments und des Rates vom 26. Juni 2003 über gemeinsame Vorschriften für den Erdgasbinnenmarkt und zur Aufhebung der Richtlinie 98/30/EG, ABl. EG 2003 Nr. L 176, S. 57 (Erdgasbinnenmarkt-Richtlinie). Die sog. Beschleunigungsrichtlinien wurden im Rahmen des Dritten Energiebinnenmarktpakets vom 25. 6. 2009 durch die Richtlinie 2009/72/EG v. 13. 7. 2009, ABl. EU Nr. L 211, S. 55 (Elektrizitätsbinnenmarkt-Richtlinie) und die Richtlinie 2009/73 v. 13. 7. 2009, ABl. EU Nr. L 2009, S. 94 (Erdgasbinnenmarkt-Richtlinie) ersetzt; zu den Details der Reformen des Energierechts auf europäischer Ebene siehe *Braun*, in: Langen/Bunte, Kartellrecht, Bd. 1, Anhang z. 5. Abschn. Sonderbereich Energiewirtschaft, Rn. 37; *Lecheler/Recknagel*, in: Dauses, Handbuch des EU-Wirtschaftsrechts, Abschnitt

Der Gesetzgeber der zweiten Energierechtsreform von 2005[4] hat zwar grundsätzlich an dem Prinzip der staatlichen Preiskontrolle festgehalten.[5] Er verfolgte mit der Reform aber das Ziel, eine behördliche Doppelkontrolle von Netzzugangsbedingungen und Netznutzungsentgelten durch die Regulierungsbehörden und die Kartellämter für die Zukunft zu vermeiden. Deshalb wurde die Anwendbarkeit der §§ 19, 20 und § 29 GWB auf die durch das EnWG und die auf seiner Grundlage erlassenen Rechtsverordnungen abschließend geregelten Bereiche gemäß § 111 Abs. 1 Satz 1 EnWG ausdrücklich ausgeschlossen, mit der Folge, dass z.B. die Fälle des Behinderungsmissbrauchs im nationalen Recht nach § 30 Abs. 1 Satz 2 Nr. 2 EnWG[6] und nicht nach § 19 Abs. 4 Nr. 1 GWB zu beurteilen sind.[7] Der Gesetzgeber hat sich damit bewusst für einen „Spezialitätsgrundsatz zugunsten der netzbezogenen Entgeltregulierung"[8] entschieden. Für die Fälle des Missbrauchs eines Netzbetreibers sind gemäß § 130 Abs. 3 GWB i.V.m. § 111 Abs. 1, 2 EnWG ausschließlich die Regulierungsbehörden und nicht die Kartellbehörden zuständig.[9] Dies gilt in umfassender Weise und beispielsweise auch für die von der Rechtsprechung entschiedene Frage, in welcher Höhe die Netzbetreiber von dritten Gaslieferanten für die Nutzung ihres Netzes eine Konzessionsabgabe verlangen dürfen.[10]

Im Ergebnis ist ein zivilrechtlicher Schadensersatzanspruch des Netznutzers gegenüber dem Netzbetreiber gemäß § 33 GWB wegen Verletzung der Missbrauchsvorschriften des GWB wegen überhöhter Netznutzungsentgelte nicht (mehr) denkbar.[11]

M. Energierecht, Rn. 59 ff., 64 ff., 121 ff.; zur Genese der Beschleunigungsrichtlinien von 2003 siehe ausführlich *Olbricht*, Netzzugang, S. 115 ff.

[4] Zweites Gesetz zur Neuregelung des Energiewirtschaftsrechts v. 7. 7. 2005, BGBl. I, S. 1970.

[5] Zur Liberalisierung der Energiemärkte seit 1998 in Europa und Deutschland siehe *Braun*, in: Langen/Bunte, Kartellrecht, Bd. 1, Anhang z. 5. Abschn. Sonderbereich Energiewirtschaft, Rn. 9 ff.

[6] Siehe im Einzelnen unten V. 2. a).

[7] OLG Düsseldorf v. 19. 10. 2011 – VI-3 Kart 1/11 (V), ZNER 2011, 623 Rn. 57 = RdE 2012, 65.

[8] OLG Düsseldorf v. 19. 10. 2011 – VI-3 Kart 1/11 (V), ZNER 2011, 623 Rn. 51 = RdE 2012, 65.

[9] OLG Düsseldorf v. 19. 10. 2011 – VI-3 Kart 1/11 (V), ZNER 2011, 623 = RdE 2012, 65, 3. Leitsatz.

[10] OLG Düsseldorf v. 19. 10. 2011 – VI-3 Kart 1/11 (V), ZNER 2011, 623 = RdE 2012, 65. In der Sache war der Vorwurf des Behinderungsmissbrauchs begründet, siehe a.a.O., Rn. 59 ff.

[11] OLG München v. 20. 5. 2010 – U (K) 4653/09, WuW/E DE-R 3031 Rn. 41 = ZNER 2010, 407; siehe auch *Kling/Thomas*, Kartellrecht, § 16 Rn. 11.

II. Die Bedeutung des Art. 102 AEUV für überhöhte Netzentgelte

1. Vorüberlegungen

Im Folgenden wird untersucht, unter welchen Voraussetzungen einem Netznutzer privatrechtliche Rückforderungsansprüche – d.h. ein Schadensersatzanspruch aus § 33 Abs. 3 Satz 1 GWB[12] bzw. ein Kondiktionsanspruch gemäß § 812 Abs. 1 Satz 1, 1. Alt. BGB – wegen Verletzung des unionskartellrechtlichen Missbrauchsverbots des Art. 102 AEUV zustehen kann.

Die Forderung überhöhter Netzentgelte durch den Netzinhaber könnte einen Verstoß gegen Art. 102 AEUV begründen und dementsprechend auf zivilrechtlicher Ebene zu einem Schadensersatzanspruch des Netznutzers gemäß § 33 Abs. 3 Satz 1 GWB in Höhe der überzahlten Entgelte führen. Für die zivilrechtliche Ahndung von Verstößen gegen Art. 102 AEUV ist auf § 33 GWB zurückzugreifen, da eine eigenständige Anspruchsgrundlage im europäischen Wettbewerbsrecht nicht existiert. § 33 GWB ist im Übrigen gegenüber § 823 Abs. 2 BGB die speziellere Regelung.[13] Des Weiteren kommt ein Rückforderungsanspruch aus § 812 Abs. 1 Satz 1, 1. Alt. BGB in Betracht, da dem Unionskartellrecht kein allgemeiner Ausschluss von Ansprüchen aus ungerechtfertigter Bereicherung zu entnehmen ist und ein Verstoß gegen Art. 102 AEUV unstreitig zur (teilweisen) Nichtigkeit eines Rechtsgeschäfts nach § 134 BGB führt.[14] Dies gilt auch für überhöhte Entgeltforderungen eines Energienetzbetreibers gegenüber einem Nutzer.[15] Allerdings ist in solchen Fällen – gemäß der Courage-Doktrin des EuGH – darauf zu achten, dass „der Herausgabeanspruch als Entsprechung der Unwirksamkeit grundsätzlich an keine weiteren Voraussetzungen geknüpft sein darf als an den Verstoß gegen die Wettbewerbsvorschriften (und die daraus folgende Unwirksamkeit der rechtsgeschäftlichen Leistungsverpflichtung)".[16] Das ergibt sich aus dem Vorrang des Unionskartellrechts.

---

[12] Zum Problem der Verjährung des Anspruchs aus § 33 GWB im Fall des Preishöhenmissbrauchs siehe *Höppner*, N&R 2010, 2, 7 f.

[13] *Kling/Thomas*, Kartellrecht, § 5 Rn. 120; *Bechtold/Bosch/Brinker/Hirsbrunner*, EG-Kartellrecht, Art. 82 Rn. 69.

[14] *Weyer*, in: Frankfurt Kommentar, Art. 102 AEUV Zivilrechtsfolgen, Rn. 65; *Höppner*, N&R 2010, 2, 7.

[15] *Höppner*, ebd. (Fn. 14).

[16] *Weyer*, in: Frankfurt Kommentar, Art. 102 AEUV Zivilrechtsfolgen Rn. 66.

2. Kein Ausschluss des Art. 102 AEUV durch § 111 EnWG

Nach den allgemeinen Grundsätzen sind die Wettbewerbsregeln des Unionsrechts auch auf diejenigen Sonderwirtschaftsbereiche anwendbar, die früher monopolisiert waren, wie z.b. die Sektoren Post[17], Telekommunikation[18] und Energie; dies gilt unabhängig davon, ob sie nach dem nationalen Recht voll liberalisiert oder nach wie vor teilweise reguliert sind.[19] Der Umstand, dass die Wettbewerbsregeln des Unionskartellrechts nicht dafür geschaffen wurden, ehemals monopolisierten Wirtschaftsbereichen zu einer wettbewerblichen Struktur zu verhelfen,[20] ändert daran nichts. Vielmehr „bleibt die europäische Missbrauchsaufsicht gemäß Art. 102 AEUV schon wegen des Vorrangs des Unionsrechts insoweit umfassend anwendbar, wie das mitgliedstaatliche Regulierungsrecht den betroffenen Unternehmen noch autonome Handlungsspielräume belässt".[21] Die Bundesregierung hat zu dieser Frage ausgeführt, dass Art. 82 EG (die Vorgängerbestimmung zu Art. 102 AEUV) „als unmittelbar geltendes Recht selbstständiger Maßstab der Rechtmäßigkeit der Netznutzungsentgelte [bleibe] und von den europäischen und nationalen Kartellbehörden unabhängig von Regulierungsvorgaben ... [scil. des EnWG] angewendet werden [könne]."[22] Das ist überzeugend, weil der nationale Gesetzgeber den Vorrang des Eu-

---

[17] Siehe dazu z.B. EuGH v. 27. 3. 2012 – Rs. C-209/10, Slg. 2012, I-0000 = WuW/E EU-R 2297 – Post Danmark/Konkurrenceradet.

[18] Gerade diese Branche war zuletzt mehrfach Gegenstand von Entscheidungen des EuGH, siehe EuGH v. 2. 4. 2009 – Rs. C-202/07 P, Slg. 2009, I-2369– France Télécom/Kommission; EuGH v. 14. 10. 2010 – Rs. C-280/08 P, Slg. 2010, I-9555 = WuW/E EU-R 1779 – Deutsche Telekom/Kommission; EuGH v. 17. 2. 2011 – Rs. C-52/09, Slg. 2011, I-0000 = EuZW 2011, 339 – TeliaSonera Sverige; zur Regulierung von Netzindustrien unter Berücksichtigung des Breitband-Telekommunikationsmarkts siehe auch *Schalast/Abrar*, ZWeR 2009, 85 ff.

[19] *Kling/Thomas*, Kartellrecht, § 3 Rn. 20, § 16 Rn. 12, § 18 Rn. 241 mit Fn. 358; speziell für den Energiebereich *Nyssens/Schnichels*, in: Faull/Nikpay, The EC Law of Competition, Rn. 12.06.

[20] Siehe dazu die Ausführungen von *Nyssens/Schnichels*, in: Faull/Nikpay, The EC Law of Competition, Rn. 12.122: "A particular difficulty arises from the fact that Articles 81 and 82 EC have been conceived largely to operate as guarantees that competitive markets will not become less competitive, rather than to function as instruments to force monopolized industries into a more competitive structure."

[21] *Fuchs/Möschel*, in: Immenga/Mestmäcker, Art. 102 AEUV Rn. 364; so schon *Dreher*, ZNER 2007, 103, 106 (zu Art. 82 EG) mit der Folgerung, dass § 111 EnWG der Sache nach weitgehend „totes Recht" sei.

[22] Gegenäußerung der Bundesregierung zur Stellungnahme des Bundesrates betreffend den Entwurf eines Zweiten Gesetzes zur Neuregelung des Energiewirtschaftsrechts – Drucksache 15/3917 – v. 28. 10. 2004, BT-Drucks. 15/4068, S. 6.

ropa- bzw. Unionsrechts[23] zu beachten hat und die praktische Wirksamkeit des Unionskartellrechts nicht durch die einseitige Anordnung seiner Nichtgeltung im nationalen Recht beseitigen kann.[24] Der Gesetzgeber hat den ursprünglich (d.h. seit dem 13. Juli 2005) in § 111 Abs. 3 EnWG enthaltenen Ausschluss der Anwendung des Art. 82 EG (der Vorgängervorschrift zu Art. 102 AEUV) daher zu Recht mit Wirkung zum 22. Dezember 2007 gestrichen.[25] Folglich ist Art. 102 AEUV vorliegend anwendbar, so dass ungeachtet einer nationalen Regulierung des Energiesektors eine kartellrechtliche Kontrolle von Netzzugangsentgelten im Energiebereich möglich ist.

3. Die marktbeherrschende Stellung des Netzbetreibers

Art. 102 AEUV verlangt zunächst die marktbeherrschende Stellung des betroffenen Unternehmens, d.h. die Fähigkeit des Normadressaten, sich gegenüber seinen Wettbewerbern, seinen Abnehmern und letztlich gegenüber den Verbrauchern im Wesentlichen unabhängig verhalten zu können.[26] Dieses Tatbestandsmerkmal ist bezüglich der Inhaber von Energienetzen typischerweise zu bejahen. Das ergibt sich bereits daraus, dass es sich bei den zum Energietransport erforderlichen Netzen um sog. „natürliche Monopole" handelt,[27] weil sich der Betrieb parallel verlaufender Netze wegen der hohen Errichtungs- und Erhaltungskosten in aller Regel nicht lohnt.[28] Zugleich verfügt der Netzinhaber über eine wesentliche Einrich-

---

[23] Treffend *Säcker*, ZNER 2004, 98, 108: „(...) Was ‚Brüssel' erlaubt, bleibt erlaubt. Was ‚Brüssel' verbietet, bleibt auch national verboten."; siehe auch *Säcker/Meinzenbach*, in: Berliner Kommentar, § 111 Rn. 42.

[24] Siehe dazu auch *Säcker*, in: Berliner Kommentar, EnWG Einl. A. Rn. 55 f.; *Säcker/Meinzenbach*, in: Berliner Kommentar, § 111 Rn. 13; *Bruhn*, in: Berliner Kommentar, § 21a EnWG Rn. 18.

[25] *Säcker*, ZNER 2004, 98, 111; vgl. dazu schon *Kling/Thomas*, Kartellrecht, § 16 Rn. 12 mit Fn. 27.

[26] EuGH v. 14. 2. 1978 – Rs. 27/6, Slg. 1978, 207 Rn. 63/66 – United Brands; EuGH v. 15. 2. 1979 – Rs. 86/76, Slg. 1979, 461, 4. Leitsatz und Rn. 38 – Hoffmann-La Roche/Kommission; EuGH v. 9. 11. 1983 – Rs. 322/81, Slg. 1983, 3461, 6. und 7. Leitsatz – Michelin.

[27] Siehe zum Zusammenhang zwischen der Deregulierung (halb)staatlicher Monopole und der *essential facilities doctrine* auch *Bulst*, in: Langen/Bunte, Kartellrecht, Bd. 2, Art. 82 EG Rn. 308.

[28] Siehe *Braun*, in: Langen/Bunte, Kartellrecht, Bd. 1, Anhang z. 5. Abschn. Sonderbereich Energiewirtschaft, Rn. 1 und speziell zu den Marktdefinitionen in der Energiewirtschaft Rn. 47 ff.; *Olbricht*, Netzzugang, S. 61 f., 86 f.; vgl. auch *Gleave/Judith*, in: Danner/Theobald, Energierecht, B 1. Missbrauchsaufsicht in der Energiewirtschaft, Rn. 10. Die beherrschende Stellung des Netzinhabers erstreckt sich zudem häufig auch auf die nachgelagerten Märkte, d.h. auf die Märkte für Belieferung mit Energie (wobei zwi-

tung im Sinne der zu Art. 102 AEUV entwickelten *essential facilities*-Doktrin.[29] Energienetze sind für Dritte typischerweise notwendig,[30] aber nicht duplizierbar, weil der Aufbau eines Parallelnetzes für Dritte in aller Regel wirtschaftlich nicht rentabel ist.[31] Je größer das Netz ist, desto unanfechtbarer ist auch die Position seines Inhabers, was den Zugang zum und die Nutzung des Netzes betrifft. Daher passt hierauf das Bild vom „ruhigen Leben" aus dem Motto von *J. R. Hicks*, das diesem Text vorangestellt ist.

4. Die Missbräuchlichkeit der Entgelte

Fraglich ist, unter welchen Voraussetzungen in Bezug auf das Verlangen nach bestimmten Netzzugangsentgelten von einem Missbrauch im Sinne von Art. 102 AEUV ausgegangen werden kann. Der objektiv zu verstehende Missbrauchsbegriff des Unionkartellrechts erfasst alle Verhaltensweisen von marktbeherrschenden Unternehmen, welche die Struktur eines Marktes beeinflussen können, auf dem der Wettbewerb gerade wegen der Anwesenheit des fraglichen Unternehmens bereits geschwächt ist, und die den noch bestehenden (Rest-)Wettbewerb durch die Verwendung von Mitteln behindern, die außerhalb eines normalen Produkt- oder Dienstleistungswettbewerbs auf der Grundlage der Leistungen der Wirtschaftsteilnehmer liegen.[32]

Einerseits können marktbeherrschende Unternehmen durch die Anwendung des Kartellrechts nicht dazu verpflichtet werden, ihre Wettbewerber auf anderen Marktstufen durch günstige Preise und Entgelte überhaupt erst konkurrenzfähig zu machen.[33] Sie müssen weder den Markteintritt von in-

---

schen Strom und Gas unterschieden werden muss, weil diese keinen einheitlichen Energiemarkt bilden).

[29] *Kling/Thomas*, Kartellrecht, § 5 Rn. 82 ff. und § 18 Rn. 274 ff.; mit Bezug zu Energienetzen *Schreiber*, Zusammenspiel der Regulierungsinstrumente, S. 114 ff.; *Olbricht*, Netzzugang, S. 60 ff.; *Säcker/Boesche*, in: Berliner Kommentar, § 20 EnWG Rn. 76; aus ökonomischer Perspektive siehe *Franz/Angenendt*, in: Berliner Kommentar, Vor § 21a EnWG Rn. 7 a.E.

[30] Die Angewiesenheit des Petenten auf den Netzzugang ist dementsprechend eine ungeschriebene Tatbestandsvoraussetzung des § 20 Abs. 1 Satz 1 EnWG, siehe *Säcker/Boesche*, in: Berliner Kommentar, § 20 EnWG Rn. 76.

[31] Siehe dazu die Entscheidung der Europäischen Kommission v. 18. 3. 2008, COMP/39.402, Rn. 18, 22.

[32] EuGH v. 13. 2. 1979 – Rs. 85/76, Slg. 1979, 461, 6. Leitsatz und Rn. 91 – Hoffmann-La Roche; EuGH v. 11. 12. 1980 – Rs. 31/80, Slg. 1980, 3775, 3. Leitsatz und Rn. 30 – L'Oréal; EuGH v. 2. 3. 1983 – Rs. 7/82, Slg. 1983, 483 Rn. 38 – GVL; EuGH v. 3. 10. 1985 – Rs. 311/84, Slg. 1985, 3261 Rn. 23 und 27 – Télémarketing; EuGH v. 3. 7. 1991 – Rs. C-62/86, Slg. 1991, I-3359, 6. Leitsatz und Rn. 69 – AKZO/Kommission.

[33] *Kling/Thomas*, Kartellrecht, § 5 Rn. 227.

effizienten Betreibern ermöglichen³⁴ oder fördern noch haben sie für deren Verbleib auf dem Markt sorgen.³⁵ Es gibt auch keine allgemeine Pflicht für marktbeherrschende Unternehmen, die erzielten Kostensenkungen an die eigenen Abnehmer weiterzugeben.³⁶ Das Kartellrecht hat also nicht die Funktion, Ineffizienzen auf Seiten der Konkurrenten durch eine wie auch immer geartete „Umverteilung" zu beheben;³⁷ eine derartige „Robin-Hood-Mentalität" ist sowohl den unionsrechtlichen Wettbewerbsregeln als auch dem deutschen Kartellrecht völlig fremd.³⁸ Der BGH hat für das deutsche Kartellrecht entschieden, dass auch ein marktbeherrschendes Unternehmen im Wege der kartellrechtlichen Preismissbrauchsaufsicht nicht dazu gezwungen werden dürfe, entweder seine Leistung zu nicht kostendeckenden Preisen anzubieten oder sich gänzlich aus dem Wettbewerb zurückzuziehen.³⁹ Die marktbeherrschenden Unternehmen werden also durch die Rechtsprechung davor geschützt, dass sie trotz der Ausschöpfung aller Rationalisierungsreserven Dritten ihre Waren oder Dienstleistungen zu nicht kostendeckenden Preisen anbieten müssen.⁴⁰ Diese Grundaussagen gelten auch für das Unionskartellrecht und somit für den Missbrauchsbegriff des Art. 102 AEUV.

---

³⁴ Allerdings wird diskutiert, ob die Ablehnung der Erweiterung von Netzwerkkapazitäten – also die Nichtvornahme von Investitionen – seitens des Netzbetreibers einen Missbrauch i. S. des Art. 102 AEUV begründen kann, siehe zu dieser 'delicate question' *Nyssens/Schnichels*, in: Faull/Nikpay, The EC Law of Competition, Rn. 12.410 ff.

³⁵ Siehe EuGH v. 27. 3. 2012 – Rs. C-209/10, Slg. 2012, I-0000 = WuW/E EU-R 2297 Rn. 21 f. – Post Danmark/Konkurrenceradet; siehe auch – betreffend die Ziele des Regulierungsrechts – *Hartl*, N&R 2008, 106, 107; siehe ferner *Schreiber*, Zusammenspiel der Regulierungsinstrumente, S. 2 m.w.N.; *Säcker/Boesche*, in: Berliner Kommentar, § 20 EnWG Rn. 77 (keine Pflicht des Inhabers einer „wesentlichen Einrichtung" i. S. der *essential facilities*-Doktrin zur Förderung der Konkurrenz gegen seinen Willen).

³⁶ Näher dazu *Kling/Thomas*, Kartellrecht, § 18 Rn. 265 f. mit Hinweis auf die Entscheidung BGH v. 26. 9. 1995 – KVR 24/94, WuW/E BGH 3009, 3013 – Stadtgaspreis Potsdam.

³⁷ Gegen eine „Margengarantie für Wettbewerber des marktbeherrschenden Unternehmens" daher zu Recht *Bergmann*, WuW 2001, 234, 236.

³⁸ Ähnlich *Säcker*, in: Berliner Kommentar, EnWG Einl. A. Rn. 37: „Das Wettbewerbsrecht kennt keine altruistische Marktstrukturverantwortung marktbeherrschender Unternehmen und eine daran anknüpfende Rechtspflicht der Kartellbehörden zur Förderung von Wettbewerb."

³⁹ BGH v. 2. 2. 2010 – KVR 66/08, BGHZ 184, 168 = WuW/E DE-R 2841 Rn. 70, 72 – Wasserpreise Wetzlar (zu § 103 Abs. 5 Satz 2 Nr. 2 GWB 1990); siehe ferner BGH v. 22. 7. 1999 – KVR 12/98, BGHZ 142, 239, 246, 248 – Flugpreisspaltung; zustimmend *Weyer*, Festschrift für Säcker, S. 999, 1009; zur Wasserpreis-Missbrauchskontrolle nach dem deutschen Kartellrecht siehe noch *Markert*, N&R 2009, 118 ff.; *Gerstner*, N&R 2009, 52 ff.; *Lotze*, RdE 2010, 113 ff.; *Hellriegel/Schmitt*, N&R 2011, 109 ff.

⁴⁰ *Weyer*, ebd. (Fn. 39).

Andererseits ist in Rechtsprechung[41] und Literatur[42] seit langem und zu Recht anerkannt, dass Unternehmen in beherrschender Stellung eine „besondere Verantwortung" für den sog. „Restwettbewerb" tragen. Der EuGH hat dementsprechend zum Preismissbrauch gemäß Art. 102 AEUV entschieden, „dass ein beherrschendes Unternehmen nicht andere Unternehmen vom Markt verdrängen darf, die vielleicht ebenso leistungsfähig sind wie das beherrschende Unternehmen, wegen ihrer geringeren Finanzkraft jedoch nicht dem auf sie ausgeübten Konkurrenzdruck standhalten können (...).“[43] Das gilt auch in Bezug auf potentielle Wettbewerber, die auf dem Markt noch nicht vertreten sind.[44] Die Missbräuchlichkeit der Preispolitik des Normadressaten wird vom EuGH damit begründet, „dass eine solche Politik das normale Spiel der Wettbewerbskräfte auf einem Markt, der dem von dem Unternehmen beherrschten Markt benachbart ist, beeinträchtigen kann, da sie zu einer Verdrängung der Wettbewerber dieses Unternehmens auf dem letztgenannten Markt führen kann".[45] Weiter gilt, „dass die Abschottung eines erheblichen Teils des Marktes durch ein beherrschendes Unternehmen nicht mit dem Nachweis gerechtfertigt werden [kann], dass der Teil des Marktes, der gewonnen werden kann, noch ausreichend Platz für eine begrenzte Zahl von Wettbewerbern bietet".[46]

---

[41] Ständige Rechtsprechung des EuGH, siehe z.B. EuGH v. 27. 3. 2012 – Rs. C-209/10, Slg. 2012, I-0000 = WuW/E EU-R 2297 Rn. 23 – Post Danmark/Konkurrenceradet; EuGH v. 17. 2. 2011 – Rs. C-52/09, Slg. 2011, I-0000 Rn. 24, 53 = EuZW 2011, 339 – TeliaSonera Sverige.

[42] Siehe dazu *Kling/Thomas*, Kartellrecht, § 5 Rn. 5 m.w.N.

[43] So EuGH v. 14. 10. 2010 – Rs. C-280/08 P, Slg. 2010, I-9555 Rn. 177 = WuW/E EU-R 1779 – Deutsche Telekom/Kommission; siehe ferner a.a.O. Rn. 250 ff. (dort zum Erfordernis des Eintretens der wettbewerbswidrigen Wirkung, d.h. der Verdrängungswirkung, auf Seiten des ebenso effizienten Wettbewerbers); siehe weiter das grundlegende Urteil des EuGH v. 3. 7. 1991 – Rs. C-62/86, Slg. 1991, I-3359 – AKZO/Kommission; ebenso EuGH v. 27. 3. 2012 – Rs. C-209/10, Slg. 2012, I-0000 Rn. 25 = WuW/E EU-R 2297 – Post Danmark/Konkurrenceradet m.w.N.; siehe ferner EuGH v. 17. 2. 2011 – Rs. C-52/09, Slg. 2011, I-0000 Rn. 31, 39 f. = EuZW 2011, 339 – TeliaSonera Sverige; EuGH v. 2. 4. 2009 – Rs. C-202/07 P, Slg. 2009, I-2369 Rn. 106 f. – France Télécom/Kommission.

[44] EuGH v. 17. 2. 2011 – Rs. C-52/09, Slg. 2011, I-0000 Rn. 94 = EuZW 2011, 339 – TeliaSonera Sverige; EuGH v. 14. 10. 2010 – Rs. C-280/08 P, Slg. 2010, I-9555 Rn. 178 = WuW/E EU-R 1779 – Deutsche Telekom/Kommission.

[45] EuGH v. 14. 10. 2010 – Rs. C-280/08 P, Slg. 2010, I-9555 Rn. 254 a.E. = WuW/E EU-R 1779 – Deutsche Telekom/Kommission; EuGH v. 17. 2. 2011 – Rs. C-52/09, Slg. 2011, I-0000 Rn. 91 = EuZW 2011, 339 – TeliaSonera Sverige.

[46] EuGH v. 19. 4. 2012 – C-549/10 P, Slg. 2012, I-0000 Rn. 42 = WuW/E EU-R 2323 – Tomra.

a) Das Erfordernis eines unternehmerischen Handlungsspielraums

Ein Missbrauch i. S. des Art. 102 AEUV setzt voraus, dass die betroffenen Unternehmen überhaupt einen unternehmerischen Handlungsspielraum haben, den sie in missbräuchlicher Weise ausnutzen. Diese Fähigkeit zu einem eigenständigen Handeln nach Maßgabe des kartellrechtlichen Selbständigkeitspostulats ist auch im Fall der Vorgabe von Kalkulationsparametern durch den Staat betreffend die Entgeltbildung auf Seiten der Netzinhaber grundsätzlich zu bejahen.[47] Zwar trifft es zu, dass der Umstand, dass und in welchem Umfang der betreffende Markt durch gesetzliche Regelungen oder auf solchen beruhende Verfügungen einer staatlichen Stelle reguliert ist, bei der Bewertung des Missbrauchstatbestandes berücksichtigt werden muss.[48] Dabei ist auch von Bedeutung, wie sich die Regulierung als staatlicher Eingriff in den Markt auf die Wettbewerbsmöglichkeiten der Beteiligten auswirkt.[49] Der Grad der Reglementierung ist also ein relevanter Faktor. Handelt es sich bei der Regulierung um die Vorgabe von Höchstpreisen, ist der erforderliche Handlungsspielraum gegeben, weil das marktbeherrschende Unternehmen den Höchstpreis unterschreiten kann. Nach der Rechtsprechung des EuGH schließt ferner das Vorliegen einer regulierungsbehördlichen Genehmigung die Verantwortlichkeit nach Art. 102 AEUV nicht aus.[50] Diese Auffassung ist schon deshalb überzeugend, weil die Europäische Kommission nicht an die Entscheidungen nationaler Regulierungsbehörden gebunden ist.[51] Nach der Rechtsprechung des EuGH sind die Artt. 101, 102 AEUV nur dann nicht anwendbar, wenn den Normadressaten ein wettbewerbswidriges Verhalten durch nationale Rechtsvorschriften vorgeschrieben wird oder diese einen rechtlichen Rahmen bilden, der selbst jede Möglichkeit für ein Wettbewerbsverhalten

---

[47] Zutreffend *Schreiber*, Zusammenspiel der Regulierungsinstrumente, S. 109: „In der Regel führt die hoheitliche Vorgabe von Verhaltensparametern ... lediglich zur Vorgabe von Leitlinien, die den unternehmerischen Handlungsspielraum zwar einschränken, ihn jedoch nicht ausschließen."

[48] LG Düsseldorf v. 29. 12. 2011 – 37 O 38/10, WuW/E DE-R 3564, 3657.

[49] LG Düsseldorf, ebd. (Fn. 48).

[50] EuGH v. 14. 10. 2010 – Rs. C-280/08 P, Slg. 2010, I-9555 Rn. 78 ff., 87 f., 90, 125 f. = WuW/E EU-R 1779 – Deutsche Telekom/Kommission; siehe auch die Vorinstanz EuG v. 10. 4. 2008 – Rs. T-271/03, Slg. 2008, II-477 Rn. 108 ff., 296 ff. – Deutsche Telekom AG; näher dazu auch *Schreiber*, Zusammenspiel der Regulierungsinstrumente, S. 109 ff.

[51] EuGH v. 14. 10. 2010 – Rs. C-280/08 P, Slg. 2010, I-9555 Rn. 90 = WuW/E EU-R 1779 – Deutsche Telekom/Kommission; ebenso die Vorinstanz, siehe EuG v. 10. 4. 2008 – Rs. T-271/03, Slg. 2008, II-477 Rn. 120 – Deutsche Telekom AG; siehe weiter EuGH v. 14. 12. 2000 – Rs. C-344/98, Slg. 2000, I-11369 Rn. 48 – Masterfoods und HB, die zu der Regelung über die Zusammenarbeit in Art. 16 VO 1/2003 geführt hat.

ihrerseits ausschließt. Dann findet die Wettbewerbsbeschränkung ihre Ursache nämlich nicht in selbständigen Verhaltensweisen der betroffenen Unternehmen, wie sie das kartellrechtliche Selbständigkeitspostulat voraussetzt. Dagegen sind die Wettbewerbsregeln des Unionsrechts anwendbar, wenn sich herausstellen sollte, dass die nationalen Rechtsvorschriften die Möglichkeit zu Wettbewerb bestehen lassen, der durch selbständige Verhaltensweisen der Unternehmen verhindert, eingeschränkt oder verfälscht werden kann.[52] Betrifft die jeweilige Entgeltgenehmigung demnach bestimmte Ober- oder Untergrenzen, ist der für die Anwendung des Kartellrechts erforderliche unternehmerische Handlungsspielraum gegeben.[53]

Beispiel: In einem Fall des OLG Naumburg[54] war fraglich, ob eine Genehmigung der Netznutzungsentgelte nach § 23a EnWG[55] i.V.m. § 111 Abs. 3 EnWG eine kartellrechtliche Missbrauchskontrolle nach Art. 102 Satz 2 lit. a AEUV sperrt.[56] Die Frage wurde vom OLG Naumburg unter Rückgriff auf die neuere Rechtsprechung des BGH[57] und des EuG[58] zutreffend verneint. Die Regulierung des relevanten Marktes, die durch die Genehmigung der Entgelthöhe bewirkt worden sei, stehe nicht bereits als solche einer Anwendung des Art. 102 AEUV entgegen.[59] Allein wegen des Erlasses von Verfügungen einer Regulierungsbehörde könne nicht angenommen werden, dem betroffenen Unternehmen stehe ein für die Annahme eines Missbrauchs i.S. von Art. 102 AEUV erforderlicher Verhaltensspiel-

---

[52] Ständige Rechtsprechung des EuGH, siehe z.B. EuGH v. 14. 10. 2010 – Rs. C-280/08 P, Slg. 2010, I-9555 Rn. 80 m.w.N. = WuW/E EU-R 1779 – Deutsche Telekom/Kommission; siehe auch EuGH v. 17. 2. 2011 – Rs. C-52/09, Slg. 2011, I-0000 Rn. 49 f. = EuZW 2011, 339 – TeliaSonera Sverige.

[53] *Schreiber*, Zusammenspiel der Regulierungsinstrumente, S. 113, 119 f.; abweichend LG Düsseldorf v. 29. 12. 2011 – 37 O 38/10, WuW/E DE-R 3564, 3657: „Das marktbeherrschende Unternehmen handelt daher nicht missbräuchlich, wenn es anderen Unternehmen den Zugang zu ihrem Netz nur zu den von der Regulierungsbehörde festgesetzten Preisen gewährt."

[54] OLG Naumburg v. 9. 11. 2010 – 1 U 40/10, RdE 2011, 233 Rn. 60 ff. = ZNER 2011, 73.

[55] Zu den Einzelheiten der Genehmigung der Netzentgelte *ex ante* siehe *Olbricht*, Netzzugang, S. 344 ff., 347 f.

[56] OLG Naumburg v. 5. 11. 2009 – 1 W 6/09, RdE 2010, 150 Rn. 62 ff.

[57] BGH v. 29. 6. 2010 – KZR 24/08, WuW/E DE-R 2963 Rn. 30 = K&R 2010, 586.

[58] EuG v. 10. 4. 2008 – Rs. T-271/03, Slg. 2008, II-477 Rn. 107, 120 = WuW/E EU-R 1429 – Deutsche Telekom/Kommission; siehe dazu auch *Schreiber*, Zusammenspiel der Regulierungsinstrumente, S. 117 ff.

[59] OLG Naumburg v. 5. 11. 2009 – 1 W 6/09, RdE 2010, 150 Rn. 66, insoweit dem BGH, ebd. (Fn. 57) folgend.

raum auf dem regulierten Markt nicht mehr zu.[60] Daraus folgt, dass zivilrechtliche Unterlassungs- und Schadensersatzansprüche gemäß § 33 Abs. 1, 3 GWB i.V.m. Art. 102 AEUV hinsichtlich sämtlicher Netzzugangsbedingungen unter Einschluss der Netzentgelte in Betracht kommen, ohne dass dem behördliche (Entgelt-)Genehmigungen entgegenstehen.[61] Denn zum Einen hat der Netzbetreiber auch unter Zugrundelegung der Vorgaben der Regulierungsbehörde[62] jedenfalls einen Handlungsspielraum „nach unten", was die jeweiligen Entgelte bzw. die Summe der Erlöse angeht.[63] Zum Anderen kommt die Entgeltgenehmigung nicht ohne das Zutun des Netzbetreibers zustande, vielmehr muss dieser einen entsprechenden Antrag stellen. Die dafür erforderliche Datenaufbereitung und -bereitstellung impliziert einen entsprechenden unternehmerischen Handlungsspielraum.[64] Daher haben die Inhaber von Energienetzen trotz der Regulierung sowohl des Netzzugangs als auch der Netzentgelte (nach dem EnWG von 2005) den erforderlichen Handlungsspielraum, den Art. 102 AEUV und der kartellrechtliche Missbrauchsbegriff voraussetzen, gehabt.[65]

Das Gleiche – also die Bejahung des erforderlichen unternehmerischen Handlungsspielraums – muss erst recht für die Entgeltbildung im System der Anreizregulierung gelten, da dort lediglich eine Festlegung der Erlösobergrenzen – also der Obergrenzen für die Gesamterlöse des Netzbetreibers – für eine bestimmte Regulierungsperiode durch die zuständige Behörde erfolgt.[66] Die Höhe der Entgelte als solche wird von dem Netzbetreiber selbst festgelegt. Die Beschneidung des vollen unternehmerischen Handlungsspielraums durch die Vorgabe von individuellen Erlösobergrenzen für einen bestimmten Zeitraum rechtfertigt nicht die Annahme, dass ein solcher Spielraum für selbständiges unternehmerisches Verhalten völlig fehle. Mit der Bejahung eines Handlungsspielraums ist selbstverständlich nicht zugleich die Frage nach dem Vorliegen eines Missbrauchs posi-

---

[60] OLG Naumburg, ebd. (Fn. 59) unter Hinweis auf BGH, ebd. (Fn. 57) und BGH v. 10. 2. 2004 – KZR 7/02, WuW/E DE-R 1254, 1256 – Verbindung von Telefonnetzen; ebenso *Säcker*, in: Berliner Kommentar, EnWG Einl. A. Rn. 58.
[61] Ebenso *Säcker/Meinzenbach*, in: Berliner Kommentar, § 111 Rn. 42.
[62] Siehe dazu EuGH v. 14. 10. 2010 – Rs. C-280/08 P, Slg. 2010, I-9555 Rn. 84 f. = WuW/E EU-R 1779 – Deutsche Telekom/Kommission.
[63] *Schreiber*, Zusammenspiel der Regulierungsinstrumente, S. 116.
[64] *Schreiber*, Zusammenspiel der Regulierungsinstrumente, S. 120, die davon spricht, dass wegen der Mitwirkungshandlungen des Netzbetreibers (Antragstellung, Datenbereitstellung) der „Zurechnungszusammenhang" erhalten bleibe.
[65] So auch das Fazit von *Schreiber*, Zusammenspiel der Regulierungsinstrumente, S. 120.
[66] Ausführlich dazu *Schreiber*, Zusammenspiel der Regulierungsinstrumente, S. 115 ff.; siehe insbesondere S. 116.

tiv beantwortet. Eine behördliche Entgeltgenehmigung ist zudem nicht bedeutungslos. Der BGH misst ihr vielmehr auch im Rahmen des kartellrechtlichen Schadensersatzanspruchs gemäß § 33 Abs. 3 Satz 1 GWB i.V.m. Art. 102 Satz 2 lit. a AEUV eine „Indizwirkung" bei.[67] Darauf wird noch zurückzukommen sein.

b) Fallgruppen missbräuchlicher Verhaltensweisen

Missbräuchliche Verhaltensweisen marktbeherrschender Unternehmen als Anbieter oder Nachfrager von Waren oder Dienstleistungen sind auf vielfältige Art und Weise denkbar. Soweit dabei die Höhe der verlangten Entgelte im Mittelpunkt steht, sind die Fallgruppe des *Preishöhenmissbrauchs* und der *Ausbeutungsmissbrauch* gemäß Art. 102 Satz 2 lit. a AEUV zu nennen.[68] Des Weiteren ist an die nicht geregelte Fallgruppe der sog. *Kosten-Preis-Schere* zu denken.[69] Diese erfasst den hier interessierenden Fall, dass der Netzbetreiber gezielt künstlich hohe Übertragungsentgelte festlegt, um die Margen von Wettbewerbern zu drücken. Außerdem spielen in diesem Zusammenhang die von der Rechtsprechung entwickelten Grundsätze der *essential facilities*-Doktrin[70] zumindest indirekt eine Rolle für die rechtliche Bewertung. Diese Rechtsfigur betrifft zwar nicht unmittelbar die faire Entgeltbemessung, sondern den Zugang zu einer wesentlichen Einrichtung – wie z.B. einem Energienetz – als solchen.[71] Es handelt sich aber wie oben bereits dargelegt um „zwei Seiten derselben Medaille": Der Zugang zu einer wesentlichen Einrichtung ist nur dann effektiv möglich, wenn die Zugangs- und Nutzungsbedingungen aus Sicht der Konkurrenten „fair", d.h. marktgerecht, sind. Findet ein solcher Zugang nicht oder nur selten statt, obwohl er rechtlich und tatsächlich möglich wäre, ist dies ein Indiz (und damit zugleich ein kartellbehördliches Aufgreifkriterium) dafür,

---

[67] Vgl. BGH v. 15. 5. 2012 – EnZR 105/10, VersorgW 2012, 235 Rn. 36, 41 – Stromnetznutzungsentgelt V zur Indizwirkung der behördlichen Entgeltgenehmigung in Bezug auf die zivilrechtliche Billigkeitskontrolle nach § 315 BGB; vgl. dazu auch *Dreher*, ZNER 2007, 103, 109.

[68] Zur Parallele im deutschen Kartellrecht (Ausbeutungsmissbrauch gemäß § 19 Abs. 4 Nr. 2 GWB) siehe *Kling/Thomas*, Kartellrecht, § 18 Rn. 240 ff. mit einem Exkurs zum Preishöhenmissbrauch auf regulierten Märkten in Rn. 241.

[69] Siehe dazu allgemein *Kling/Thomas*, Kartellrecht, § 5 Rn. 105 ff.; aus ökonomischer Sicht *Hartl*, N&R 2008, 106, 107.

[70] Siehe dazu allgemein *Kling/Thomas*, Kartellrecht, § 5 Rn. 82.

[71] Siehe dazu auch *Nyssens/Schnichels*, in: Faull/Nikpay, The EC Law of Competition, Rn. 12.20: "Energy transport networks, however, constitute a crucial bottleneck through which uncuments can hamper or delay liberalisation."

dass bei der Höhe der Entgelte „etwas nicht stimmen" könnte.[72] Das Kartellrecht kann zwar nicht von den Marktergebnissen her praktiziert werden, weil es sich dann um eine „Anmaßung von Wissen" im Sinne *v. Hayeks* handeln würde.[73] Befremdliche Zustände auf dem relevanten Markt stellen aber Indizien für missbräuchliche Verhaltensweisen dar, die eine genauere Analyse durch die Kartellbehörden rechtfertigen.

c) Kein einheitliches Netznutzungsentgelt für alle Netzbetreiber

Die kartellrechtliche Preismissbrauchskontrolle führt jedenfalls nicht zu einem für alle Netzbetreiber einheitlichen Netznutzungsentgelt. Die Bundesregierung hat im Jahr 2004 zu Recht darauf hingewiesen, „dass in einer Wettbewerbswirtschaft die Preisbildung in Märkten nicht zwangsläufig zu einheitlichen Preisen führt".[74] Vielmehr ist gerade umgekehrt der Preiswettbewerb eines der wesentlichen Elemente von Wettbewerbswirtschaften. Die nach der damaligen Rechtslage praktizierte sog. „kostenorientierte Preisbildung" führte zu unterschiedlich hohen Netzentgelten, weil die „objektiv unabwendbaren Kosten der Netzbetreiber unterschiedlich hoch sind".[75] Deshalb sei – so die Bundesregierung – eine die Standortentscheidungen großer Energieverbraucher beeinflussende Differenzierung der Netznutzungsentgelte nicht „regulierungsbedingt".[76] Vielmehr seien „objektive Strukturunterschiede" als rechtfertigende Umstände für unterschiedliche Netzentgelte in der kartellrechtlichen Praxis anerkannt. Objektiv seien diese Strukturunterschiede stets dann, „wenn sie zu Kostenfaktoren führen, die jeder andere Betreiber eines Energieversorgungsnetzes in dem betreffenden Netzgebiet auch hätte".[77] Die Bundesregierung hat damals einen Regulierungsansatz der „Gleichpreisigkeit" ausdrücklich und

---

[72] Insofern zutreffend LG Düsseldorf v. 4. 5. 2012 – 37 O 38/10, WuW/E DE-R 3564, 3566 – Stromnetznutzungsentgelte: „Unangemessen hohe Preise i. S. der Vorschrift [scil.: Art. 102 Abs. 2 lit. a AEUV] liegen nur dann vor, wenn ein marktbeherrschendes Unternehmen gegenüber seinen Abnehmern einen Preis durchsetzt, der außer Verhältnis zu dem wirtschaftlichen Wert der erbrachten Leistung steht. Hohe Preise sind nur ein Indiz, kein Beweis für einen Missbrauch. Missbräuchlich sind Preise erst, wenn sie ‚stark überhöht' oder ‚eindeutig überhöht' sind."
[73] Siehe dazu auch *Säcker*, N&R 2009, 78, 79: „Da Wettbewerb ein Entdeckungsverfahren ist, wissen wir nicht, wie hoch der hypothetische, wettbewerbsanaloge Preis ist."
[74] Gegenäußerung der Bundesregierung, BT-Drucks. 15/4068, S. 4.
[75] Gegenäußerung der Bundesregierung, ebd. (Fn. 74).
[76] Gegenäußerung der Bundesregierung, ebd. (Fn. 74).
[77] Gegenäußerung der Bundesregierung, ebd. (Fn. 74).

zu Recht abgelehnt, weil sie die bestehenden Anreize zur Kostensenkung nicht beseitigen wollte.[78]

d) Die Methoden zur Ermittlung eines kartellrechtlichen Missbrauchs

Die Frage, ob das streitgegenständliche Netznutzungsentgelt einen kartellrechtlichen Preishöhenmissbrauch im Sinne des Kartellrechts darstellt, kann sowohl nach dem sog. Vergleichsmarktkonzept[79] als auch nach der Methode der Gewinnspannenbegrenzung[80] beantwortet werden.

aa) Das Vergleichsmarktkonzept

Unter Zugrundelegung des von den deutschen Kartellbehörden vorzugsweise angewendeten räumlichen Vergleichsmarktkonzepts[81] ist zu untersuchen, welche Höhe die Netzzugangsentgelte derjenigen Netzbetreiber haben, die in einem anderen, grundsätzlich aber vergleichbaren geographischen Markt tätig sind.[82] Gebietsstrukturbedingten Unterschieden kann dabei im Rahmen des „Als-ob-Konzepts" zur Feststellung des „wettbewerbsanalogen Preises" mit Zu- und Abschlägen auf die Referenzpreise Rechnung getragen werden.[83] Es ist allerdings problematisch, dass der Re-

---

[78] Gegenäußerung der Bundesregierung, ebd. (Fn. 74). Die von der Bundesregierung angeführten Anreize zur Kostensenkung bestanden aus ihrer Sicht gerade in den unterschiedlich hohen Netzentgelten der Netzbetreiber und den sich daraus möglicherweise ergebenden Standortvorteilen bei der Ansiedelung von Gewerbe und Industrie.
[79] Siehe dazu *Kling/Thomas*, Kartellrecht, § 5 Rn. 73 und § 18 Rn. 245 ff. sowie mit Bezug auf Netznutzungsentgelte im Energierecht *Gleave/Judith* , in: Danner/Theobald, Energierecht, B 1. Missbrauchsaufsicht in der Energiewirtschaft, Rn. 138; *Olbricht*, Netzzugang, S. 269 f.
[80] Siehe dazu *Kling/Thomas*, Kartellrecht, § 5 Rn. 71 f. und § 18 Rn. 258 sowie *Gleave/Judith*, , in: Danner/Theobald, Energierecht, B 1. Missbrauchsaufsicht in der Energiewirtschaft, Rn. 141 („Kostenbetrachtung").
[81] Siehe dazu *Bergmann*, WuW 2001, 234, 239.
[82] Die Bundesregierung hat unter anderem das Vergleichsmarktkonzept als „wesentliche[n] Inhalt eines Regulierungskonzepts" bezeichnet, siehe Gegenäußerung der Bundesregierung, BT-Drucks. 15/4068, S. 4 f. und S. 60 (Begründung zu § 21 Abs. 4 Satz 1, 2 EnWG). Daher handelt es sich bei dem Vergleichsmarktkonzept jedenfalls nicht um eine Besonderheit des Kartellrechts, die mit dem Energiewirtschaftsrecht in Widerspruch stehen würde; zu dem kartellrechtlichen Vergleichsmarktkonzept allgemein sowie zu den Unterschieden zwischen den „normalen" Fällen und den diesbezüglichen Besonderheiten bei energiewirtschaftsrechtlichen Sachverhalten siehe *Weyer*, Festschrift für Säcker, S. 999, 1005 f.
[83] Ausführlich zu den verschiedenen Vergleichsmarktkonzepten *Fuchs/Möschel*, in: Immenga/Mestmäcker, Art. 102 AEUV Rn. 180 ff.; mit Bezug zum Energiewirtschaftsrecht *Säcker/Meinzenbach*, in: Berliner Kommentar, § 21 EnWG Rn. 78; *Haus/Jansen*, ZWeR 2006, 77, 81 f.

kurs auf einen anderen geographischen Markt im Rahmen der kartellrechtlichen Preismissbrauchskontrolle normalerweise das Ziel hat, tatsächlich wettbewerbsanaloge Preise zu ermitteln. § 19 Abs. 4 Nr. 2 GWB bringt diese Zielsetzung für das deutsche Kartellrecht durch die Formulierung „auf vergleichbaren Märkten mit wirksamem Wettbewerb" zum Ausdruck. Vorliegend muss aber auf Vergleichsmärkte abgestellt werden, die ebenfalls von einem „natürlichen Monopol" gekennzeichnet sind[84] und die überdies staatlich reguliert sind. Die Bestimmung eines wettbewerbsanalogen Preises ist gerade deshalb so problematisch, weil es an einem wirksamen Wettbewerb auf dem Vergleichsmarkt fehlt.[85] Gleichwohl hat der BGH es in Anwendung der genannten Norm des deutschen Kartellrechts zugelassen, dass der Vergleich mit einem einzigen Referenzunternehmen durchgeführt wird.[86] In diesem Fall sind durch die Einbeziehung von Sicherheitszuschlägen[87] auf den ermittelten „wettbewerbsanalogen Preis" die Unsicherheiten der ggf. nur schmalen Vergleichsbasis auszugleichen. Außerdem bedarf es zur Begründung des Missbrauchsvorwurfs eines „erheblichen Abstands" zum Mitbewerber (sog. Erheblichkeitszuschlag).[88] Dies

---

[84] *Kling/Thomas*, Kartellrecht, § 18 Rn. 252; siehe weiter *Olbricht*, Netzzugang, S. 61.

[85] Zutreffend *Weyer*, Festschrift für Säcker, S. 999, 1004 f., der die Tragfähigkeit des Konzepts des „wettbewerbsanalogen Preises" für „sehr zweifelhaft" hält und deshalb auf den „bereinigten Vergleichspreis", verstanden als Nachweis der Höhe der effizienten Kosten einschließlich eines angemessenen Gewinns, abstellen möchte (so das Fazit a.a.O., S. 1008 unter 2.); kritisch zum Als-ob-Wettbewerbskonzept und dem Begriff des wettbewerbsanalogen Preises für die Versorgungswirtschaft und § 103 Abs. 5 Satz 2 Nr. 2 GWB 1990 *Reif*, in: Münchener Kommentar Wettbewerbsrecht, § 131 GWB Rn. 107.

[86] So – bezüglich der Billigkeitskontrolle von Gaspreisen von Endkunden – BGH v. 19. 11. 2008 – VIII ZR 138/07, BGH RdE 2009, 54, 60. Der BGH hat es in der genannten Entscheidung im Rahmen seiner Ausführungen zum Vergleichsmarktkonzept bei § 19 Abs. 4 Nr. 2, 2. Halbs. GWB grundsätzlich für möglich gehalten, „dass bei Störung des Wettbewerbs auf dem Gasversorgungsmarkt auch ein Monopolunternehmen zum Vergleich herangezogen werden könnte, sofern dabei den mit monopolistischen Strukturen verbundenen Preisüberhöhungstendenzen wirksam begegnet würde (vgl. BGHZ 163, 282, 289 ff. – Stadtwerke Mainz)". Dann „müsste jedenfalls der Raum, in dem das Vergleichsunternehmen tätig ist, ebenso strukturiert sein wie das Gebiet, in dem die Bekl. ihre Leistungen erbringt. Andernfalls müsste die Vergleichbarkeit der Preise für unterschiedlich strukturierte Gebiete durch Zu- und Abschläge auf die Referenzpreise hergestellt werden. Zu ermitteln wäre der Preis, den das zum Vergleich herangezogene Unternehmen in Rechnung stellen müsste, wenn es an Stelle des betroffenen Energieversorgungsunternehmens tätig würde (BGHZ a.a.O., 292 f.)."

[87] Siehe dazu auch *Markert*, RdE 2005, 233, 235; *Säcker/Meinzenbach*, in: Berliner Kommentar, § 21 EnWG Rn. 134.

[88] Siehe dazu *Säcker*, N&R 2009, 78, 80: „[D]a ein Rechtsstaat nicht mit Kanonen auf Spatzen schießen darf, [darf] ein Preismissbrauchsverfahren nur dann eingeleitet werden, wenn der geforderte Preis *erheblich* über dem von der Behörde ermittelten Wettbewerbs-

gilt im Hinblick auf die von den Netznutzern verlangten Entgelte namentlich dann, wenn das betroffene Unternehmen über ein „natürliches Monopol" verfügt.[89]

Beispiel: In dem grundlegenden Urteil „Stadtwerke Mainz" aus dem Jahr 2005 hat der BGH[90] zum deutschen Kartellrecht entschieden, dass die zuständige Kartellbehörde eine Missbrauchsgrenze festlegen dürfe, die sämtliche oberhalb dieser Grenze liegenden Preisgestaltungen erfasse. Bei der Feststellung des „wettbewerbsanalogen Preises" für Netznutzungsentgelte dürfe die Kartellbehörde auch einen Vergleich der Erlöse je Kilometer Leitungslänge anstellen.[91] Das in den Vergleich einbezogene Unternehmen müsse nach seiner Größe oder der Struktur seines Netzgebiets nicht auf derselben Stufe wie das kontrollierte Unternehmen stehen. Unter Umständen könne auch die Einbeziehung eines einzigen Vergleichsunternehmens ausreichen.[92] Die Vergleichbarkeit sei im Einzelfall durch Zu- und Abschläge auf die in erster Linie möglichst genau zu ermittelnden und

---

preis liegt."; siehe ferner BGH v. 7. 12. 2010 – KZR 7/10, N&R 2011, 90, 93 (mit Anm. *Haus*) – Entega II (betreffend die Zulässigkeit eines Erheblichkeitszuschlags auf dem Endkundenmarkt im Gasbereich); *Säcker/Meinzenbach*, in: Berliner Kommentar, § 21 EnWG Rn. 84; *Weyer*, Festschrift für Säcker, S. 999, 1008; *Bergmann*, WuW 2001, 234, 240.

[89] *Kling/Thomas*, Kartellrecht, § 18 Rn. 254.
[90] BGH v. 28. 6. 2005 – KVR 17/04, RdE 2005, 228 – Stadtwerke Mainz m. Anm. *Markert*, a.a.O. S. 233 ff.; kritisch *Säcker/Meinzenbach*, in: Berliner Kommentar, § 21 EnWG Rn. 14 f., 108; *Haus/Jansen*, ZWeR 2006, 77 ff.; siehe auch *Nyssens/Schnichels*, in: Faull/Nikpay, The EC Law of Competition, Rn. 12.384.
[91] Dabei handelt es sich um einen Unterfall der Anwendung des Vergleichsmarktkonzepts, siehe *Kling/Thomas*, Kartellrecht, § 18 Rn. 257. Diese Methode erinnert allerdings eher an eine Kostenkotrolle bzw. Gewinnspannenbegrenzung als an eine „klassische" Vergleichsmarktbetrachtung, so *Haus/Jansen*, ZWeR 2006, 77, 88, 96 die dem Konzept des Erlösvergleichs pro Kilometer Leitungslänge mit beachtlichen Argumenten kritisch gegenüberstehen. Die Kosten eines effizienten Netzbetriebs lassen sich jedenfalls nicht allein anhand der Erlöse pro Kilometer Leitungslänge ablesen, siehe dazu im Einzelnen die Argumente bei *Haus/Jansen*, a.a.O., S. 88 f.; positive Bewertung dieses Konzepts bei *Büdenbender*, ZWeR 2006, 233, 243, der die Länge des Leitungsnetzes, bezogen auf die daraus bediente Stromnachfrage, als eine „wesentliche Kostenkomponente gerade im Hinblick auf die Vergleichbarkeit der jeweiligen Preise unter strukturellen Aspekten" identifiziert.
[92] BGH v. 28. 6. 2005 – KVR 17/04, RdE 2005, 228 Rn. 24 – Stadtwerke Mainz; ebenso zuvor BGH v. 21. 10. 1986 – KVR 7/85, WuW/E BGH 2309, 2311 Rn. 15 f. – Glockenheide; der BGH-Rechtsprechung zustimmend *Büdenbender*, ZWeR 2006, 233, 247, der dafür die Effizienz und Praktikabilität der kartellrechtlichen Preismissbrauchskontrolle anführt; diese dürfe nicht daran scheitern, dass nur ein Vergleichsunternehmen in Betracht komme; siehe auch *Mankowski/Schreier*, AcP 208 (2008), 725, 752 f.; *Haus/Jansen*, ZWeR 2006, 77, 81.

nur hilfsweise zu schätzenden Preise zu ermitteln.[93] Ein überwiegend durch geschätzte Zu- und Abschläge ermittelter wettbewerbsanaloger Preis könne allerdings keine taugliche Grundlage für eine Missbrauchsverfügung sein. Eine Preismissbrauchsverfügung dürfe von der Kartellbehörde im Übrigen nur erlassen werden, wenn der ordnungsgemäß ermittelte Vergleichspreis erheblich von dem Preis abweiche, den das betroffene Unternehmen fordere (sog. Erheblichkeitszuschlag). Die Festlegung der Höhe dieses Zuschlags ist nach der Rechtsprechung in erster Linie Sache des Tatrichters.[94] Wenn der sachliche Markt von einer natürlichen Monopolstellung geprägt sei, könne der Tatrichter diesen Umstand in der Weise berücksichtigen, dass ein Missbrauch bereits bei einem geringeren Zuschlag bejaht werden kann, als er unter normalen Marktgegebenheiten erforderlich ist. Eine Vermutung wie die damals in § 6 Abs. 1 EnWG a.F. enthaltene, dass eine Preisgestaltung nach der Verbändevereinbarung Strom II Plus „guter fachlicher Praxis" entspreche, schloss nach dieser Rechtsprechung einen Missbrauch nach § 19 Abs. 4 GWB nicht *per se* aus.[95]

Bereits der Umstand, dass die Rechtsprechung Sicherheits- und Erheblichkeitszuschläge anerkennen muss, wenn sie bei der Überprüfung von Entgelten in kartellrechtlicher Hinsicht nicht „das Kind mit dem Bade ausschütten" will, verdeutlicht, dass diese Art der Preiskontrolle mit der Kontrollwirkung eines echten und unverfälschten Wettbewerbs nicht gleichgesetzt werden kann.[96] Sie macht ferner deutlich, dass die für den „kartellrechtlichen Normalfall" gut geeignete Vergleichsmarktbetrachtung in den regulierten Wirtschaftsbereichen, die (noch) nicht in eine Wettbewerbswirtschaft überführt werden konnten, problematisch ist. Hinzu kommt, dass im Bereich der kartellrechtlichen Missbrauchskontrolle insgesamt gesehen „kein einheitliches Konzept des Ausgleichs von Strukturunter-

---

[93] Zum System der Zu- und Abschläge siehe *Haus/Jansen*, ZWeR 2006, 77, 82 ff.; speziell zum Erheblichkeitszuschlag siehe a.a.O., S. 91 ff.; der Rechtsprechung zustimmend *Büdenbender*, ZWeR 2006, 233, 248; speziell zum Erheblichkeitszuschlag siehe a.a.O., S. 250 ff.

[94] Zu den Zu- und Abschlägen im Fall „Stadtwerke Mainz" siehe im Einzelnen und kritisch *Haus/Jansen*, ZWeR 2006, 77, 85 ff.

[95] Vgl. in diesem Zusammenhang auch *Markert*, RdE 2005, 233, 234, der die Ausführungen des BGH zum Zustandekommen und der Zielsetzung der Regelungen der Verbändevereinbarung Strom II plus zu Recht als „aufschlussreich" und „wahrlich alles andere als eine Vertrauenserklärung" für den deutschen Sonderweg der „Selbstregulierung" durch die Netzbetreiber seit 1998 bezeichnet; zu Recht kritisch gegenüber der Verrechtlichung der Verbändevereinbarung im Jahr 2003 auch *Säcker/Meinzenbach*, in: Berliner Kommentar, § 21 EnWG Rn. 12.

[96] Zutreffend *Säcker*, N&R 2009, 78, 80. Ob diese Form der Preiskontrolle ein „Papiertiger" ist, wie der Verf. meint, kann hier dahinstehen.

schieden durch Zu- oder Abschläge erkennbar [ist]."[97] Diese „Mängel" in der Rechtsanwendung müssen gleichwohl hingenommen werden, da anderenfalls – bei Ablehnung der genannten Sicherheits- und Erheblichkeitszuschläge – Verletzungen des Verhältnismäßigkeitsprinzips zu befürchten wären.[98]

bb) Die Methode der Gewinnspannenbegrenzung

Die Methode der Gewinnspannenbegrenzung ist durch auf eine Betrachtung der Kostenstruktur des betreffenden Netzbetreibers gekennzeichnet. Es kommt also entscheidend auf betriebswirtschaftliche Grundsätze an. Bei diesem Verfahren werden zunächst die Kosten des Produkts ermittelt. Anschließend wird untersucht, ob der Preis im Verhältnis zu den Kosten unangemessen überhöht ist. Falls dies zutrifft, muss sodann ermittelt werden, ob der Preis im Verhältnis zum wirtschaftlichen Wert des Gutes unangemessen ist. Es handelt sich dabei um eine rein unternehmensbezogene Betrachtung, die ohne einen Vergleich mit den Preisen von Drittunternehmen bzw. Wettbewerbern auskommt.[99]

Der EuGH hat in dem grundlegenden Bananenfall[100] aus dem Jahr 1978 einmal auf die Methode der Gewinnspannenbegrenzung abgestellt, allerdings nur ergänzend zum Vergleichsmarktkonzept. Auch die Kartellbehörden greifen höchst selten darauf zurück. In der Praxis des Bundeskartellamts spielt diese Methode eine sehr untergeordnete Rolle.[101] Dies beruht darauf, dass der „gerechte Preis" (lat. *iustum pretium*) bzw. der wirtschaftliche Wert eines bestimmten Gutes sich objektiv nicht ermitteln lässt.[102] In

---

[97] *Fuchs/Möschel*, in: Immenga/Mestmäcker, Art. 102 Rn. 182 mit einer Ausnahme bei der Vornahme eines einmaligen Sicherheitsabschlags.

[98] Vgl. auch *Säcker*, N&R 2009, 78, 79 f.: „Ein preisherabsetzender Verwaltungsakt darf im Rechtsstaat nur ergehen, wenn die Behörde mit ausreichender Plausibilität und Beweiskraft vorbringen kann, dass der bei wirksamen Wettbewerb gebildete Preis deutlich niedriger läge als der real geforderte und durchgesetzte Preis. Unsicherheiten bei der Festlegung des wettbewerbsanalogen Preises gehen im Rechtsstaat zu Lasten der Behörde."

[99] *Kling/Thomas*, Kartellrecht, § 18 Rn. 258.

[100] EuGH v. 14. 2. 1978 – Rs. 22/76, Slg. 1978, 207 Rn. 248/257 – United Brands/Chiquita; kritisch auch *Fuchs/Möschel*, in: Immenga/Mestmäcker, Art. 102 Rn. 176: „Dies bleibt eine statische Betrachtungsweise, die nicht wirklich weiterführt."

[101] Siehe auch *Kling/Thomas*, Kartellrecht, § 18 Rn. 259 mit deutlicher Kritik an dieser Methode in Rn. 262 desselben Paragraphen.

[102] *Säcker*, N&R 2009, 78, 79; *Fuchs/Möschel*, in: Immenga/Mestmäcker, Art. 102 Rn. 176; *Kling/Thomas*, Kartellrecht, § 18 Rn. 260, 262; *Böcker*, ZWeR 2009, 105 f.; ausführlich und mit Bezug zur Entgeltkontrolle im Energiewirtschaftsrecht *Martini*, DVBl. 2008, 21 ff. Im Grunde steht jede Form der staatlichen Preiskontrolle, auch im Kartell- und Regulierungsrecht, vor immensen Schwierigkeiten bei der exakten Bestim-

der neueren Literatur wird die Methode der Gewinnspannenbegrenzung deshalb als „äußerst zweifelhaft" bezeichnet,[103] zum Teil sogar scharf abgelehnt[104]. Andere Vertreter der Literatur folgen indessen ausdrücklich dem kostenbezogenen Ansatz der Europäischen Kommission.[105] Die kostenbasierte Betrachtung ist also nicht obsolet, aber gleichwohl fragwürdig, weil sie häufig nur eine scheinbare mathematische Exaktheit liefert und namentlich bei komplexeren Handelsgütern als Bananen schnell an ihre Grenzen stößt. Der Umstand, dass man mit dem Vergleichsmarktkonzept und dem Konzept der Gewinnspannenermittlung bzw. -begrenzung zwei grundsätzlich taugliche Methoden im Rahmen der kartellrechtlichen Missbrauchskontrolle entwickelt hat, heißt leider nicht, dass ihre Umsetzung in der Praxis problemlos verlaufen und gleichsam automatisch zu „mathematisch exakten" Ergebnissen führen würde.

5. Das Verhältnis der Entgeltgenehmigung zum kartellrechtlichen Preishöhenmissbrauch

a) „Richtigkeitsgewähr" genehmigter Entgelte?

Die Feststellung eines Preishöhenmissbrauchs kann möglicherweise daran scheitern, dass den von der Regulierungsbehörde genehmigten Entgelten (bzw. Erlösobergrenzen) eine „Richtigkeitsgewähr" in Form einer widerleglichen Vermutung zugutekommt. Diese Ansicht wurde von den Gerichten für die früher praktizierte Entgeltgenehmigung vertreten. Nach Auffassung des OLG Naumburg in dem oben erörterten Beispielsfall sprach die Genehmigung der Stromnetznutzungsentgelte gegen eine missbräuchliche Ausnutzung der Monopolstellung durch den Netzbetreiber, und der klagende Netznutzer hatte diesen Anschein nicht erschüttert.[106] Danach han-

---

mung des „richtigen Preises". Nicht zufällig hat *F. A. v. Hayek* mit deutlichen Worten sogar jede staatliche Preiskontrolle für mit dem Funktionieren eines freien Systems gänzlich unvereinbar erklärt, siehe *v. Hayek*, Die Verfassung der Freiheit, S. 312 f.

[103] Gegen eine „Kostenangemessenheitskontrolle" *Fuchs/Möschel*, in: Immenga/Mestmäcker, Art. 102 Rn. 177; siehe auch *Bergmann*, WuW 2001, 244, 238 f.

[104] *Dreher*, ZNER 2007, 103, 110: Das Konzept der Gewinnspannenbegrenzung biete „im vorliegenden Fall keine Lösung". Dies gelte „im Übrigen aber auch ganz generell für die Verwendung des Konzepts im Kartellrecht" (a.a.O., S. 110 f.).

[105] So vor allem *Bulst*, in: Langen/Bunte, Kartellrecht, Bd. 2, Art. 82 EG Rn. 115 f., 367 ff. mit einer differenzierten Unterscheidung der verschiedenen Kostenarten im Rahmen der Feststellung von Preismissbräuchen, unter Hinweis auf Kommission, ABl. 2009 Nr. C 45, S. 7 Rn. 26 mit Fn. 2. Verf. geht a.a.O. Rn. 115 davon aus, dass die Kommission nach den Durchsetzungsprioritäten wahrscheinlich die durchschnittlichen vermeidbaren Kosten (engl. *average avoidable costs*) und die langfristigen durchschnittlichen Grenzkosten (engl. *long-run average incremental costs*) zugrundelegen werde.

[106] OLG Naumburg v. 5. 11. 2009 – 1 W 6/09, RdE 2010, 150 Rn. 68.

delt ein marktbeherrschendes Unternehmen grundsätzlich nicht missbräuchlich, wenn es anderen Unternehmen den Zugang zu seinem Netz nur zu den von der Regulierungsbehörde festgesetzten Preisen gewährt.[107] Nach der Rechtsprechung des BGH muss bei der Beurteilung der Frage, ob ein Verhalten als Missbrauch i.S. von Art. 102 AEUV anzusehen ist, berücksichtigt werden, ob und in welchem Umfang der betreffende Markt durch gesetzliche Regelungen oder auf solchen beruhende Verfügungen einer staatlichen Stelle reguliert ist. Dabei ist vor allem von Bedeutung, wie sich die Regulierung als staatlicher Eingriff in den Markt auf die Wettbewerbsmöglichkeiten der Beteiligten auswirkt.[108] In dem vom OLG Naumburg entschiedenen Fall kam es nach Ansicht des Senats entscheidend auf die Angemessenheit und die Verhältnismäßigkeit der genehmigten Preise (scil. des Netznutzungsentgelts) an.[109] Die bloße Verwendung staatlich genehmigter Preise für die Nutzung eines Stromnetzes könne „im Hinblick auf die Prüfung und Genehmigung der Preisgrundlagen allein nicht ohne Weiteres als missbräuchlich i.S.d. Art. 102 S. 2 Buchstabe a) AEUV angesehen werden".[110] Demnach könne ein missbräuchliches Verhalten nur bei Vorliegen „besonderer Umstände" angenommen werden.[111] Solche Umstände waren im Streitfall nicht gegeben. Insbesondere hält der Senat ausdrücklich fest, dass keine Anhaltspunkte dafür vorlagen, dass die zugrunde liegenden Genehmigungen hinter den einschlägigen gesetzlichen Vorgaben zurück geblieben wären, und dass der Netzbetreiber im Vorfeld der Erteilung der Genehmigungen vorsätzlich darauf hingewirkt hätte.[112]

b) Kritik

Die Ansicht, dass ein Preishöhenmissbrauch im Sinne des Kartellrechts nicht vorliegen könne, wenn die Entgelte zuvor behördlich genehmigt wurden, überzeugt nicht. Man muss nämlich in Erwägung ziehen, dass es auch „versteckte" missbräuchliche Verhaltensweisen gibt, die den Regulierungsbehörden im Stadium der Entgeltgenehmigung entweder entgangen sind oder für sie nicht erkennbar waren, z.B. weil sie nur in Kombination mit weiteren, unter Umständen nicht genehmigungspflichtigen Maßnahmen, sich als ein missbräuchliches Verhalten im Wettbewerb darstellen. Hier ist vor allem an sog. *Kosten-Preis-Scheren* zu denken,[113] sowie an

---

[107] OLG Naumburg v. 5. 11. 2009 – 1 W 6/09, RdE 2010, 150 Rn. 69 f.
[108] BGH v. 29. 6. 2010 – KZR 24/08, WuW/E DE-R 2963 Rn. 31 = K&R 2010, 586.
[109] OLG Naumburg v. 5. 11. 2009 – 1 W 6/09, RdE 2010, 150 Rn. 69.
[110] OLG Naumburg v. 5. 11. 2009 – 1 W 6/09, RdE 2010, 150 Rn. 70.
[111] OLG Naumburg, ebd. (Fn. 110).
[112] OLG Naumburg, ebd. (Fn. 110).
[113] Dazu sogleich unter 3.

„intelligente" *Rabattsysteme*,[114] die dem Wortlaut nach für alle Unternehmen greifen, sich *de facto* aber ganz einseitig auswirken (nämlich zugunsten eines vertikal integrierten Unternehmens, das sowohl über eine Versorgungsgesellschaft als auch über eine Netzbetriebsgesellschaft verfügt). Im System der Anreizregulierung gilt nichts anderes, denn hier entscheidet der Netzbetreiber selbst über die Höhe der Netzentgelte.

6. Die Eignung zur Beeinträchtigung des Handels zwischen den Mitgliedstaaten (sog. Zwischenstaatlichkeitsklausel)

Bei der Anwendung des Art. 102 AEUV auf Netzzugangsentgelte stellt sich im Einzelfall weiter die Frage des Betroffenseins des Binnenmarktes oder eines wesentlichen Teils desselben. Denn Art. 102 AEUV verlangt die (spürbare) Eignung des missbräuchlichen Verhaltens zur Beeinträchtigung des Handels zwischen den Mitgliedstaaten. Erforderlich ist ein unmittelbarer oder mittelbarer, tatsächlicher oder potentieller Einfluss auf den Waren- oder Dienstleistungsverkehr zwischen diesen Staaten. Seit dem grundlegenden „Suiker Unie"-Urteil des EuGH aus dem Jahr 1975[115] ist geklärt, dass es dafür schon genügt, wenn eine Region innerhalb eines Mitgliedstaates betroffen ist. Die Europäische Kommission hat diese Voraussetzung beispielsweise in einer Entscheidung aus dem Jahr 2009 in Bezug auf das Gasnetz von RWE bejaht, was überzeugend damit begründet wurde, dass der relevante räumliche Markt – also das Netzgebiet – einen erheblichen Teil des bevölkerungsreichsten deutschen Bundeslands Nordrhein-Westfalen umfasste.[116] Bei der Untersuchung des Merkmals „wesentlicher

---

[114] Siehe insbesondere EuGH v. 15. 3. 2007 – Rs. C-95/04 P, Slg. 2007, I-2331 – British Airways; EuGH v. 19. 4. 2012 – C-549/10 P, Slg. 2012, I-0000 = WuW/E EU-R 2323 – Tomra.

[115] EuGH v. 16. 12. 1975 – Rs. 40/73, Slg. 1975, 1663 Rn. 444 ff. – Suiker Unie: Region Süddeutschland/Franken; EuGH v. 25. 10. 2001 – Rs. C-475/99, Slg. 2001, I-8089 Tz. 128. – Ambulanz Glöckner: Bundesland Rheinland-Pfalz; siehe auch *Kling/Thomas*, Kartellrecht, § 3 Rn. 23; *Braun*, in: Langen/Bunte, Kartellrecht, Bd. 1, Anhang z. 5. Abschn. Sonderbereich Energiewirtschaft, Rn. 252.

[116] Kommission v. 18. 3. 2008, COMP/39.402, Rn. 20 – Gasmarktabschottung durch RWE. Die gesamten Gasverkäufe innerhalb des RWE-Stammgebiets beliefen sich nach den Feststellungen der Kommission auf rund 164,2 kWh. Die meisten der mehr als drei Millionen Kunden in Nordrhein-Westfalen würden direkt oder indirekt über das RWE-Netz beliefert. Damit sei die wirtschaftliche Bedeutung der betroffenen Märkte für die Gasübertragung und -belieferung so groß, dass sie als wesentlicher Teil des Gemeinsamen Marktes zu betrachten sei.

Teil des Binnenmarktes" kommt es vor allem auf die wirtschaftliche Bedeutung des Gebiets für den Gesamtmarkt an.[117]

Die Kommission hat beispielsweise in dem Verfahren „Deutscher Stromgroßhandels- und Regelenergiemarkt" entschieden, dass der deutsche Stromgroßhandelsmarkt – d.h. der Markt für Stromimporte und Stromerzeugung zum Weiterverkauf – ein wesentlicher Teil des Binnenmarktes[118] sei. Dieser sei mit durchschnittlich 550 TWh in den letzten Jahren der größte Großhandelsmarkt Europas gewesen. Auf ihn entfalle ein Anteil von rund 20% des Gesamtstromverbrauchs in der EU, und er erstrecke sich auf das Gebiet des größten EU-Mitgliedstaates.[119] Die streitgegenständlichen Praktiken des Normadressaten E.ON waren nach Ansicht der Kommission geeignet, sich auf Kunden auf anderen europäischen Märkten als der Bundesrepublik Deutschland auszuwirken, da Preiserhöhungen auf dem deutschen Markt die Möglichkeit des Exports auf andere Märkte verringerten.[120] In dem Fall, dass ein Gasnetz sich über eines der größeren Bundesländer wie Nordrhein-Westfalen erstreckt, ist nach der Kommissionspraxis – wie oben gezeigt – die beherrschende Stellung des Netzinhabers auf einem wesentlichen Teil des Binnenmarktes typischerweise anzunehmen.[121] Die erforderliche Eignung zur (spürbaren) Beeinträchtigung des zwischenstaatlichen Handels war in dem genannten Fall zu bejahen, weil der Netzbetreiber die Gaseinfuhr und -ausfuhr gestört und ausländische Wettbewerber daran gehindert hatte, mit ihm in seinem Netzgebiet in Wettbewerb zu treten.[122]

In verschiedenen grundlegenden Urteilen des EuGH, in denen allerdings keine Netze betroffen waren, wurden unter anderem die Region Süddeutschland/Franken und das Bundesland Rheinland-Pfalz als wesentliche Teile des Gemeinsamen Marktes angesehen;[123] es ist davon auszugehen, dass dies auch auf „Netz-Konstellationen" zutreffen würde. So wurde beispielsweise das Bundesland Rheinland-Pfalz vom EuGH mit der Begrün-

---

[117] *Bulst*, in: Langen/Bunte, Kartellrecht, Bd. 2, Art. 82 EG Rn. 83 ff.; *Braun*, in: Langen/Bunte, Kartellrecht, Bd. 1, Anhang z. 5. Abschn. Sonderbereich Energiewirtschaft, Rn. 252.

[118] Bzw. gemäß Art. 102 AEUV: des Binnenmarktes.

[119] Kommission v. 26. 11. 2008 – COMP/39.388 und COMP/39.389, WuW 2009, 458 Rn. 25 – Deutscher Stromgroßhandels- und Regelenergiemarkt.

[120] Kommission v. 26. 11. 2008 – COMP/39.388 und COMP/39.389, WuW 2009, 458 Rn. 45 – Deutscher Stromgroßhandels- und Regelenergiemarkt.

[121] Kommission v. 18. 3. 2008 – COMP/39.402, Rn. 20. – Gasmarktabschottung durch RWE.

[122] Kommission v. 18. 3. 2008 – COMP/39.402, Rn. 37 – Gasmarktabschottung durch RWE.

[123] Siehe die Nachweise oben Fn. 115.

dung zu einem wesentlichen Teil des Gemeinsamen Marktes erklärt, dass es größer sei und mehr Einwohner habe als mehrere Mitgliedstaaten der Europäischen Gemeinschaft.[124] Ein Energienetz, das sich über die Fläche dieses Bundeslandes erstreckt, würde demnach die marktbeherrschende Stellung seines Inhabers begründen können. Diese Rechtsprechung sollte allerdings nicht zu der irrigen Annahme verleiten, dass in jedem Fall der Netzinhaberschaft in einer Region der Europäischen Gemeinschaft der Anwendungsbereich des Art. 102 AEUV eröffnet wäre. Zwar haben verschiedene Netznutzer in jüngerer Zeit tatsächlich Schadensersatzansprüche gemäß § 33 GWB vor den Zivilgerichten wegen angeblicher missbräuchlicher Überhöhung der vom Netzinhaber verlangten Entgelte gegen Art. 102 AEUV geltend gemacht.[125] Sie blieben damit allerdings weitgehend erfolglos. In einem Fall, den das LG Mainz im Januar 2011 entschieden hat, fehlte es wegen der regionalen Begrenztheit der Tätigkeit des beklagten Stromnetzbetreibers – diese betraf den „Raum Worms" – sowohl an der Zwischenstaatlichkeit im Sinne des Art. 102 AEUV als auch an einer spürbaren Beeinträchtigung der strukturellen Wettbewerbsbedingungen im Gemeinsamen Markt.[126] Vergleichbar damit ist ein OLG München im Mai 2010 entschiedener Fall.[127] Nach Auffassung des Senats war der durch das Elektrizitätsversorgungsnetz der Beklagten räumlich definierte Markt wegen des „rein lokalen Umgriff[s]" nicht als wesentlicher Teil des Gemeinsamen Marktes (bzw. Binnenmarktes) zu qualifizieren.[128] Die Klägerin fand auch insoweit kein Gehör, als sie geltend gemacht hatte, dass die aus ihrer Sicht überhöhten Entgelte für die Nutzung des Netzes der Beklagten dazu geführt habe, dass sie weniger Strom – den sie auch aus Österreich beziehe – absetzen könne. Korrespondierend mit der geringen Größe des Netzes der Beklagten konnte nach Auffassung des Senats den Ausführungen der Klägerin nämlich keine Spürbarkeit der behaupteten Beeinträchtigung des Handels zwischen den Mitgliedstaaten entnommen werden.[129]

---

[124] EuGH v. 25. 10. 2001 – Rs. C-475/99, Slg. 2001, I-8089 Rn. 128. – Ambulanz Glöckner.
[125] Ablehnend LG Mainz v. 28. 1. 2011 – 12 HK O 94/09, IR 2011, 63 Rn. 37 ff.; ebenfalls ablehnend OLG Naumburg v. 5. 11. 2009 – 1 W 6/09, RdE 2010, 150 Rn. 68.
[126] LG Mainz (Fn. 125), Rn. 43 ff.
[127] Siehe OLG München v. 20. 5. 2010 – U (K) 4653/09, WuW/E DE-R 3031 Rn. 44 = ZNER 2010, 407.
[128] OLG München v. 20. 5. 2010 – U (K) 4653/09, WuW/E DE-R 3031 Rn. 45 = ZNER 2010, 407.
[129] OLG München v. 20. 5. 2010 – U (K) 4653/09, WuW/E DE-R 3031 Rn. 46 = ZNER 2010, 407. Das Merkmal der „Spürbarkeit der Handelsbeeinträchtigung" ist bei Art. 102 AEUV anders als bei Art. 101 AEUV umstritten, siehe *Kling/Thomas*, Kartellrecht, § 5 Rn. 118.

III. Die sog. Kosten-Preis-Schere als Anwendungsfall des Art. 102 AEUV

1. Grundlagen

Der Begriff *Kosten-Preis-Schere* (auch umgekehrt als Preis-Kosten-Schere bezeichnet, engl. *margin squeeze* oder *price squeeze*)[130] beschreibt eine bestimmte Preisstrategie vertikal integrierter Unternehmen. Es handelt sich um solche, die auf verschiedenen Marktstufen tätig sind, z.B. sowohl im Bereich der Herstellung (d.h. auf dem vorgelagerten Markt) als auch im Bereich des Vertriebs (d.h. auf dem nachgelagerten Markt).[131] Eine Kosten-Preis-Schere liegt vor, wenn die Spanne zwischen dem Preis für das Vorprodukt (auf dem vorgelagerten Markt) und dem Preis für das Endprodukt (auf dem nachgelagerten Markt) so verringert wird, dass die Konkurrenten auf dem nachgelagerten Markt nicht mehr kostendeckend arbeiten können, was in letzter Konsequenz zu deren Ausscheiden aus diesem Markt und dadurch zu einer Verringerung des Wettbewerbs auf führen muss.[132] Der wettbewerbsschädliche „Unwertgehalt" der Kosten-Preis-Schere besteht darin, dass dem Wettbewerber auf der nachgelagerten Wertschöpfungsstufe eine auskömmliche Marge – und damit die Überlebensfähigkeit – genommen wird.[133] Entscheidend ist, ob das marktbeherrschende Unternehmen seine eigenen Preise in zwei vertikal verbundenen Märkten so in ein Missverhältnis zueinander setzt, dass dadurch die Wettbewerbsbedingun-

---

[130] Der US Supreme Court hat dieser Rechtsfigur im Fall *Pacific Bell Tel. Co. v. linkLine Communications Inc.* die Anerkennung versagt. Neben einer grundsätzlich zurückhaltenden Einstellung des US Supreme Court zur Preiskontrolle im Rahmen von Sec. 2 Sherman Act (d.h. bezüglich Eingriffen in die Preisbildungsfreiheit der Unternehmen) war dafür entscheidend, dass eine sektorspezifische Regulierung existierte, die nach US-amerikanischem Verständnis das Antitrust Law verdrängt. Insoweit besteht also eine grundsätzliche Divergenz zur europäischen Sicht auf das Verhältnis des Regulierungsrechts zum Kartellrecht, siehe *Zöttl*, RIW 2009, 445, 449 f.; zur großen Bedeutung der Freiheit der Preissetzung und der Skepsis gegenüber den rechtlichen Instrumenten der Preiskontrolle in Deutschland siehe ferner *Haus/Jansen*, ZWeR 2006, 77, 78.

[131] *Kling/Thomas*, Kartellrecht, § 5 Rn. 105 und § 18 Rn. 226; ausführlich zur Fallgruppe der Kosten-Preis-Schere *Brand*, in: Frankfurter Kommentar, Art. 102 AEUV Missbräuchliche Ausnutzung Rn. 328 ff.

[132] *Kling/Thomas*, Kartellrecht, § 5 Rn. 106 f.; *Fuchs/Möschel*, in: Immenga/Mestmäcker, Art. 102 AEUV Rn. 353; *Brand*, in: Frankfurter Kommentar, Art. 102 AEUV Missbräuchliche Ausnutzung Rn. 328; siehe auch *Bulst*, in: Langen/Bunte, Kartellrecht, Bd. 2, Art. 82 EG Rn. 206 f.; *Zöttl*, RIW 2009, 445, 449; siehe weiter die ähnliche Formulierung bei Kommission v. 21. 5. 2003 – COMP/C-1/37.451, 37.578, 37.579, ABl. EG Nr. L 263, S. 9 Tz. 107 – Deutsche Telekom AG; siehe ferner EuG v. 30. 11. 2000 – Rs. T-5/97, Slg. 2000, II-3755 Rn. 178 – Industrie des Poudres Sphériques.

[133] So prägnant *Zöttl*, RIW 2009, 445, 446.

gen auf dem nachgelagerten Markt beeinträchtigt werden.[134] Das Verhalten muss also zur Verdrängung eines ebenso effizienten Mitbewerbers geeignet sein.[135] Das ist typischerweise dann der Fall, wenn die Konkurrenten auf dem nachgelagerten Markt auf die Belieferung durch das marktbeherrschende Unternehmen angewiesen sind und keine zureichenden Ausweichmöglichkeiten für das Vorleistungsprodukt haben.[136] Für die Kosten-Preis-Schere gibt es Beispielsfälle aus der Elektrizitätswirtschaft ebenso wie aus der Telekommunikationsbranche und der Mineralölwirtschaft.[137] Ihre Anwendung beschränkt sich aber nicht auf netzgebundene Industriezweige beschränkt.[138]

Im Einzelnen lassen sich drei Voraussetzungen einer Kosten-Preis-Schere benennen. Es geht um

(1) das Marktverhalten eines vertikal integrierten marktbeherrschenden Unternehmens, das
(2) eine unzureichende Spanne zwischen den Preisen auf dem vorgelagerten und dem nachgelagerten Markt verlangt, und diese Preisspanne ist
(3) sachlich, d.h. objektiv wirtschaftlich, nicht gerechtfertigt.[139]

In systematischer Hinsicht fallen Kosten-Preis-Scheren unter Art. 102 AEUV.[140] Es handelt sich zumeist um Fälle des Behinderungsmissbrauchs[141] oder des Ausbeutungsmissbrauchs. Im Mittelpunkt stehen die mit ihr einher gehenden Verdrängungseffekte gegenüber anderen Wettbewerbern auf der nachgelagerten Marktstufe.[142] Eine Kosten-Preis-Schere

---

[134] *Fuchs/Möschel*, in: Immenga/Mestmäcker, Art. 102 Rn. 353; siehe ferner *Zöttl*, RIW 2009, 445, 449.

[135] *Eilmannsberger*, in: Münchener Kommentar Wettbewerbsrecht, Art. 82 EG Rn. 533; siehe auch *Zöttl*, RIW 2009, 445, 449 f.

[136] *Fuchs/Möschel*, in: Immenga/Mestmäcker, Art. 102 AEUV Rn. 353 a.E.

[137] *Kling/Thomas*, Kartellrecht, § 5 Rn. 105; siehe auch *Schreiber*, Zusammenspiel der Regulierungsinstrumente, S. 103.

[138] *Brand*, in: Frankfurter Kommentar, Art. 102 AEUV Missbräuchliche Ausnutzung Rn. 328.

[139] So *Brand*, in: Frankfurter Kommentar, Art. 102 AEUV Missbräuchliche Ausnutzung Rn. 337 unter Übernahme der EuGH-Rechtsprechung in den Fällen „Deutsche Telekom" und „TeliaSonera".

[140] *Fuchs/Möschel*, in: Immenga/Mestmäcker, Art. 102 AEUV Rn. 363 m.w.N.

[141] *Fuchs/Möschel*, in: Immenga/Mestmäcker, Art. 102 AEUV Rn. 354; zu den verschiedenen Ansichten der systematischen Einordnung dieser Fallgruppe siehe die Nachweise bei *Brand*, in: Frankfurter Kommentar, Art. 102 AEUV Missbräuchliche Ausnutzung Rn. 333 mit Fn. 6; zum Verhältnis zu anderen Fallgruppen des Missbrauchs siehe *Fuchs/Möschel*, a.a.O., Rn. 362.

[142] *Fuchs/Möschel*, in: Immenga/Mestmäcker, Art. 102 AEUV Rn. 354 (mit der zutreffenden Bemerkung, dass das Verhalten des Marktbeherrschers hinsichtlich der horizontalen Verdrängungseffekte auf dem nachgelagerten Markt nicht selten als wirtschaft-

kann unter das Regelbeispiel des Art. 102 Satz 2 lit. a AEUV fallen.[143] Dafür gelten die bereits erörterten Grundsätze des Preishöhenmissbrauchs.[144] Außerdem kann auch der Tatbestand der Diskriminierung gemäß Art. 102 Satz 2 lit. c AEUV gegeben sein.[145] Ob und wenn ja welches Regelbeispiel des Art. 102 Satz 2 AEUV herangezogen wird, ist letztlich nicht von entscheidender Bedeutung. Die für Kosten-Preis-Scheren geltenden Bewertungsgrundsätze würden nicht verändert, wenn man den allgemeinen Missbrauchstatbestand des Art. 102 Satz 1 AEUV heranzöge.[146] Nach der Rechtsprechung ist die Preispolitik eines Unternehmens bei der Beurteilung einer Kosten-Preis-Schere grundsätzlich anhand seiner eigenen Lage und damit anhand seiner eigenen Entgelte und Kosten zu bestimmen, d.h. nicht anhand der Situation der gegenwärtigen oder potenziellen Wettbewerber.[147] Die Feststellung des Missbrauchs erfordert eine Einschränkung des Wettbewerbs auf dem nachgelagerten Markt und damit eine Analyse der Auswirkungen der fraglichen Preisstrategie auf die Wettbewerbssitua-

---

lich äquivalent zu einem Verkauf zu Preisen unterhalb der eigenen Kosten angesehen werde); *Brand*, in: Frankfurter Kommentar, Art. 102 AEUV Missbräuchliche Ausnutzung Art. 102 AEUV Rn. 328; *Kling/Thomas*, Kartellrecht, § 5 Rn. 108.

[143] Siehe Kommission v. 21. 5. 2003 – COMP/C-1/37.451, 37.578, 37.579, ABl. EG Nr. L 263, S. 9 – Deutsche Telekom AG; kritisch bezüglich des Abstellens auf das Regelbeispiel der lit. a *Fuchs/Möschel*, in: Immenga/Mestmäcker, Art. 102 AEUV Rn. 354 mit Fn. 1410; siehe ferner *Brand*, in: Frankfurter Kommentar, Art. 102 AEUV Missbräuchliche Ausnutzung Rn. 328, 333 m.w.N.; *Kling/Thomas*, Kartellrecht, § 5 Rn. 108; *Eilmannsberger*, in: Münchener Kommentar Wettbewerbsrecht, Art. 82 EG Rn. 543; *Bergmann*, WuW 2001, 234, 238.

[144] *Fuchs/Möschel*, in: Immenga/Mestmäcker, Art. 102 AEUV Rn. 354; *Kling/Thomas*, Kartellrecht, § 5 Rn. 227; zu den verschiedenen Gefahren für den Wettbewerb, die von einer Kosten-Preis-Schere ausgehen, siehe *Brand*, in: Frankfurter Kommentar, Art. 102 AEUV Missbräuchliche Ausnutzung Rn. 330.

[145] *Brand*, in: Frankfurter Kommentar, Art. 102 AEUV Missbräuchliche Ausnutzung Rn. 334; *Fuchs/Möschel*, in: Immenga/Mestmäcker, Art. 102 AEUV Rn. 354, denen zufolge das diskriminierende Verhalten in dem Umstand erblickt werden kann, dass der vertikal integrierte Marktbeherrscher für die Lieferungen des Vorprodukts an die Konkurrenten einen höheren Preis verlange als er intern oder gegenüber seiner Tochtergesellschaft auf dem nachgelagerten Markt berechnet; siehe auch *Bergmann*, WuW 2001, 234, 242 f.

[146] Siehe EuGH v. 17. 2. 2011 – Rs. C-52/09, Slg. 2011, I-0000 Rn. 56 = EuZW 2011, 339 – TeliaSonera Sverige, wo die Kosten-Preis-Schere als eigenständige Fallgruppe identifiziert wird, die sich von der Lieferverweigerung unterscheide, aber kein Regelbeispiel des Art. 102 Satz 2 AEUV benannt wird.

[147] EuG v. 10. 4. 2008 – Rs. T-271/03, Slg. 2008, II-477 Rn. 188 – Deutsche Telekom AG; siehe auch *Bulst*, in: Langen/Bunte, Kartellrecht, Bd. 2, Art. 82 EG Rn. 306.

tion im konkreten Einzelfall.[148] Art. 102 AEUV wird deshalb teilweise als „konkretes Gefährdungsdelikt" bezeichnet.[149]

In der Praxis der Kommission und der Unionsgerichte finden sich verschiedene grundsätzliche Aussagen zur Missbräuchlichkeit von Kosten-Preis-Scheren. So hat die Kommission beispielsweise im Fall „Deutsche Telekom" ausgeführt, dass eine missbräuchliche Kosten-Preis-Schere dann anzunehmen sei, „wenn die Differenz zwischen den Endkundenentgelten eines marktbeherrschenden Unternehmens und dem Vorleistungsentgelt für vergleichbare Leistungen an seine Wettbewerber entweder negativ ist oder nicht ausreicht, um die produktspezifischen Kosten des marktbeherrschenden Betreibers für die Erbringung seiner eigenen Endkundendienste im nachgeordneten Markt zu decken."[150] Nach einer Formulierung des Europäischen Gerichts Erster Instanz im Fall „Industrie des Poudres Sphériques" liegt „[e]ine als Preisschere bezeichnete Praxis ... vor, wenn ein Unternehmen, das über eine beherrschende Stellung auf dem Markt eines Vorprodukts verfügt und selbst einen Teil seiner Produktion zur Herstellung eines Verarbeitungserzeugnisses verwendet, während es das restliche Vorprodukt auf dem Markt verkauft, die Preise, zu denen es das Vorprodukt an Dritte verkauft, so hoch ansetzt, dass die Dritten über keine ausreichende Verarbeitungsmarge verfügen, um auf dem Markt des Verarbeitungserzeugnisses wettbewerbsfähig zu bleiben."[151]

Die Aussagen der Rechtsprechung zur Missbräuchlichkeit einer Preispolitik bzw. zu missbräuchlichen Kosten-Preis-Scheren können – je nach dem betroffenen Sektor – durchaus komplex sein, so dass ihre Übertragbarkeit auf andere Wirtschaftszweige teilweise fragwürdig wird.[152] Der in der Rechtsprechung zu findende Gemeinplatz, dass es auf sämtliche Umstände des Einzelfalls ankomme, hilft nicht weiter.[153] Entscheidend ist, dass das Unternehmen in beherrschender Stellung seine Preise auf dem von ihm

---

[148] EuGH v. 17. 2. 2011 – Rs. C-52/09, Slg. 2011, I-0000 Rn. 66 = EuZW 2011, 339 – TeliaSonera Sverige; *Fuchs/Möschel*, in: Immenga/Mestmäcker, Art. 102 AEUV Rn. 358 m.w.N.

[149] *Fuchs/Möschel*, in: Immenga/Mestmäcker, Art. 102 AEUV Rn. 358.

[150] Kommission v. 21. 5. 2003 – COMP/C-1/37.451, 37.578, 37.579, ABl. EG Nr. L 263, S. 9 Tz. 107 – Deutsche Telekom AG.

[151] EuG v. 30. 11. 2000 – Rs. T-5/97, Slg. 2000, II-3755 Rn. 178 – Industrie des Poudres Sphériques.

[152] Siehe dazu nur die umfangreichen Leitsätze des Urteils des EuGH v. 17. 2. 2011 – Rs. C-52/09, Slg. 2011, I-0000 Rn. 66 = EuZW 2011, 339 – TeliaSonera Sverige.

[153] EuGH v. 17. 2. 2011 – Rs. C-52/09, Slg. 2011, I-0000, 2. Leitsatz = EuZW 2011, 339 – TeliaSonera Sverige: „Im Rahmen der Beurteilung der Missbräuchlichkeit einer derartigen Politik sind jeweils sämtliche Umstände des Einzelfalls zu berücksichtigen."

beherrschten vorgelagerten Markt so hoch ansetzt, dass die Wettbewerber auf dem nachgelagerten Markt nicht kostendeckend arbeiten können.[154]

Da Art. 102 AEUV auch im Anwendungsbereich des sektorspezifischen Regulierungsrechts uneingeschränkt gilt, soweit die Normadressaten trotz der Regulierung über ausreichende Handlungsspielräume verfügen, müssen sie die verbindlichen Vorgaben sowohl des Regulierungs- als auch des Kartellrechts erfüllen.[155] In der Literatur wird daraus konsequent gefolgert, dass dazu auch gehöre, „ggf. eine abweichende Festsetzung von Preisen durch die Regulierungsbehörde zu beantragen, wenn dies erforderlich ist, um eine Kosten-Preis-Schere abzustellen oder wenigstens abzumildern."[156] In Betracht kommt insoweit auch, dass die betroffenen Unternehmen ihre Preise selbst ändern können, wie es dem Selbständigkeitspostulat entspricht.[157] Dies ist jedenfalls für Netzentgelte, die im System der Anreizregulierung durch den Netzbetreiber selbst (also nicht durch die Regulierungsbehörde) festgelegt werden, zu bejahen.

---

[154] Siehe EuGH v. 17. 2. 2011 – Rs. C-52/09, Slg. 2011, I-0000, 1. Leitsatz = EuZW 2011, 339 – TeliaSonera Sverige.

[155] Zum Nebeneinander von Kartell- und Regulierungsrecht bei Kosten-Preis-Scheren siehe *Brand*, in: Frankfurter Kommentar, Art. 102 AEUV Missbräuchliche Ausnutzung Rn. 346: „Für die Kosten-Preis-Schere bedeutet dies, dass sie tatbestandlich nicht etwa ausgeschlossen ist, wenn eine Regulierungsbehörde einen oder mehrere Preise festsetzt, die in den Vergleich einbezogen werden. Maßgebliches Kriterium für die Anwendbarkeit des Art. 102 neben den Bestimmungen des Regulierungsrechtes ist, ob das vertikal integrierte beherrschende Unternehmen über einen Handlungsspielraum verfügt, seine Preise unbeschadet regulierungsrechtlicher Rechtsvorschriften festzusetzen. (...) Besteht ein solcher Handlungsspielraum, lässt sich nicht einwenden, das Wettbewerbsrecht greife mit dem Tatbestand der Kosen-Preis-Schere auf das Regulierungsrecht über, da die wettbewerbswidrige Preisspanne auch dadurch verursacht sein könne, dass die Regulierungsbehörde die Preise zu hoch festgesetzt habe. Das mag zutreffen. Indes hat das marktbeherrschende Unternehmen kraft seines Handlungsspielraums die Möglichkeit, auf eine Reduktion der Preise hinzuwirken und damit seiner besonderen Verantwortung für den Wettbewerb gerecht zu werden."; siehe weiter *Bulst*, in: Langen/Bunte, Kartellrecht, Bd. 2, Art. 82 EG Rn. 137.

[156] *Fuchs/Möschel*, in: Immenga/Mestmäcker, Art. 102 AEUV Rn. 364; siehe auch *de Bronett*, in: Wiedemann, Handbuch des Kartellrechts, § 22 Rn. 42.

[157] So EuGH v. 14. 10. 2010 – Rs. C-280/08 P, Slg. 2010, I-9555 Rn. 92 = WuW/E EU-R 1779 – Deutsche Telekom/Kommission: „(...) Es steht nämlich fest, dass diese Regulierung der Rechtsmittelführerin keineswegs die Möglichkeit genommen hat, ihre Endkundenentgelte für Endkundenzugangsdienste zu ändern und sich damit auf selbständige, Art. 82 EG unterworfene Weise zu verhalten, wobei die Wettbewerbsvorschriften des EG-Vertrags insoweit im Wege der Ausübung einer nachträglichen Kontrolle den vom Unionsgesetzgeber gesetzten Rechtsrahmen für die Vorabregulierung der Telekommunikationsmärkte ergänzen."

2. Das Verfahren „Gasmarktabschottung durch RWE" der Europäischen Kommission

Die Kosten-Preis-Schere i. S. des Art. 102 AEUV ist in einem Kartellverfahren der Europäischen Kommission gegen *RWE* als Betreiber eines Gasnetzes in Nordrhein-Westfalen praktisch geworden.[158] Die *RWE AG* ist ein deutscher Energieversorgungskonzern mit Sitz in Essen. Es handelte sich zum Zeitpunkt der Entscheidung um ein vollintegriertes Gasunternehmen, dessen Tätigkeit die Förderung und Einfuhr von Erdgas, die Gasübertragung und -speicherung sowie die Gasweiterverteilung und die Endkundenbelieferung umfasste.[159] Die *RWE AG* hatte zwei Tochtergesellschaften, nämlich die *RWE Energy AG* als Versorgungsunternehmen und die *RWE Transportnetz Gas GmbH* („RWE-TSO") als Netzbetreiber. Die Kommission führt in ihrer Verpflichtungsentscheidung betreffend die von *RWE* verlangten Netzzugangsentgelte aus, dass ihre Untersuchung Bedenken im Hinblick auf einen möglichen Missbrauch der marktbeherrschenden Stellung von *RWE* durch eine Preis-Kosten-Schere ergeben hätten. *RWE* habe möglicherweise eine Strategie verfolgt, die darauf abzielte, die Margen von Wettbewerbern bei der nachgelagerten Gasbelieferung zu drücken. Zum Problem der erhöhten Netzzugangstarife stellt die Kommission fest, dass es Hinweise darauf gebe, dass *RWE* gezielt künstlich hohe Übertragungsentgelte festgelegt habe, um die Margen von Wettbewerbern zu drücken. Durch ein derartiges Verhalten werde selbst ein ebenso effizienter Wettbewerber[160] daran gehindert, auf den nachgelagerten Gasbelieferungsmärkten wirksamen Wettbewerb auszuüben. Wettbewerbern bzw. neuen Marktteilnehmern werde es erschwert, in den Markt einzutreten bzw. auf dem Markt zu verbleiben. Im Untersuchungszeitraum habe *RWE* in seinem nachgelagerten Gasvertriebsgeschäft offenbar negative Resultate erzielt. Diese negativen Resultate von *RWE* im nachgelagerten Gasgeschäft kontrastierten mit seinem insgesamt profitablen Gasgeschäft in Deutschland, einschließlich des Netzgeschäfts, wo *RWE* den verfügbaren Beweismitteln zufolge bedeutende jährliche Einnahmen erzielt habe. Die Kosten-

---

[158] Zur Kommissionspraxis, in denen eine Kosten-Preis-Schere Gegenstand war, seit 1975 siehe *Brand*, in: Frankfurter Kommentar, Art. 102 AEUV Missbräuchliche Ausnutzung Rn. 329; zur jüngeren Kommissionspraxis bis 2011 *Fuchs/Möschel*, in: Immenga/Mestmäcker, Art. 102 AEUV Rn. 355; siehe ferner *Scholz/Purps*, JECLAP 2010, Vol. 1, No. 1, p. 37, 41 et seqq.

[159] Kommission v. 18. 3. 2008, COMP/39.402 Rn. 3 – Gasmarktabschottung durch RWE.

[160] Der *as efficient competitor*-Test bzw. *equally efficient competitor*-Test wird erläutert bei *Fuchs/Möschel*, in: Immenga/Mestmäcker, Art. 102 AEUV Rn. 356; *Bulst*, in: Langen/Bunte, Kartellrecht, Bd. 2, Art. 82 EG Rn. 113 f., 363 ff.

Preis-Schere könnte auf die erhöhten Preise für den Zugang zum Übertragungsnetz von *RWE* zurückzuführen sein. *RWE* als vertikal integriertes und marktbeherrschendes Unternehmen mit Kontrolle über das Gasübertragungsnetz habe möglicherweise die Strategie verfolgt, seine eigenen Netzkosten zu erhöhen, um damit höhere Netztarife erheben zu können, und gleichzeitig Maßnahmen getroffen, um seine erhöhten Netzgewinne vor dem Eingriff der Regulierungsbehörden zu schützen.[161]

Des Weiteren identifiziert die Europäische Kommission in derselben Entscheidung sog. asymmetrische Kostenelemente, die Hinweise auf weitere Nachteile für die Wettbewerber von *RWE* enthielten. Sie stellt fest, dass wichtige Elemente der Netztarife sich nur auf Dritte ausgewirkt hätten (d.h. nicht auf das eigene Energieversorgungsunternehmen *RWE Energy*, welches nach den Vorgaben des Energierechts rechtlich und funktionell von der *RWE Transportnetz Gas GmbH* getrennt sein muss). Dies habe zu einer asymmetrischen Wirkung der bereits erhöhten Netzkosten geführt und damit die Wettbewerber auf dem nachgelagerten Markt noch weiter benachteiligt. Betroffen waren insbesondere das *RWE* selbst begünstigende Rabattsystem[162] und ein abschreckendes System für den sog. Bilanzausgleich.[163] Die Kommission hält es für möglich, dass das Rabattsystem von *RWE* die bestehenden Kostennachteile der Wettbewerber auf dem nachgelagerten Belieferungsmarkt weiter verschärft habe. Zwar hätten die Wettbewerber theoretisch in den Genuss der hohen Rabatte kommen können. In der Praxis aber habe fast ausschließlich *RWE* von dem Rabattsystem profitiert, und zwar nicht zuletzt deshalb, weil es für neue Wettbewerber nahezu unmöglich gewesen sei, die erforderlichen langfristigen Kapazitäten einzuhalten.[164] Darüber hinaus bestanden in dem Fall Bedenken der Kommission dahin gehend, dass die von *RWE* in seinen Bilanzkreisen erhobenen Bilanzausgleichsgebühren asymmetrische und nachteilige Auswirkungen auf neue Marktteilnehmer hatten. Während *RWE* selbst aufgrund von Vereinbarungen zwischen *RWE Energy* und dem *RWE-TSO* von der Zahlung von Bilanzausgleichsgebühren befreit gewesen sei, hätten die übrigen Transportkunden im Netz des *RWE-TSO* hohe Strafgebühren entrichten

---

[161] Kommission v. 18. 3. 2008, COMP/39.402 Rn. 29 ff. – Gasmarktabschottung durch RWE.

[162] Zum Problem missbräuchlicher Rabattsysteme siehe außerdem die Urteile des EuGH v. 15. 3. 2007 – Rs. C-95/04 P, Slg. 2007, I-2331 – British Airways; EuGH v. 19. 4. 2012 – C-549/10 P, Slg. 2012, I-0000 = WuW/E EU-R 2323 – Tomra; siehe ferner *Kling/Thomas*, Kartellrecht, § 5 Rn. 109 ff.

[163] Kommission v. 18. 3. 2008, COMP/39.402 Rn. 33 – Gasmarktabschottung durch RWE.

[164] Kommission v. 18. 3. 2008, COMP/39.402 Rn. 34 – Gasmarktabschottung durch RWE.

III. Die Kosten-Preis-Schere und Art. 102 AEUV 79

müssen. Dadurch seien die Wettbewerber möglicherweise davon abgehalten worden, in die nachgelagerten Belieferungsmärkte einzutreten. Die abschreckende Wirkung des Bilanzausgleichssystems für Drittnutzer habe nicht nur aus den tatsächlich zu leistenden hohen „Pönalen" (d.h. den Strafgebühren) im Fall von Unausgewogenheiten bestanden. Vielmehr habe bereits das bloße Risiko von hohen Strafgebühren möglicherweise viele Wettbewerber dazu veranlasst, von Versuchen der Angebotsabgabe an nachgelagerte Kunden Abstand zu nehmen. Das Bilanzausgleichssystem sei daher eine effiziente Abschreckung vom Zugang zum Netz von *RWE* und einer der Hauptgründe für die geringen Marktanteile der Wettbewerber gewesen.[165] Vor diesem Hintergrund gelangt die Kommission hinsichtlich des kostenbezogenen Verhaltens von *RWE* zu der Schlussfolgerung, dass *RWE* mittels erhöhter Netztarife und einer asymmetrischen Kostenstruktur zu Lasten der nachgelagerten Wettbewerber und letztlich auch der Verbraucher möglicherweise die Margen der Wettbewerber auf dem nachgelagerten Markt erodiert habe.[166]

Da in dem Fall nach Ansicht der Kommission die Voraussetzungen der Zwischenstaatlichkeitsklausel erfüllt waren, lag im Ergebnis ein Verstoß gegen Art. 102 AEUV (bzw. Art. 82 EG nach dem damaligen Rechtsstand) vor. Die Entscheidung der Kommission endete insofern mit einem „spektakulären" Ergebnis, als *RWE* eine Verpflichtungszusage gemäß Art. 9 VO 1/2003 abgab, in der sie sich – trotz des bestehenden inhaltlichen Dissenses mit der Kommission – dazu verpflichtete, ihr Gasübertragungsnetz in Deutschland an einen geeigneten Käufer zu verkaufen.[167] Daher rührt die häufige Verwendung der Möglichkeitsform in der Entscheidung. Sie bedeutet nicht, dass die Kommission sich ihrer Einschätzung nicht ganz sicher gewesen wäre, sondern nur, dass es wegen der Abgabe der Verpflichtungszusage durch *RWE* nicht zu einer abschließenden Entscheidung über den Verstoß gegen Art. 102 AEUV bzw. Art. 82 EG kommen konnte.

3. Stellungnahme

Die RWE-Entscheidung der Kommission ist insgesamt und in vielen Einzelaspekten bemerkenswert. Die Bedeutung der Gesamtheit der Netzzu-

---

[165] Kommission v. 18. 3. 2008, COMP/39.402 Rn. 35 – Gasmarktabschottung durch RWE.
[166] Kommission v. 18. 3. 2008, COMP/39.402 Rn. 36 – Gasmarktabschottung durch RWE.
[167] Kommission v. 18. 3. 2008, COMP/39.402 Rn. 38 – Gasmarktabschottung durch RWE, unter 1.: „RWE verkauft sein derzeitiges Gasübertragungsnetz in Deutschland an einen geeigneten Käufer; der Verkauf darf *prima facie* keinen Anlass zu wettbewerbsrechtlichen Bedenken geben. (…)."

gangsbedingungen für den Wettbewerb – und nicht nur der Höhe der Netzzugangsentgelte selbst –[168] werden anhand dieses Verfahrens sehr deutlich.[169] Ohne eine faire Festlegung der Zugangsbedingungen ist das Recht auf freien Netzzugang gemäß § 20 Abs. 1 EnWG letztlich nichts wert.[170] Hier zeigt sich auch eine deutliche Parallele zu der *essential facilities*-Doktrin im Unionskartellrecht, die das gleiche Problem betrifft.[171] Weiter darf aus der Tatsache der Erteilung einer Entgeltgenehmigung durch die Regulierungsbehörde nicht darauf geschlossen werden, dass ein missbräuchliches Verhalten des Netzinhabers schon wegen dieses Umstands nicht vorliegen könne. Einerseits ist es durchaus denkbar, dass der zuständigen Behörde bei ihrer Tätigkeit *ex ante* ein raffiniert gesponnenes Vergü-

---

[168] Die Kommission hatte übrigens in der Zeit der Geltung der sog. Verbändevereinbarungen in Deutschland ungeachtet ihrer grundsätzlich positiven Einschätzung dieser Vereinbarung Bedenken gegen die Kriterien zur Bestimmung der Durchleitungsentgelte geäußert, die im XXVIII. Bericht über die Wettbewerbspolitik 1998, S. 174 f. zusammengefasst sind (abrufbar unter http://ec.europa.eu/competition/publications/annual_report/1998/de.pdf); siehe auch *Meyer-Lindemann*, in: Frankfurter Kommentar, Sonderbereich Energiewirtschaft, Rn. 170.

[169] Zu dem sog. „Marathon-Fall" der Kommission aus dem Jahr 2003 siehe die Pressemitteilung IP/03/1129 v. 29. 7. 2003 sowie die Zusammenfassung bei *Meyer-Lindemann*, in: Frankfurter Kommentar, Sonderbereich Energiewirtschaft, Rn. 153; siehe ferner die Fälle ENI (MEMO 07/187 v. 11. 5. 2007) und EDF (MEMO/07/313 v. 26. 7. 2007). In dem erstgenannten Verfahren war ENI vorgeworfen worden, seinen Wettbewerbern den Zugang zu verfügbaren Transportkapazitäten verweigert (sog. „Kapazitätshortung"), ihnen Kapazitäten in weniger nützlicher Form angeboten („Kapazitätsverschlechterung") und aus strategisch motivierten Gründen Investitionen in das unternehmenseigene internationale Fernleitungsnetz beschränkt zu haben (sog. „strategische Unterinvestition"). Dies konnte nach Ansicht der Kommission nur auf die Absicht zurückgeführt werden, dass ENI sich die Gewinne beim eigenen Gasversorgungsgeschäft in Italien sichern und dazu die Gaseinfuhren von Dritten nach Italien beschränken wollte. Außerdem habe diese Beschränkung des Zugangs von Dritten zu unverzichtbaren Gastransportkapazitäten für die Einfuhren nach Italien möglicherweise den Wettbewerb und die Preise auf den nachgelagerten Gasversorgungsmärkten beeinträchtigt und somit unter Umständen einen Missbrauch nach Artikel 102 AEUV dargestellt. Der Fall wurde durch eine Verpflichtungszusage gemäß Art. 9 VO 1/2003 beendet (COMP/39.315 – ENI, Rn. 61).

[170] Siehe *Säcker/Boesche*, in: Berliner Kommentar, § 20 EnWG Rn. 78; *Säcker/Meinzenbach*, in: Berliner Kommentar, § 21 EnWG Rn. 26. Aus der Möglichkeit des Netzbetreibers, sachwidrige Kostenzuordnungen vorzunehmen, ergibt sich die Gefahr unerwünschter Quersubventionierungen und von Kosten-Preis-Scheren, so zutreffend *Säcker/Meinzenbach*, ebd.

[171] Siehe *Bulst*, in: Langen/Bunte, Kartellrecht, Bd. 2, Art. 82 EG Rn. 309 zur *essential facilities doctrine*: „Dabei kann nicht nur das Horten von Übertragungskapazitäten – also die Verweigerung des Zugangs zu ungenutzten Kapazitäten – missbräuchlich sein, sondern auch die Zugangsgewährung in wenig praktikabler Weise, z.B. durch die Zuweisung unterbrechbarer Kapazitäten (...)."

tungsregime eines Unternehmens mit „gut versteckten Nachteilen" für dessen Konkurrenten mögliche Wettbewerbsverstöße zunächst verborgen bleiben, so dass sie auf entsprechende Hinweise der Wettbewerber angewiesen wäre. Andererseits erfordert Art. 102 AEUV kein Handeln in wettbewerbsschädlicher Absicht.[172] Wie bereits dargelegt, ist der Missbrauchsbegriff des Kartellrechts ein objektiver Begriff,[173] der ein Handeln des marktbeherrschenden Unternehmens auch „ohne wettbewerbsschädliche Absicht" erfasst, wenn nur der noch bestehende Restwettbewerb durch Mittel geschädigt wird, die außerhalb des normalen Produkt- oder Dienstleistungswettbewerbs stehen.[174] Daher hat der EuGH zu Recht entschieden, dass „die Absicht, einen Leistungswettbewerb zu führen, ... wenn sie denn bestanden haben sollte, nicht belegen [kann], dass es keinen Missbrauch gab". Das Vorliegen einer wettbewerbswidrigen Absicht sei vielmehr „nur einer der zahlreichen tatsächlichen Umstände, die berücksichtigt werden können, um einen Missbrauch einer beherrschenden Stellung festzustellen". Dafür genügt es, dass die betreffende Verhaltensweise objektiv darauf ausgerichtet ist, den Wettbewerb zu beschränken.[175]

4. Keine schematische Anwendung ökonometrischer Methoden bei der Feststellung eines Missbrauchs im Sinne des Art. 102 AEUV

Die Fallanalyse offenbart, dass eine schematische Anwendung ökonometrischer Methoden bei der Konkretisierung des Missbrauchsbegriffs des Art. 102 AEUV nicht zielführend wäre.[176] Anderenfalls müsste aus dem Um-

---

[172] *de Bronett*, in: Wiedemann, Handbuch des Kartellrechts, § 22 Rn. 42.

[173] Ständige Rechtsprechung des EuGH seit dem Urteil in der Rs. Hoffmann-La Roche v. 13. 2. 1979 – Rs. 85/76, Slg. 1979, 461 Rn. 91, siehe aus neuerer Zeit z.B. EuGH v. 19. 4. 2012 – C-549/10 P, Slg. 2012, I-0000 Rn. 17 = WuW/E EU-R 2323 – Tomra; EuGH v. 17. 2. 2011 – Rs. C-52/09, Slg. 2011, I-0000 Rn. 27 = EuZW 2011, 339 – TeliaSonera Sverige; EuGH v. 14. 10. 2010 – Rs. C-280/08 P, Slg. 2010, I-9555 Rn. 174 m.w.N. = WuW/E EU-R 1779 – Deutsche Telekom/Kommission; siehe dazu auch *Bulst*, in: Langen/Bunte, Kartellrecht, Bd. 2, Art. 82 EG Rn. 118 f. m.w.N.; *de Bronett*, in: Wiedemann, Handbuch des Kartellrechts, § 22 Rn. 42.; eine davon etwas abweichende Interpretation der Hoffmann-La Roche-Rechtsprechung findet sich bei *Eilmannsberger*, in: Münchener Kommentar Wettbewerbsrecht, Art. 82 EG Rn. 150 f.

[174] Ständige Rechtsprechung des EuGH, siehe z.B. EuGH v. 27. 3. 2012 – Rs. C-209/10, Slg. 2012, I-0000 Rn. 24 = WuW/E EU-R 2297 – Post Danmark/Konkurrenceradet m.w.N.; EuGH v. 3. 7. 1991 – Rs. C-62/86, Slg. 1991, I-3359 Rn. 69 – AKZO/Kommission; siehe auch *Kling/Thomas*, Kartellrecht, § 5 Rn. 61.

[175] Vgl. dazu auch EuGH v. 19. 4. 2012 – C-549/10 P, Slg. 2012, I-0000 Rn. 68 = WuW/E EU-R 2323 – Tomra.

[176] Vgl. dazu neuerdings auch EuGH v. 27. 3. 2012 – Rs. C-209/10, Slg. 2012, I-0000 Rn. 31 ff. = WuW/E EU-R 2297 – Post Danmark/Konkurrenceradet (zu den Begriffen „inkrementelle Kosten" und „durchschnittliche Gesamtkosten"); grundlegend zur Be-

stand der Entgeltgenehmigung, die auf der Anwendung solcher komplexer Methoden beruht, darauf geschlossen werden können, dass ein Fall des Art. 102 AEUV praktisch so gut wie nie gegeben sein könnte. Das wäre jedoch nicht richtig, weil eine rein kostenbezogene Betrachtungsweise den Gesamtkontext und das Zusammenspiel verschiedener, für sich betrachtet möglicherweise wettbewerbsneutraler Verhaltensweisen, nicht ausreichend erfassen kann. Unlängst hat ein namhafter Ökonom in einem Interview mit dem Magazin DER SPIEGEL den aufschlussreichen Satz gesagt: „Zahlen allein bedeuten nichts. (...) Die Wahrheit liegt im Kontext, (...) er lässt sich nicht durch eine Formel zur Geldmenge abbilden."[177] Für die kartellrechtliche Beurteilung des wettbewerblichen Verhaltens eines marktbeherrschenden Unternehmens nach Art. 102 AEUV kann ebensowenig auf eine Gesamtbetrachtung, fußend auf der Analyse der Rechtstatsachen und des wirtschaftlichen Kontext des gesamten Geschehens, verzichtet werden.[178] Die vorgenannten Thesen lassen sich mit der neueren Rechtsprechung des EuGH zur „Niedrigpreispolitik" eines marktbeherrschenden Unternehmens „gegenüber einigen wichtigen ehemaligen Kunden eines Wettbewerbers" stützen, denn diese enthält differenzierte Aussagen zu der Bedeutung verschiedener Kosten für die Beurteilung eines Missbrauchs nach Art. 102 AEUV.[179]

---

rücksichtigung von „variablen Kosten" im Rahmen der Beurteilung eines kartellrechtlichen Missbrauchs EuGH v. 3. 7. 1991 – Rs. C-62/86, Slg. 1991, I-3359, 6. Leitsatz und Rn. 74 – AKZO/Kommission; siehe auch *Bergmann*, WuW 2001, 234, 235 m.w.N.

[177] So der tschechische Wirtschaftswissenschaftler *Tomáš Sedláček* im SPIEGEL Nr. 12/2012 v. 19. 3. 2012, S. 112 (116) auf die Frage: „Die Ökonomie ist ein kulturelles Phänomen, keine Mathematik?" Der zweite Satz der von ihm gegebenen Antwort lautet vollständig: „Die Wahrheit liegt im Kontext, und der ist kulturell, ethisch, gesellschaftlich bestimmt, er lässt sich nicht durch eine Formel zur Geldmenge abbilden."

[178] Insofern ist die sehr allgemeine These der Rechtsprechung, dass es für die Beurteilung eines Missbrauchs i. S. des Art. 102 AEUV auf „sämtliche Umstände des Einzelfalls" ankomme, zutreffend.

[179] Siehe EuGH v. 27. 3. 2012 – Rs. C-209/10, Slg. 2012, I-0000 = WuW/E EU-R 2297, Leitsatz – Post Danmark/Konkurrenceradet: „Art. 82 EG ist dahin auszulegen, dass eine Niedrigpreispolitik, die ein Unternehmen in beherrschender Stellung gegenüber einigen wichtigen ehemaligen Kunden eines Wettbewerbers betreibt, nicht allein deshalb als eine missbräuchliche Verdrängungspraxis anzusehen ist, weil der von diesem Unternehmen gegenüber einem dieser Kunden angewandte Preis zwar unter den durchschnittlichen Gesamtkosten, jedoch über den durchschnittlichen inkrementellen Kosten der fraglichen Tätigkeit liegt, wie sie in dem dem Ausgangsrechtsstreit zugrunde liegenden Verfahren geschätzt wurden. Um zu entscheiden, ob unter Umständen wie denen im Ausgangsverfahren wettbewerbswidrige Auswirkungen vorliegen, ist zu prüfen, ob diese Preispolitik ohne eine objektive Rechtfertigung zu einer tatsächlichen oder wahrscheinlichen Verdrängung dieses Wettbewerbers zum Schaden des Wettbewerbs und damit der Verbraucherinteressen führt."

Mit Blick auf den Kontext des Geschehens ist weiter auch das Zusammenspiel zwischen der marktbeherrschenden Stellung des Normadressaten des Art. 102 AEUV einerseits und dem Merkmal des missbräuchlichen Verhaltens andererseits zu beachten. Zwischen diesen beiden Merkmalen besteht eine besondere Wechselbezüglichkeit, die zur Folge hat, dass deren Prüfung nicht völlig separat voneinander erfolgen kann, indem man sie gleichsam nacheinander „abhakt".[180] Der EuGH lehnt es allerdings ab, dem Ausmaß der Marktmacht im Zusammenhang mit einer Kosten-Preis-Schere Bedeutung beizumessen.[181] Diese Aussage könnte zu Missverständnissen verleiten. Sie bedeutet möglicherweise lediglich, dass es weder einer "superdominance" auf dem vorgelagerten Markt noch einer doppelten Beherrschung sowohl auf dem vorgelagerten als auch auf dem nachgelagerten Markt bedarf.[182] Das ist gewiss richtig, denn die Herbeiführung eines relevanten Verdrängungseffekts auf dem nachgelagerten Markt setzt weder eine besonders starke Beherrschung noch ein „Quasimonopol" hinsichtlich der Vorleistung noch eine bestehende Dominanz auf dem nachgelagerten Markt voraus.[183] Die Besonderheit der Kosten-Preis-Schere besteht gerade darin, dass sie – im Gegensatz zu anderen Missbrauchsformen – ein kombiniertes Marktverhalten in zwei unterschiedlichen, aber vertikal verknüpften Märkten betrifft.[184]

---

[180] *Kling/Thomas*, Kartellrecht, § 18 Rn. 254.
[181] Siehe EuGH v. 17. 2. 2011 – Rs. C-52/09, Slg. 2011, I-0000 Rn. 82 = EuZW 2011, 339, wonach „eine Preispolitik, die auf eine Margenbeschneidung eines Unternehmens hinausläuft, ein Missbrauch einer beherrschenden Stellung sein kann, wenn dieses Unternehmen eine solche Stellung innehat, wobei der Grad der Beherrschung des betreffenden Marktes insoweit grundsätzlich nicht von Bedeutung ist". Allerdings geht der EuGH in der zitierten Entscheidung nach wie vor davon aus, dass marktbeherrschende Unternehmen eine besondere Verantwortung für den Restwettbewerb tragen. Wörtlich heißt es dazu in Rn. 84 des zitierten Urteils: „Der sachliche Anwendungsbereich der besonderen Verantwortung, die ein Unternehmen in beherrschender Stellung trägt, ist daher anhand der spezifischen Umstände des jeweiligen Einzelfalls zu ermitteln, die eine Situation geschwächten Wettbewerbs erkennen lassen (...)." Es ist unbestritten, dass besonders hohe Marktanteile bei Art. 102 AEUV die Stellung des Normadressaten als „unvermeidlicher Handelspartner" (engl. *unavoidable trading partner*) begründen können, was zu einer gesteigerten Verantwortung des marktbeherrschenden Unternehmens für den Restwettbewerb führt.
[182] *Fuchs/Möschel*, in: Immenga/Mestmäcker, Art. 102 AEUV Rn. 359.
[183] *Fuchs/Möschel*, ebd. (Fn. 182).
[184] *Fuchs/Möschel*, ebd. (Fn. 182).

5. Die objektive wirtschaftliche Rechtfertigung im Rahmen von Art. 102 AEUV

Weiter ist die Frage nach den Möglichkeiten einer sachlichen Rechtfertigung eines Verhaltens bei Kosten-Preis-Scheren zu untersuchen. Auch in dieser Fallgruppe des Art. 102 AEUV ist eine „objektive wirtschaftliche Rechtfertigung" (so die Terminologie des EuGH) des Verhaltens des marktbeherrschenden Unternehmens grundsätzlich möglich.[185] Dieses trägt dafür allerdings die Beweislast.[186] Ob eine die Preispolitik, die eine Verdrängung der Wettbewerber bewirken kann, einer sachlichen Rechtfertigung zugänglich ist, muss anhand sämtlicher Umstände des Einzelfalls ermittelt werden.[187] Dabei ist zu untersuchen, ob die aus dem Preisverhalten resultierenden wettbewerbsschädlichen Wirkungen durch Effizienzvorteile ausgeglichen oder sogar übertroffen werden können, die auch dem Verbraucher zugutekommen.[188] Steht die Verdrängungswirkung dieser Politik in keinem Zusammenhang mit Vorteilen für den Markt und die Verbraucher oder geht sie über dasjenige hinaus, was zur Erreichung solcher Vorteile notwendig ist, dann ist sie als missbräuchlich anzusehen.[189]

---

[185] EuGH v. 17. 2. 2011 – Rs. C-52/09, Slg. 2011, I-0000 Rn. 76 = EuZW 2011, 339 – TeliaSonera Sverige; dem folgend *Brand*, in: Frankfurter Kommentar, Art. 102 AEUV Missbräuchliche Ausnutzung Rn. 345; siehe auch EuGH v. 15. 3. 2007 – Rs. C-95/04 P, Slg. 2007, I-2331 Rn. 69 – British Airways/Kommission betreffend Rabatte. Danach ist zu ermitteln, ob für die gewährten Rabatte oder Prämien eine objektive wirtschaftliche Rechtfertigung besteht. Denn ist es einem Unternehmen gestattet, nachzuweisen, dass seine Prämienregelung mit Verdrängungswirkung wirtschaftlich gerechtfertigt ist; siehe ferner *Fuchs/Möschel*, in: Immenga/Mestmäcker, Art. 102 AEUV Rn. 361 sowie *Bulst*, in: Langen/Bunte, Kartellrecht, Bd. 2, Art. 82 EG Rn. 142, der diesem Rechtfertigungsgrund nur eine geringe praktische Bedeutung beimisst, was angesichts der neueren Rechtsprechung zweifelhaft geworden ist.

[186] *Brand*, in: Frankfurter Kommentar, Art. 102 AEUV Missbräuchliche Ausnutzung Rn. 345; kritisch zur Beweislastverteilung bei dieser Fallgruppe *Bergmann*, WuW 2001, 234, 244.

[187] EuGH v. 17. 2. 2011 – Rs. C-52/09, Slg. 2011, I-0000 Rn. 76 = EuZW 2011, 339 – TeliaSonera Sverige.

[188] EuGH v. 17. 2. 2011 – Rs. C-52/09, Slg. 2011, I-0000 Rn. 76 = EuZW 2011, 339 – TeliaSonera Sverige; EuGH v. 27. 3. 2012 – Rs. C-209/10, Slg. 2012, I-0000 Rn. 41 f. = WuW/E EU-R 2297 – Post Danmark/Konkurrenceradet; ausführlich dazu *Bulst*, in: Langen/Bunte, Kartellrecht, Bd. 2, Art. 82 EG Rn. 144 f., 147 ff.; siehe ferner *de Bronett*, in: Wiedemann, Handbuch des Kartellrechts, § 22 Rn. 46, 87. Die Voraussetzungen der Rechtfertigung durch Effizienzvorteile entsprechen im Wesentlichen den vier Kriterien des Art. 101 Abs. 3 AEUV, siehe *Bulst*, a.a.O. Art. 82 Rn. 149 unter Hinweis auf Kommission, ABl. EU 2009 Nr. C 45, S. 7 Rn. 30.

[189] EuGH v. 17. 2. 2011 – Rs. C-52/09, Slg. 2011, I-0000 Rn. 76 = EuZW 2011, 339 – TeliaSonera Sverige; EuGH v. 15. 3. 2007 – Rs. C-95/04 P, Slg. 2007, I-2331 Rn. 86 – British Airways; *de Bronett*, in: Wiedemann, Handbuch des Kartellrechts, § 22 Rn. 46.

6. Zwischenfazit

Insgesamt gesehen ist die Feststellung eines kartellrechtlichen Missbrauchs gemäß Art. 102 AEUV (unter Einschluss der Untersuchung möglicher Rechtfertigungsgründe) das Ergebnis einer umfassenden Analyse, innerhalb derer die vorhandenen ökonomischen Daten oder allgemeiner gesagt die wirtschaftlichen und rechtlichen Rahmenbedingungen eine größere Rolle spielen. Der „juristische Feinschliff" und der eigentliche juristische Wertungsakt werden dadurch allerdings nicht entbehrlich. Das gilt auch für die Fallgruppe der Kosten-Preis-Schere, die sich mit einer ausschließlich ökonometrischen Betrachtung nicht sinnvoll bewältigen lässt. *Säcker* folgend, kann man daher sagen: „Was angemessen oder unangemessen ist, bestimmen die Juristen nach ihren Gerechtigkeitskriterien."[190] Allerdings sind bei den Kartellämtern nicht zufällig sowohl Ökonomen als auch Juristen in etwa vergleichbarer Zahl vertreten – die Expertise beider Disziplinen, Ökonomie und Rechtswissenschaft, ist für die korrekte Entscheidungsfindung im Kartellrecht längst unverzichtbar geworden. Weder das „begriffsjuristische Denken" noch die bloße „Herrschaft der Zahlen" (sprich: ein rein kostenbezogener Ansatz) wird für sich genommen den Anforderungen an eine moderne kartellrechtliche Analyse gerecht. Vielmehr sind die Erkenntnisse beider Disziplinen sinnvoll zu verbinden und für die kartellrechtliche Analyse jenseits einer rein einzelfallbezogenen Betrachtung fruchtbar zu machen. Denn es ist nicht allein das Ziel der Rechtswissenschaften, sondern auch das Ziel des Einsatzes ökonomischen Denkens, justiziable Regeln zu entwickeln, die über den Einzelfall hinausweisen.[191]

---

[190] Siehe *Säcker*, N&R 2009, 78, 79.
[191] So zu Recht *Inderst/Schwalbe*, ZWeR 2009, 65, 84: „Ziel des Einsatzes ökonomischen Denkens ... soll die Entwicklung justiziabler Regeln sein, die es dann erlauben, Entscheidungen zu fällen, die zu geringen Fehlern erster und zweiter Art führen, auch ohne eine für jeden Einzelfall ja gar nicht praktikable Detailanalyse durchzuführen. Solche Regeln sind ökonomisch sinnvoll, methodisch gerechtfertigt und kommen der Anwendungspraxis nahe." Die Autoren plädieren bezüglich der Beurteilung von Rabatten für einen „form-based screen", der sich sowohl auf die antikompetitiven als auch auf die prokompetitiven Effekte und Begründungen beziehen soll (a.a.O., S. 82 ff.).

3. Kapitel

Die energierechtliche Entgeltkontrolle

I. Grundlagen

Im Zuge der zweiten Energierechtsnovelle von 2004/05 wurden die zentralen Regelungen betreffend den Netzzugang und die Regelung der Entgelte in den §§ 20 ff. EnWG eingeführt.[1] Die Details dazu finden sich in vier parallel zum EnWG erarbeiteten Rechtsverordnungen (genauer: in zwei Rechtsverordnungen betreffend den Zugang zum Netz, nämlich der StromNZV[2] und der GasNZV[3], und in zwei Rechtsverordnungen betreffend die Entgelte für den Netzzugang, der StromNEV[4] und der GasNEV[5]).

Die genannten Rechtsverordnungen der Bundesregierung fußen auf der Verordnungsermächtigung in § 24 Satz 1 EnWG. Sie beruhen außerdem auf Mindestvorgaben in den EG-Beschleunigungsrichtlinien von 2003.[6]

---

[1] *Braun*, in: Langen/Bunte, Kartellrecht, Bd. 1, Anhang z. 5. Abschn. Sonderbereich Energiewirtschaft, Rn. 33.

[2] Verordnung über den Zugang zu Elektrizitätsversorgungsnetzen (Stromnetzzugangsverordnung - StromNZV) v. 25. 7. 2005, BGBl. I S. 2243, zuletzt geändert durch Art. 3 der Verordnung v. 30. 4. 2012, BGBl. I S. 1002.

[3] Verordnung über den Zugang zu Gasversorgungsnetzen (Gasnetzzugangsverordnung - GasNZV) v. 25. 7. 2005, BGBl. I S. 1261, zuletzt geändert durch Art. 4 der Verordnung v. 30. 4. 2012, BGBl. I S. 1002.

[4] Verordnung über die Entgelte für den Zugang zu Elektrizitätsversorgungsnetzen (Stromnetzentgeltverordnung - StromNEV) v. 25. 7. 2005, BGBl. I S. 2225, zuletzt geändert durch Art. 4 des Gesetzes v. 28. 7. 2011, BGBl. I S. 1690.

[5] Verordnung über die Entgelte für den Zugang zu Gasversorgungsnetzen (Gasnetzentgeltverordnung - GasNEV) v. 25. 7. 2005, BGBl. I S. 2197, zuletzt geändert durch Art. 5 der Verordnung v. 3. 9. 2010, BGBl. I S. 1261; zum Inhalt siehe *de Wyl/Thole*, in: Schneider/Theobald, Recht der Energiewirtschaft, § 16 Rn. 272 ff.

[6] Die sog. Elektrizitätsbinnenmarkt-Richtlinie 2003/54/EG v. 26. 6. 2003, ABl. EG 2003 Nr. L 176, S. 36 und die sog. Erdgasbinnenmarkt-Richtlinie 2003/55/EG v. 26. 6. 2003, ABl. EG 2003 Nr. L 176, S. 57; siehe ferner *Braun*, in: Langen/Bunte, Kartellrecht, Bd. 1, Anhang z. 5. Abschn. Sonderbereich Energiewirtschaft, Rn. 181; *Olbricht*, Netzzugang, S. 278 f.; weitere Nachweise oben Fn. 3.

II. Die Missbrauchsaufsicht durch die Regulierungsbehörde

1. Der Missbrauchstatbestand des § 30 EnWG

a) Überblick

Seit dem 13. Juli 2005 finden sich in § 30 EnWG die entscheidenden Regelungen zur regulierungsbehördlichen Missbrauchsaufsicht gegenüber den Betreibern von Energieversorgungsnetzen.[7] Diese Vorschrift hat ihre Wurzeln in europarechtlichen Vorgaben, denn mit ihr wurden die Vorgaben in Art. 23 Abs. 8 der Elektrizitätsbinnenmarkt-Richtlinie 2003[8] und Art. 25 Abs. 8 der Gasbinnenmarkt-Richtlinie 2003[9] – inzwischen ersetzt durch Art. 37 Abs. 13 Elektrizitätsbinnenmarkt-Richtlinie 2009[10] und Art. 41 Abs. 13 Gasbinnenmarkt-Richtlinie 2009[11] – umgesetzt.[12] Die nachträgliche Missbrauchsaufsicht bezweckt in erster Linie die Einhaltung der Vorschriften über die Netzregulierung, also der Abschnitte 2 und 3 des Gesetzes (§§ 17 – 28a EnWG), zu gewährleisten.[13] § 30 EnWG dient außerdem den in § 1 EnWG formulierten Regulierungszielen und ist dementsprechend mit Blick auf diese Ziele auszulegen. Es geht vor allem um die Ziele des unverfälschten, wirksamen Wettbewerbs (d.h. den Wettbewerb auf den

---

[7] Normadressaten sind ausschließlich die Betreiber von Energieversorgungsnetzen gemäß § 3 Nr. 4 EnWG.
[8] Richtlinie 2003/54/EG des Europäischen Parlaments und des Rates v. 26. 6. 2003 über gemeinsame Vorschriften für den Elektrizitätsbinnenmarkt und zur Aufhebung der Richtlinie 96/92/EG, ABl. EU Nr. 176, S. 37 v. 15. 7. 2003. Die Vorschrift lautet „Die Mitgliedstaaten schaffen geeignete und wirksame Mechanismen für die Regulierung, die Kontrolle und die Sicherstellung von Transparenz, um den Missbrauch einer marktbeherrschenden Stellung zum Nachteil insbesondere der Verbraucher sowie Verdrängungspraktiken zu verhindern. Die Mechanismen tragen den Bestimmungen des Vertrags, insbesondere Artikel 82, Rechnung."
[9] Richtlinie 2003/55/EG des Europäischen Parlaments und des Rates vom 26. 6. 2003 über gemeinsame Vorschriften für den Erdgasbinnenmarkt und zur Aufhebung der Richtlinie 98/30/EG, ABl. EG Nr. L 176, S. 57 v. 15. 7. 2003. Die Vorschrift ist wortgleich mit Art. 23 Abs. 8 der Elektrizitätsrichtlinie 2003 (Text siehe die vorige Fußnote).
[10] Richtlinie 2009/72/EG des Europäischen Parlaments und des Rates v. 13. 7. 2009 über gemeinsame Vorschriften für den Elektrizitätsbinnenmarkt und zur Aufhebung der Richtlinie 2003/54/EG, ABl. EU Nr. L 211, S. 55 v. 14. 8. 2009 (gegenüber der Vorgängerbestimmung unverändert).
[11] Richtlinie 2009/73/EG des Europäischen Parlaments und des Rates v. 13. 7. 2009 über gemeinsame Vorschriften für den Erdgasbinnenmarkt und zur Aufhebung der Richtlinie 2003/55/EG, ABl. EU Nr. L 211, S. 94 v. 14. 8. 2009 (gegenüber der Vorgängerbestimmung unverändert).
[12] Siehe dazu auch *Weyer*, in: Berliner Kommentar, § 30 EnWG Rn. 8.
[13] *Weyer*, in: Berliner Kommentar, § 30 EnWG Rn. 2.

dem Netzbereich vor- und nachgelagerten Märkten)[14], die Versorgungszuverlässigkeit und die Versorgungssicherheit.[15]

aa) Die Generalklausel des § 30 Abs. 1 Satz 1 EnWG

Gemäß der Generalklausel des § 30 Abs. 1 Satz 1 EnWG ist den Betreibern von Energieversorgungsnetzen der Missbrauch ihrer Marktstellung verboten. Der Gesetzgeber der Energierechtsnovelle von 2004/05 hat sich bei der Schaffung des § 30 EnWG stark an den materiellen Wertungen der §§ 19, 20 GWB (in der Fassung der 7. GWB-Novelle von 2005) orientiert,[16] deren Anwendbarkeit auf missbräuchliche Verhaltensweisen beim Netzanschluss und Netzzugang wie dargelegt durch § 111 Abs. 1 Satz 1 EnWG ausgeschlossen wurde.[17] Ungeachtet des kartellrechtlichen Ursprungs lassen sich im Detail allerdings zahlreiche Abweichungen der einzelnen Regelungen in § 30 EnWG von den kartellrechtlichen Missbrauchstatbeständen identifizieren. Diese Unterschiede tragen den Besonderheiten und den Zwecksetzungen des Energierechts Rechnung, was wiederum der Zielsetzung einer „verbesserten" Missbrauchskontrolle in diesem Sektor entspricht.[18] Das wird beispielsweise daran deutlich, dass § 30 EnWG nicht voraussetzt, dass der Netzbetreiber eine marktbeherrschende Stellung besitzt,[19] denn deren Vorliegen wird bei Netzbetreibern als den Inhabern natürlicher Monopole „quasi unwiderleglich vermutet".[20] Außerdem wird in § 30 EnWG auf das Merkmal „gleichartigen Unternehmen üblicherweise zugänglicher Geschäftsverkehr" verzichtet, das in § 20 GWB normiert ist.[21] Schließlich sind die §§ 19, 20 GWB vor allem mit Blick auf die auf die Freiheit des Wettbewerbs gerichtete Zielsetzung des GWB auszulegen, mit

---

[14] *Weyer*, in: Berliner Kommentar, § 30 EnWG Rn. 3.
[15] *Weyer*, in: Berliner Kommentar, § 30 EnWG Rn. 2.
[16] *Peters*, Rechtsschutz Dritter, S. 121; *Weyer*, in: Berliner Kommentar, § 30 EnWG Rn. 7, 29.
[17] *Weyer*, in: Berliner Kommentar, § 30 EnWG Rn. 45.
[18] Siehe *Weyer*, N&R 2007, 14, 15, 21.
[19] Siehe *Olbricht*, Netzzugang, S. 352: „Dahinter steht der Gedanke, dass jedes Netz für sich einen eigenen, nicht austauschbaren Markt darstellt, und Betreiber von Energieversorgungsnetzen somit in der Regel marktbeherrschend sind. Damit ist die Eingriffsschwelle formal niedriger als im GWB. In der Realität dürfte die Voraussetzung der Marktbeherrschung zumindest bei den Betreibern der Verteilernetze wegen deren natürlichen Monopols in der Regel gegeben sein."; siehe auch *Weyer*, in: Berliner Kommentar, § 30 EnWG Rn. 21: „Letztlich liegt aber auch § 30 Abs. 1 S. 1 die Vorstellung zugrunde, dass die Stellung als Netzbetreiber eine Machtstellung vermittelt, die in aller Regel einer marktbeherrschenden Stellung gleichkommt."
[20] *Salje*, EnWG, 2006, § 30 Rn. 8.
[21] *Weyer*, in: Berliner Kommentar, § 30 EnWG Rn. 7.

der Folge, dass die Interpretation des kartellrechtlichen Missbrauchsbegriffs sich grundsätzlich „an den Ordnungsprinzipien einer Wettbewerbswirtschaft"[22]zu orientieren hat. Andere grundsätzlich anerkennenswerte Zielsetzungen, wie sie etwa § 1 Abs. 1, 2 EnWG[23] enthält, spielen im Kartellrecht eine geringere Rolle als das Hauptziel Wettbewerb. Bei der Auslegung des § 30 Abs. 1 EnWG und dessen modifizierten Missbrauchsbegriffs[24] sind „außerwettbewerbliche Zielsetzungen"[25] – wie z.B. der Aspekt der Versorgungssicherheit[26] und -zuverlässigkeit – viel bedeutsamer als im Wettbewerbsrecht.[27] Das OLG Düsseldorf hat beispielsweise in einem Fall eine Legalausnahme vom Kartellverbot gemäß Art. 101 Abs. 3 AEUV unter dem Gesichtspunkt der Versorgungssicherheit abgelehnt.[28] Ungeachtet der hier nicht abschließend genannten Unterschiede im Detail bilden die §§ 19, 20 GWB gleichwohl einen wichtigen Bezugspunkt für die Interpretation des regulatorischen Missbrauchsbegriffs in § 30 EnWG.[29]

Die Termini „Ausbeutungsmissbrauch", „Behinderungsmissbrauch" und „Strukturmissbrauch"[30], die im Bereich des Kartellrechts seit langem etabliert sind, werden zwar auch im Zusammenhang mit § 30 EnWG verwendet. Allerdings wirkt sich die Festlegung der Regulierungsziele in § 1 Abs.

---

[22] Zutreffend *Weyer*, N&R 2007, 14, 15; *ders.*, in: Berliner Kommentar, § 30 EnWG Rn. 31.

[23] § 1 EnWG lautet: „(1) Zweck des Gesetzes ist eine möglichst sichere, preisgünstige, verbraucherfreundliche, effiziente und umweltverträgliche leitungsgebundene Versorgung der Allgemeinheit mit Elektrizität und Gas, die zunehmend auf erneuerbaren Energien beruht.
(2) Die Regulierung der Elektrizitäts- und Gasversorgungsnetze dient den Zielen der Sicherstellung eines wirksamen und unverfälschten Wettbewerbs bei der Versorgung mit Elektrizität und Gas und der Sicherung eines langfristig angelegten leistungsfähigen und zuverlässigen Betriebs von Energieversorgungsnetzen.
(3) Zweck dieses Gesetzes ist ferner die Umsetzung und Durchführung des Europäischen Gemeinschaftsrechts auf dem Gebiet der leitungsgebundenen Energieversorgung."

[24] *Weyer*, in: Berliner Kommentar, § 30 EnWG Rn. 33.

[25] *Weyer*, N&R 2007, 15, 17; *ders.*, in: Berliner Kommentar, § 30 EnWG Rn. 42 f. zu Bedeutung des Zielekanons des § 1 Abs. 1 und 2 EnWG siehe auch *dens.*, in: Berliner Kommentar, § 30 EnWG Rn. 35.

[26] Zur Gewährleistung der Versorgungssicherheit in der Europäischen Union siehe im Übrigen *Lecheler/Recknagel*, in: Dauses, Handbuch des EU-Wirtschaftsrechts, Abschnitt M. Energierecht, Rn. 200 ff., 218 ff.

[27] Siehe *Schreiber*, Zusammenspiel der Regulierungsinstrumente, S. 57, 186 ff.

[28] So OLG Düsseldorf v. 4. 10. 2007 – VI-2 Kart 1/06 (V), WuW/E DE-R 2197 Rn. 130; dem folgend *Schreiber*, Zusammenspiel der Regulierungsinstrumente, S. 188.

[29] So überzeugend *Weyer*, in: Berliner Kommentar, § 30 EnWG Rn. 29.

[30] Wobei die Marktstrukturkontrolle im Sinne der Fusionskontrolle und sub specie der §§ 19, 20 GWB den Kartellbehörden obliegt (Umkehrschluss aus § 111 Abs. 1 EnWG), siehe *Salje*, EnWG, § 30 Rn. 11.

1, 2 EnWG auf die Auslegung des § 30 EnWG aus.[31] Diese ist gemäß § 1 Abs. 2 EnWG unter anderem an der Sicherstellung eines wirksamen und unverfälschten Wettbewerbs bei der Versorgung mit Elektrizität und Gas und der Sicherung eines langfristig angelegten leistungsfähigen und zuverlässigen Betriebs von Energieversorgungsnetzen auszurichten – insofern besteht also kein fundamentaler Unterschied zur Auslegung des GWB.[32] Darüber hinaus ist gemäß § 1 Abs. 1 EnWG der Zielekanon einer möglichst sicheren, preisgünstigen, verbraucherfreundlichen, effizienten und umweltverträglichen Versorgung der Allgemeinheit mit Elektrizität und Gas zu beachten.[33] Die große Bedeutung des Aspekts der Versorgungssicherheit im Energiebereich ist in jüngerer Zeit praktisch relevant geworden, als durch die plötzliche Abschaltung der Atomkraftwerke nach der Reaktorkatastrophe von Fukushima und die Umstellung auf alternative Energieträger erhebliche Schwankungen und Versorgungsengpässe im deutschen Stromnetz zu verzeichnen waren, denen man u.a. mit Stromzu-

---

[31] Die dort genannten Ziele stehen zueinander in einem „Spannungsverhältnis", siehe *Ruge*, in: Schneider/Theobald, Recht der Energiewirtschaft, § 18 Rn. 7. So kann beispielsweise die Zielsetzung einer sicheren und umweltverträglichen Energieversorgung in einen offensichtlichen Widerspruch zum Ziel der preisgünstigen und effizienten Energieversorgung geraten (so *Ruge*, ebd.); zum „Pentagon der normativen Ziele" des § 1 EnWG siehe im Einzelnen *Säcker/Timmermann*, in: Berliner Kommentar zum Energierecht, § 1 EnWG Rn. 1 ff.; zum Verhältnis von Umweltverträglichkeit zur Preiswürdigkeit siehe a.a.O., Rn. 12.

[32] Nach *Ruge*, in: Schneider/Theobald, Recht der Energiewirtschaft, § 18 Rn. 8 handelt es sich bei dem Schutzziel Wettbewerb um ein „Oberziel" und nicht um ein „Unterziel". Demgegenüber geht *Salje*, EnWG, § 1 Rn. 69 von einer Gleichrangigkeit der Zielsetzungen von § 1 Abs. 1, 2 EnWG aus. Von einer Gleichrangigkeit innerhalb des „Pentagons der Ziele" gehen auch *Säcker/Timmermann*, in: Berliner Kommentar, § 1 EnWG Rn. 11 aus, die ebenda zugleich betonen, „dass marktwirtschaftlichen Instrumenten grundsätzlich Vorrang zukommt". Die Frage nach einer Hierarchie der Ziele des § 1 EnWG bedarf hier keiner Entscheidung, da sie für die im Text erörterten Fragestellungen keine entscheidende Bedeutung besitzt. Es sollte allerdings klar sein, dass der Wettbewerbsgedanke für die Schaffung des Systems der Anreizregulierung von so großer Bedeutung war, dass man bei der Regelung des § 1 Abs. 2 EnWG von einem besonders wichtigen Schutzziel sprechen muss, das nicht als marginale Zielsetzung hinter dem Aspekt der Versorgungssicherheit zurückzutreten hätte. Das folgt schon daraus, dass die regulierte Entgeltbestimmung nach den Grundsätzen des § 21 EnWG in Umsetzung europarechtlicher Vorgaben der Öffnung des Netzzugangs für Dritte und damit der Förderung des Wettbewerbs dient, wie BVerfG v. 21. 12. 2009 – ZNER 2010, 160 Rn. 38 = RdE 2010, 92 zutreffend feststellt.

[33] *Säcker/Timmermann*, in: Berliner Kommentar, § 1 EnWG Rn. 3 bezeichnen die Sicherung der Energieversorgung als „eines der ranghöchsten Güter der Union, weil ohne sichere Energieversorgung modernes Leben überhaupt nicht mehr vorstellbar ist"; kritisch zu Zielepluralität der energiepolitischen Strategie 2020 der Kommission und insbesondere zum Ziel der Effizienz *Haucap/Coenen*, Festschrift für Säcker, S. 721, 727 ff.

käufen aus dem Ausland begegnen musste.[34] In diesem Zusammenhang gibt es offensichtlich mittelfristig erhebliche Schwierigkeiten bei dem notwendigen Ausbau der Energienetze.[35] Hinzu kommt, dass man im Anwendungsbereich des § 30 EnWG durchweg mit natürlichen Monopolen zu tun hat, so dass sich dieser Sektor signifikant von echten Wettbewerbswirtschaften unterscheidet, was wie gezeigt u.a. darin resultiert, dass für § 30 EnWG die Feststellung einer marktbeherrschenden Stellung nicht erforderlich ist sowie darin, dass das für das GWB unbestrittene Vergleichsmarktkonzept im Bereich der Energiewirtschaft allenfalls eingeschränkte Tauglichkeit besitzt.[36]

bb) Die Regelbeispiele des § 30 Abs. 1 Satz 2 EnWG

§ 30 Abs. 1 Satz 2 EnWG enthält sechs Regelbeispiele, die keineswegs zufällig deutliche strukturelle und inhaltliche Parallelen zu den §§ 19, 20 GWB aufweisen.[37]

(1) § 30 Abs. 1 Satz 2 Nr. 1 EnWG

Nach dem zentralen Regelbeispiel[38] des § 30 Abs. 1 Satz 2 Nr. 1 EnWG stellt jeder Verstoß gegen die Abschnitte 2 und 3 der auf Grund dieser Be-

---

[34] Siehe z.B. den Artikel „Bundesnetzagentur warnt vor Versorgungslücken", FOCUS v. 1. 7. 2011, abrufbar unter http://www.focus.de/immobilien/energiesparen/energiewende-bundesnetzagentur-warnt-vor-versorgungsluecken_aid_641967.html. In diesem Artikel wird der Präsident der BNetzA, *Matthias Kurth*, mit dem Satz zitiert: „Das Netz ist nach der Abschaltung von acht Kernkraftwerken deutlich instabiler geworden, der Zustand ist nicht optimal."; siehe weiter den Artikel „Das Stromnetz wird instabil / Die Energiewende stellt die Netzbetreiber vor große Probleme. Sie kommen mit dem Bau neuer Leitungen kaum voran und warnen vor Stromausfällen" im Handelsblatt v. 22. 1. 2012, abrufbar unter http://www.handelsblatt.com/unternehmen/industrie/energiewende-das-stromnetz-wird-instabil/6089692.html; siehe ferner den „Bericht zum Zustand der leitungsgebundenen Energieversorgung im Winter 2011712" der Bundesnetzagentur v. 3. 5. 2012, abrufbar unter http://www.bundesnetzagentur.de/SharedDocs/Downloads/DE/BNetzA/Presse/Berichte/2012/NetzBericht_ZustandWinter11_12pdf.pdf?__blob=publicationFile und den diesbezüglichen Artikel in der Süddeutschen Zeitung v. 17. 5. 2012, abrufbar unter http://www.sueddeutsche.de/politik/roettgens-schweres-erbe-altmaier-muss-die-wende-bringen-1.1359714.
[35] Siehe dazu den Artikel „Probleme beim Netzausbau alarmieren Experten", FOCUS v. 24. 11. 2011, abrufbar unter http://www.focus.de/politik/deutschland/tid-24276/energiewende-probleme-beim-netzausbau-alarmieren-experten_aid_687593.html zu den aktuellen Problemen bei Windkraftanlagen; sowie den Artikel in der Süddeutsche Zeitung v. 17. 5. 2012 (Fn. 35).
[36] So auch *Weyer*, N&R 2007, 15, 16.
[37] Siehe die Begründung zu § 30, BT-Drucks. 15/3917 v. 14. 10. 2004, S. 63.

stimmung erlassenen Verordnungen einen Missbrauch dar. Dies betrifft die Regelungen über den Netzanschluss (siehe § 17 bis § 19 EnWG)[39] und den Netzzugang (siehe § 20 bis § 28a EnWG)[40]. Ein Missbrauch im Sinne dieser Vorschrift ist gegeben, wenn sich der Netzbetreiber rechtswidrig weigert, dem Petenten Netzzugang zu gewähren,[41] wenn er sich weigert, einen Netznutzungsvertrag abzuschließen, oder wenn er den Abschluss eines Anschlussnutzungsvertrags mit einem Kunden unter Berufung auf einen vermeintlichen Verweigerungsgrund verhindert.[42] Sie gilt allerdings nicht für *ex ante* genehmigte Zugangsentgelte (siehe § 21a, § 23a EnWG).[43] § 30 Abs. 1 Satz 2 Nr. 1 EnWG erfasst auch Rechtsverstöße, an die man bei unbefangener Lektüre zunächst vielleicht nicht denkt. Nach der Rechtsprechung des OLG Düsseldorf liegt ein Missbrauch gemäß § 30 Abs. 1 Satz 2 Nr. 1 EnWG beispielsweise auch dann vor, wenn der Netzbetreiber den gemäß § 23a EnWG erforderlichen Entgeltgenehmigungsantrag nicht rechtzeitig gestellt hat (d.h. sechs Monate vor dem Zeitpunkt, zu dem die Entgelte wirksam werden sollen, siehe § 23a Abs. 3 Satz 1 EnWG).[44]

---

[38] *Peters*, Rechtsschutz Dritter, S. 124 attestiert dem § 30 Abs. 1 Satz 2 Nr. 1 EnWG sowohl große Wichtigkeit als auch große Praxisrelevanz. *Weyer*, in: Berliner Kommentar, § 30 EnWG Rn. 48 stellt dazu fest, dass diese Vorschrift im Gesamtsystem der regulatorischen Missbrauchskontrolle „umso größere Bedeutung zu[kommt], je detaillierter die normative Regelung ist, die die fragliche Verhaltensweise des Netzbetreibers gefunden hat". Die Vorschrift könne insbesondere für diejenigen Verhaltensweisen Bedeutung gewinnen, deren Zulässigkeit im Rechtsverordnungen auf Grundlage der Vorschriften der Abschnitte 2 und 3 (§§ 17 – 28a EnWG) näher geregelt worden sei, d.h. im Bereich der Netzentgelte, des Netzzugangs, des Netzanschlusses in Niederspannung und Niederdruck, des Kraftwerksnetzanschlusses sowie des Messstellenbetriebs und der Messung.
[39] Bei den Vorschriften über den Netzzugang geht es um die Herstellung einer Verbindung des Hausanschlusses mit dem jeweiligen Energieversorgungsnetz.
[40] Die Vorschriften über den Netzzugang betreffen den Transport von Energie über ein Energieversorgungsnetz.
[41] Weite Fälle des Missbrauchs beim Netzzugang sind z.B. die Verletzung der Pflicht zur Zusammenarbeit gemäß § 20 Abs. 1 Satz 2, § 20 Abs. 1a Satz 4, § 21 Abs. 1b Satz 5 EnWG und die Ausgestaltung der Bedingungen für den Netzzugang gemäß § 20 Abs. 1m § 21 Abs. 1 Satz 1, siehe im Einzelnen mit weiteren Beispielen *Robert*, in: Britz/Hellermann/Hermes, EnWG, § 30 Rn. 19.
[42] *Säcker/Boesche*, in: Berliner Kommentar, § 20 EnWG Rn. 46.
[43] *Robert*, in: Britz/Hellermann/Hermes, EnWG, § 30 Rn. 19; *Säcker/Boesche*, ebd. (Fn. 42).
[44] OLG Düsseldorf v. 28. 11. 2007 – VI-3 Kart 441/06 (V), offenbar unveröffentlicht; bei dem nachgehenden Beschluss des BGH v. 8. 6. 2010 – EnVR 11/08 handelt es sich um einen Kostenbeschluss, der keine inhaltliche Auseinandersetzung mit der Entscheidung der Vorinstanz enthält.

(2) Die weiteren Regelbeispiele in § 30 Abs. 1 Satz 2 Nr. 2 bis Nr. 6 EnWG

Die Nummern 2 bis 6 des § 30 Abs. 1 Satz 2 EnWG betreffen „die unterschiedlichsten Missbrauchskonstellationen"[45], die auch aus dem Kartellrecht bekannt sind.[46] Es handelt sich um den Behinderungsmissbrauch (Nr. 2), die horizontale Diskriminierung (Nr. 3), die vertikale Diskriminierung (Nr. 4), den Ausbeutungsmissbrauch (Nr. 5) sowie den Strukturmissbrauch (Nr. 6). Den Regelbeispielen des § 30 Abs. 1 Satz 2 EnWG und den denkbaren Varianten des Missbrauchs und der Diskriminierung kann hier nicht in allen Einzelheiten nachgegangen werden. Stattdessen soll entsprechend der entgeltbezogenen Themenstellung vor allem untersucht werden, inwieweit sie missbräuchliche Verhaltensweisen im Zusammenhang mit dem Netzzugang und den Zugangsentgelten erfassen. Von den genannten Bestimmungen betreffen gleich drei – nämlich die Nr. 4, Nr. 5 und Nr. 6 – konkrete Einzelaspekte im Hinblick auf missbräuchliche Entgelte und Geschäftsbedingungen.

(3) Der Behinderungsmissbrauch gemäß § 30 Abs. 1 Satz 2 Nr. 2 EnWG

Gemäß § 30 Abs. 1 Satz 2 Nr. 2 EnWG liegt ein Missbrauch vor, wenn ein Betreiber von Energieversorgungsnetzen andere Unternehmen unmittelbar oder mittelbar unbillig behindert oder deren Wettbewerbsmöglichkeiten ohne sachlich gerechtfertigten Grund erheblich beeinträchtigt. Diese Vorschrift regelt den Behinderungsmissbrauch. Beide Tatbestandsalternativen sind einheitlich auszulegen.[47] *Behinderung* in diesem Sinne ist jede Maßnahme, die sich nachteilig auf die Wettbewerbsmöglichkeiten anderer Unternehmen auf dem Markt auswirkt oder eine solche nachteilige Auswirkung erwarten lässt.[48] *Unbilligkeit* liegt vor (bzw. ein sachlicher Grund für die Rechtfertigung des Verhaltens fehlt), wenn aufgrund einer Interessenabwägung unter Berücksichtigung der in den §§ 17 ff., 20 ff. EnWG zum Ausdruck kommenden Wertvorstellungen das Verhalten des Netzbetreibers als mit den in § 1 EnWG formulierten Zielsetzungen des Gesetzes unvereinbar erscheint.[49] Die Vorschrift gilt auch für Innovationsmärkte, d.h. sie setzt nicht voraus, dass sich ein in ihrem Sinne missbräuchliches

---

[45] *Robert*, in: Britz/Hellermann/Hermes, EnWG, § 30 Rn. 2.
[46] *Weyer*, N&R 2007, 14, 17 spricht treffend von „den kartellrechtsnahen Beispielstatbeständen der Nummern 2 bis 6".
[47] *Weyer*, in: Berliner Kommentar, § 30 EnWG Rn. 56.
[48] *Weyer*, in: Berliner Kommentar, § 30 EnWG Rn. 57, 60 (mit zutreffendem Hinweis auf die Parallele zu Art. 102 AEUV); vgl. auch *Salje*, EnWG, § 30 Rn. 19.
[49] *Salje*, EnWG, § 30 Rn. 21.

Verhalten auf einem existierenden Markt, auf dem bereits mehrere Unternehmen tätig sind, ausgewirkt hat.[50]

§ 30 Abs. 1 Satz 2 Nr. 2 EnWG erfasst insbesondere Verhaltensweisen des Netzbetreibers, die den Netzanschluss oder den Netzzugang erschweren.[51] Die Rechtsprechung hat diese Vorschrift beispielsweise auf überhöhte Konzessionsabgaben angewandt.[52] Das Bundeskartellamt hatte in einem Fall auf den § 19 Abs. 4 Nr. 1 GWB abgestellt und einen diesbezüglichen Wettbewerbsverstoß festgestellt. Das OLG Düsseldorf widersprach dem und sah allein § 30 Abs. 1 Satz 2 Nr. 2 EnWG als einschlägig an.[53] In dem Fall hatte der Netzbetreiber seine Stellung durch erhöhte Konzessionsabgaben missbraucht und dadurch die Wettbewerbsmöglichkeiten anderer Unternehmen auf dem nachgelagerten Markt für die Versorgung von Endkunden mit Gas in diesem Versorgungsgebiet in einer für den Wettbewerb auf dem Markt erheblichen Weise ohne sachlich gerechtfertigten Grund beeinträchtigt.[54] Das Tatbestandsmerkmal der Beeinträchtigung „in einer für den Wettbewerb auf dem Markt erhebliche Weise" ist nicht im Sinne einer Spürbarkeitsschwelle zu verstehen, sondern es betrifft einen strukturellen Gesichtspunkt.[55] Wäre Ersteres der Fall, dann könnten die Netzbetreiber als marktmächtige Unternehmen die Wettbewerbsmöglichkeiten anderer Unternehmen ohne sachlichen Grund beeinträchtigen, solange die Beeinträchtigung (noch) nicht erheblich ist.[56] Das ergibt keinen vernünfti-

---

[50] *Olbricht*, Netzzugang, S. 354.

[51] *Weyer*, in: Berliner Kommentar, § 30 EnWG Rn. 65. Der Verfasser benennt als Beispiele Nachweisanforderungen (Verträge, Vollmachten, etc.) und die Verweigerung bestimmter Unterstützungshandlungen zugunsten des Netzkunden.

[52] OLG Düsseldorf v. 19. 10. 2011 – VI-3 Kart 1/11 (V), ZNER 2011, 623 Rn. 59 ff. = RdE 2012, 65.

[53] Siehe dazu schon oben IV. 2. a).

[54] OLG Düsseldorf v. 19. 10. 2011 – VI-3 Kart 1/11 (V), ZNER 2011, 623 Rn. 60 = RdE 2012, 65. Das OLG stellt (a.a.O., Rn. 91) fest, dass eine Kostendifferenz von 0,58 ct/kWh bei der Lieferung von Gas für Kochen und Warmwasser 1/6 und eine solche von 0,24 ct/kWh bei der Lieferung von Heizgas 1/15 und damit einen erheblichen Teil der Marge ausmache. Ein solcher unberechtigter Kostenanteil sei „ohne weiteres geeignet, Wettbewerber aus dem Markt für die Versorgung von Haushaltskunden in X. zu drängen oder potentielle Wettbewerber von einem Markteintritt abzuhalten, also die Marktmacht der Betroffenen zu erhalten, wenn nicht sogar noch zu verstärken." (a.a.O., Rn. 91). Das Verhalten erfülle daher den Tatbestand des "raising rivals' costs" (ebd.).

[55] OLG Düsseldorf v. 19. 10. 2011 – VI-3 Kart 1/11 (V), ZNER 2011, 623 Rn. 86 = RdE 2012, 65. Dort führt der Senat aus, dass dieses Tatbestandsmerkmal die Auswirkungen der Verhaltensweise auf die Funktionsfähigkeit des Wettbewerbs auf dem Markt insgesamt in den Blick nehme und damit über den Schutz einzelner Unternehmen auf einen „Marktschutz" abziele.

[56] OLG Düsseldorf v. 19. 10. 2011 – VI-3 Kart 1/11 (V), ZNER 2011, 623 Rn. 86 = RdE 2012, 65.

gen Sinn. Deshalb ist es erforderlich, dass die Kartell- und Regulierungsbehörden präventiv gegen derartige Maßnahmen von Netzbetreibern vorgehen können. § 30 Abs. 1 Satz 2 Nr. 2 EnWG „kommt daher nicht erst zur Anwendung, wenn andere Unternehmen tatsächlich Nachteile durch die beanstandete Verhaltensweise erlitten haben, sondern bereits dann, wenn das Verhalten nach Art und Ausmaß eine weitere Verschlechterung der Wettbewerbsbedingungen für andere Unternehmen als naheliegend erscheinen lässt (...). Ausreichend ist auch hier, dass die Einschränkung oder Verfälschung des Wettbewerbs einen potenziellen Wettbewerber betrifft".[57] Bei § 30 Abs. 1 Satz 2 Nr. 2 EnWG handelt es sich demnach „um einen Gefährdungstatbestand, der schon erfüllt ist, wenn ein bestimmtes Verhalten erfahrungsgemäß zu Risiken für den Wettbewerb führt."[58] Das Ausscheiden einzelner Wettbewerber aus dem Markt oder entscheidende Marktanteilsverluste sind dafür nicht Voraussetzung.[59] Die Regelung gilt sowohl für Verhaltensweisen auf dem beherrschten Markt als auch für solche auf Drittmärkten.[60] Im Ergebnis war es in dem genannten Beispielsfall des OLG Düsseldorf übrigens unschädlich, dass das Bundeskartellamt mit § 19 Abs. 4 Nr. 1 GWB die falsche Rechtsgrundlage angewandt hatte. Das Gericht begründete dies damit, dass der Missbrauchstatbestand des § 30 Abs. 1 Satz 2 Nr. 2 EnWG dem des § 19 Abs. 4 Nr. 1 GWB entspreche und dass sich auch die Rechtsfolgen eines Behinderungsmissbrauchs nicht unterschieden. Einer auf § 30 EnWG gestützten Verfügung seien daher weder andere Tatsachen zugrundezulegen noch komme ihr ein anderer Regelungsgehalt zu.[61] Das Beispiel macht deutlich, dass der Ausschluss der §§ 19, 20 und § 29 GWB durch den § 111 Abs. 1 Satz 1 EnWG nicht zu Rechtsschutzlücken führt, sondern dass die in § 30 EnWG in weitestgehender Parallelität zu den kartellrechtlichen Missbrauchs- und Behinderungsverboten getroffenen Regelungen der Bildung von Rechtsschutzlücken effektiv entgegenwirken. Dabei kann in erheblichem Maße auf die

---

[57] OLG Düsseldorf v. 19. 10. 2011 – VI-3 Kart 1/11 (V), ZNER 2011, 623 Rn. 87 m.w.N. = RdE 2012, 65.
[58] OLG Düsseldorf v. 19. 10. 2011 – VI-3 Kart 1/11 (V), ZNER 2011, 623 Rn. 86 = RdE 2012, 65.
[59] OLG Düsseldorf v. 19. 10. 2011 – VI-3 Kart 1/11 (V), ZNER 2011, 623 Rn. 86 = RdE 2012, 65.
[60] OLG Düsseldorf v. 19. 10. 2011 – VI-3 Kart 1/11 (V), ZNER 2011, 623 Rn. 86 m.w.N. = RdE 2012, 65.
[61] OLG Düsseldorf v. 19. 10. 2011 – VI-3 Kart 1/11 (V), ZNER 2011, 623 Rn. 97 = RdE 2012, 65.

einschlägige kartellrechtliche Rechtsprechung und Literatur zurückgegriffen werden.[62]

(4) Das Verbot externer Diskriminierung gemäß § 30 Abs. 1 Satz 2 Nr. 3 EnWG

Gemäß § 30 Abs. 2 Satz 1 Nr. 3 EnWG liegt ein Missbrauch vor, wenn ein Betreiber von Energieversorgungsnetzen andere Unternehmen gegenüber gleichartigen Unternehmen ohne sachlich gerechtfertigten Grund erheblich beeinträchtigt. Die Vorschrift statuiert ein horizontales externes Diskriminierungsverbot, das dem § 20 Abs. 1, 2. Alt. GWB nachgebildet ist.[63] „Extern" ist das Diskriminierungsverbot insofern, als es um die unterschiedliche Behandlung von Unternehmen geht, die auf der gleichen Wirtschaftsstufe stehen,[64] und die mit dem Netzbetreiber in keiner gesellschaftsrechtlichen Verbindung[65] stehen. Wie im Kartellrecht, kann die unterschiedliche Behandlung gleichartiger Unternehmen beispielsweise Preise und Konditionen betreffen, d.h. auf der Einräumung von Sondervorteilen gegenüber einem Unternehmen beruhen. Wegen der Einzelheiten kann auf die Rechtsprechung zu § 20 Abs. 1, 2. Alt. GWB verwiesen werden.[66] Eine nach § 20 Abs. 1 GWB verbotene Diskriminierung liegt nach der Rechtsprechung des BGH nur dann vor, wenn sich die beanstandete Ungleichbehandlung nachteilig auf die Wettbewerbsposition des anspruchstellenden Unternehmens auswirkt, da sich diese Vorschrift nicht gegen jede Ungleichbehandlung als solche richtet.[67] Die sachliche Rechtfertigung einer Ungleichbehandlung vollzieht sich ganz ähnlich wie im Kartellrecht im

---

[62] Vgl. auch *Salje*, EnWG, § 30 Rn. 4, demzufolge „mit Vorsicht" auf die Erläuterungen zu § 19 Abs. 4 und § 20 Abs. 1 GWB zurückgegriffen werden kann.
[63] *Robert*, in: Britz/Hellermann/Hermes, EnWG, § 30 Rn. 25; BT-Drucks. 15/3917 v. 14. 10. 2004, S. 63 (jeweils ohne Hinweis auf die 2. Alt.).
[64] *Robert*, in: Britz/Hellermann/Hermes, EnWG, § 30 Rn. 27; siehe auch *Weyer*, in: Berliner Kommentar, § 30 EnWG Rn. 73. Auf der gleichen Wirtschaftsstufe stehen z.B. Hersteller, Großhändler, Einzelhändler und gewerbliche Verbraucher, während das für Letztverbraucher und Weiterverteiler von Elektrizität zutreffend verneint wird (so *Weyer*, ebd.). Ob man die Gleichartigkeit weiter als bei § 20 Abs. 1, 2. Alt. GWB interpretieren sollte, wie *Weyer*, in: Berliner Kommentar, § 30 EnWG Rn. 75 auch für die Bereiche außerhalb der kostenorientierten Entgeltbildung und der Anreizregulierung vorschlägt, muss hier offen bleiben.
[65] Denn diesen Fall der Bevorteilung verbundener Unternehmen durch den Netzbetreiber regelt § 30 Abs. 1 Satz 2 Nr. 4 EnWG, dazu sogleich unter (2.5.).
[66] Siehe z.B. BGH v. 13. 4. 2004 – KZR 40/02, BGHZ 160, 67 = WUW/E DE-R 1329 – Standard-Spundfass II.
[67] BGH v. 24. 10. 2011 – KZR 7/10, WuW/E DE-R 3446 = GRUR 2012, 84 Rn. 32 m.w.N. – Grossistenkündigung.

Wege einer Gesamtabwägung der beteiligten Interessen, allerdings unter Berücksichtigung der Regulierungsziele des § 1 EnWG.[68]

(5) Das Verbot interner Diskriminierung gemäß § 30 Abs. 1 Satz 2 Nr. 4 EnWG

Gemäß § 30 Abs. 1 Satz 2 Nr. 4 EnWG liegt ein Missbrauch vor, wenn ein Betreiber von Energieversorgungsnetzen sich selbst oder einem mit ihm i. S von § 3 Nr. 38 EnWG verbundenen Unternehmen[69] den Zugang zu seinen intern genutzten oder am Markt angebotenen Waren und Leistungen zu günstigeren Bedingungen oder Entgelten ermöglicht, als er sie anderen Unternehmen bei der Nutzung der Waren und Leistungen oder mit diesen in Zusammenhang stehenden Waren oder gewerblichen Leistungen einräumt, sofern der Betreiber des Energieversorgungsnetzes nicht nachweist, dass die Einräumung ungünstigerer Bedingungen sachlich gerechtfertigt ist. Es handelt sich um ein Verbot der sog. „internen" Diskriminierung,[70] das den damals geltenden §§ 6, 6a EnWG 1998 (nach dem sog. Modell des verhandelten Netzzugangs)[71] entsprach und weiter auch in § 17 Abs. 1 und § 21 Abs. 1 EnWG geregelt wurde.[72] Der Zweck der Vorschrift, mit der die Vorgaben der EG-Beschleunigungsrichtlinien umgesetzt wurden,[73] besteht darin, die unternehmensinterne Begünstigung von vertikal integrierten Unternehmen i. S. von § 3 Nr. 38 EnWG zu bekämpfen und andere Unternehmen den Tochter- und Schwesterunternehmen des Netzbetreibers

---

[68] Näher dazu *Weyer*, in: Berliner Kommentar, § 30 EnWG Rn. 79 ff. unter Benennung folgender Rechtfertigungsaspekte: Verursachungsgerechtigkeit der Kostenzuordnung im Rahmen der kostenorientierten Entgeltbildung, unterschiedliche Wettbewerbssituation oder Interessenlage (eingeschränkt berücksichtigungsfähig), unterschiedlicher Nutzen für verschiedene Geschäftspartner und deren unterschiedliche Wechselbereitschaft, mögliche Wettbewerbsausgesetztheit des Netzbetreibers, Situation des jeweiligen Kunden wie etwa dessen fehlende Kreditwürdigkeit bzw. Zahlungsrückstände.

[69] Zum Begriff des verbundenen Unternehmens siehe *Weyer*, in: Berliner Kommentar, § 30 EnWG Rn. 89 ff. unter Rückgriff auf die Kriterien von Art. 3 Abs. 2 der VO (EG) Nr. 139/2004 (Fusionskontrollverordnung).

[70] *Weyer*, in: Berliner Kommentar, § 30 EnWG Rn. 85.

[71] Siehe dazu *Säcker*, in: Berliner Kommentar, EnWG Einl. A. Rn. 10; *Olbricht*, Netzzugang, S. 156 ff.; *Theobald/Hummel/Gussone/Feller*, Anreizregulierung, S. 13 ff. Dieser deutsche Sonderweg des „verhandelten Netzzugangs" wurde dadurch abgeschafft, dass die Elektrizitätsrichtlinie 2003/54/EG in Kapitel VII und die Gasrichtlinie 2003/55/EG in Kapitel VI die Organisation des Netzzugangs und den Netznutzung einem staatlichen Regulierungssystem unterstellte, siehe *Lecheler/Recknagel*, in: Dauses, Handbuch des EU-Wirtschaftsrechts, Abschnitt M. Energierecht, Rn. 92, 97.

[72] Siehe BT-Drucks. 15/3917 v. 14. 10. 2004, S. 63.

[73] *Weyer*, in: Berliner Kommentar, § 30 EnWG Rn. 85 a.E.

gleichzustellen.⁷⁴ Die Vorschrift erfordert einen Vergleich der Bedingungen und Entgelte, die der Netzbetreiber den jeweiligen Unternehmen für den Zugang zu seinen Waren oder Leistungen einräumt, mit den Bedingungen und Entgelten für die „anderen Unternehmen". Die Vergleiche sind für die einzelnen Bedingungen und Entgelte einzeln durchzuführen, nicht etwa für Leistungsbündel insgesamt.⁷⁵ Eine interne Diskriminierung liegt vor, wenn die betreffende Bedingung oder das betreffende Entgelt formal an die Eigenschaft als verbundenes Unternehmen anknüpft, und weiter dann, wenn die abweichende Behandlung vor allem „andere Unternehmen" nachteilig trifft und deren Wettbewerbschancen beeinträchtigt.⁷⁶ Im Hinblick auf die bestehende Möglichkeit einer sachlichen Rechtfertigung der Einräumung „ungünstigerer Bedingungen" gilt das zu § 30 Abs. 1 Satz 2 Nr. 3 EnWG Gesagte entsprechend.⁷⁷

(6) Der Ausbeutungsmissbrauch gemäß § 30 Abs. 1 Satz 2 Nr. 5 EnWG

Gemäß § 30 Abs. 1 Satz 2 Nr. 5 EnWG liegt ein Missbrauch vor, wenn ein Betreiber von Energieversorgungsnetzen ohne sachlich gerechtfertigten Grund Entgelte oder sonstige Geschäftsbedingungen für den Netzzugang fordert, die von denjenigen abweichen, die sich bei wirksamem Wettbewerb mit hoher Wahrscheinlichkeit ergeben würden; hierbei sind insbesondere die Verhaltensweisen von Unternehmen auf vergleichbaren Märkten und die Ergebnisse von Vergleichsverfahren nach § 21 EnWG zu berücksichtigen.

Auf den ersten Blick könnte § 30 Abs. 1 Satz 2 Nr. 5 EnWG eine besondere Bedeutung für die rechtliche Bewältigung missbräuchlicher Zugangsentgelte des Netzbetreibers zukommen. Die Vorschrift entspricht nämlich funktional dem kartellrechtlichen Ausbeutungsmissbrauch gemäß § 19 Abs. 4 Nr. 2 GWB.⁷⁸ Der Anwendungsbereich des § 30 Abs. 1 Satz 2

---

⁷⁴ *Robert*, in: Britz/Hellermann/Hermes, EnWG, § 30 Rn. 35; siehe auch *Salje*, EnWG, § 30 Rn. 26; *Peters*, Rechtsschutz Dritter, S. 128; *Weyer*, in: Berliner Kommentar, § 30 EnWG Rn. 85.
⁷⁵ Siehe *Weyer*, in: Berliner Kommentar, § 30 EnWG Rn. 95, 97, der sich auf der Grundlage einer „formalen Betrachtung" konsequent auch gegen eine „Verrechnung" unterschiedlicher Bedingungen, d.h. gegen den Ausgleich einer Schlechterstellung bei einzelnen Bedingungen durch eine günstigere Gestaltung im Übrigen ausspricht.
⁷⁶ *Weyer*, in: Berliner Kommentar, § 30 EnWG Rn. 99.
⁷⁷ *Weyer*, in: Berliner Kommentar, § 30 EnWG Rn. 100.
⁷⁸ BT-Drucks. 15/3917 v. 14. 10. 2004, S. 63; *Robert*, in: Britz/Hellermann/Hermes, EnWG, § 30 Rn. 37; *Weyer*, in: Berliner Kommentar, § 30 EnWG Rn. 102; siehe auch *Haus/Jansen*, ZWeR 2006, 77, 95 f., die aus der strukturellen Parallelität folgern, dass damit ein „Einfallstor" für die Kriterien des BGH bei dem kartellrechtlichen Preismissbrauch auch im EnWG bestehe und dass die Rechtsprechung des BGH zum Vergleichs-

Nr. 5 EnWG ist allerdings tatsächlich gering, weil die genehmigten Entgelte (§ 23a EnWG) und die im Rahmen der Anreizregulierung nach § 21a EnWG bestimmten Erlösobergrenzen als sachlich gerechtfertigt gelten. Entgelte, die die Obergrenzen einer dem betroffenen Unternehmen erteilten Genehmigung nach § 23a EnWG nicht überschreiten, und im Falle der Durchführung einer Anreizregulierung nach § 21a EnWG Entgelte, die für das betroffene Unternehmen für eine Regulierungsperiode vorgegebene Obergrenzen nicht überschreiten, gelten danach als sachlich gerechtfertigt.[79], wie die sog. Rechtfertigungsfiktion[80] in Halbsatz 3 der Vorschrift verdeutlicht.[81] Abgesehen von dem in § 30 Abs. 1 Satz 3 EnWG normierten Ausnahmefall[82] kommt eine Missbrauchskontrolle nach § 30 Abs. 1 Satz 2 Nr. 5 EnWG nicht in Betracht. Da dieses Regelbeispiel zudem in einem „Spezialitätsverhältnis" zu der „Generalklausel" des § 30 Abs. 1 Satz 2 Nr. 1 EnWG steht, ist eine nachträgliche Missbrauchskontrolle genehmigter Entgelte nach allen Tatbeständen des § 30 Abs. 1 Satz 2 EnWG ausgeschlossen.[83]

Nach Ablauf der Befristung bzw. nach dem Widerruf einer Genehmigung greift die genannte Rechtfertigungsfiktion allerdings nicht (mehr) ein.[84] In diesem Fall ist zu untersuchen, ob die betreffenden Entgelte bei wirksamem Wettbewerb durchsetzbar wären.[85] Entsprechendes gilt auch für die vor der erstmaligen Entgeltgenehmigung verlangten Netzzugangsentgelte.[86]

§ 30 Abs. 1 Satz 2 Nr. 5 EnWG sperrt im Übrigen nicht die Missbrauchsaufsicht über die sonstigen Geschäftsbedingungen (d.h. den Kondi-

---

marktprinzip und der Beachtlichkeit objektiver Strukturmerkmale weiterhin Beachtung finden werde, weil § 24 StromNEV nicht abschließend sei.

[79] Zur Frage der sachlichen Rechtfertigung siehe noch *Olbricht*, Netzzugang, S. 355 f.

[80] *Weyer*, N&R 2007, 14, 19.

[81] Siehe dazu auch – eher beiläufig – BGH v. 3. 3. 2009 – EnVR 79/07, N&R 2009, 260 Rn. 17 = RdE 2010, 19, 262; siehe weiter *Robert*, in: Britz/Hellermann/Hermes, EnWG, § 30 Rn. 6, 19, 38; *Weyer*, N&R 2007, 14, 19; ders., in: Berliner Kommentar, § 30 EnWG Rn. 109; *Salje*, EnWG, § 30 Rn. 31.

[82] Nach dieser Vorschrift gilt § 30 Abs. 1 Satz 2 Nr. 5 EnWG auch für Netze, in denen nach einer Rechtsverordnung gemäß § 24 Satz 2 Nr. 5 EnWG vom Grundsatz der Kostenorientierung abgewichen wird. § 30 Abs. 1 Satz 2 Nr. 5 EnWG hat deshalb vor allem dort Bedeutung, wo eine kostenorientierte Entgeltbildung bzw. Anreizregulierung nicht stattfindet, siehe *Weyer*, in: Berliner Kommentar, § 30 EnWG Rn. 100. Dies gilt vor allem für überregionale Fernleitungsnetzbetreiber (vgl. § 24 Satz 2 Nr. 5 EnWG, § 3 Abs. 2, 3 § 19 GasNEV) sowie für neue Infrastrukturen (vgl. § 28a EnWG), siehe *Weyer*, ebd.

[83] Überzeugend *Robert*, in: Britz/Hellermann/Hermes, EnWG, § 30 Rn. 6 a.E.

[84] *Weyer*, N&R 2007, 14, 19; ders., in: Berliner Kommentar, § 30 Rn. 31.

[85] *Peters*, Rechtsschutz Dritter, S. 130.

[86] *Weyer*, in: Berliner Kommentar, § 30 EnWG Rn. 111.

tionenmissbrauch), wie beispielsweise Sicherungsleistungen und Vorauszahlungen, das Verlangen von Baukostenzuschüssen, Haftungsausschlüssen, Kündigungsfristen usw.[87] Für die Feststellung eines Missbrauchs ist im Rahmen einer Gesamtabwägung zu untersuchen, ob die betreffenden Bedingungen bei wirksamem Wettbewerb ebenfalls durchsetzbar wären.[88] Insoweit erweist sich die Anwendung des Vergleichsmarktkonzepts abermals als problematisch,[89] zumal bei der Beurteilung des Konditionenmissbrauchs nicht auf das Vergleichsverfahren gemäß § 21 EnWG rekurriert werden kann, weil in diesem Rahmen nur Netzentgelte, Erlöse und Kosten miteinander verglichen werden.[90] Die Anwendung des Vergleichsmarktkonzepts kann schon daran scheitern, dass bestimmte Geschäftsbedingungen von anderen Marktteilnehmern gar nicht verwendet werden.[91] Es ist zwar nicht Voraussetzung, dass alle Marktteilnehmer gleichartige Konditionen verwenden, aber je größer die Unterschiede in den miteinander zu vergleichenden „Leistungsbündeln" sind, desto schwerer ist die Frage zu beantworten, wie eine wettbewerbsanaloge Ausgestaltung der Geschäftsbedingungen auszusehen hätte.[92] Mit Recht wird deshalb die Praktikabilität dieses Ansatzes in der Literatur in Zweifel gezogen.[93] Wenig praktikabel erscheint zudem auch das sog. Konzept der fiktiven Wettbewerbskonditionen.[94] Man wird deshalb wohl auch in Zukunft auf eine konkrete „differentialdiagnostische Betrachtungsweise" bei der Beurteilung missbräuchlicher Geschäftsbedingungen nicht verzichten können.

(7) Der Strukturmissbrauch gemäß § 30 Abs. 1 Satz 2 Nr. 6 EnWG

Gemäß § 30 Abs. 1 Satz 2 Nr. 6 EnWG liegt ein Missbrauch vor, wenn ein Betreiber von Energieversorgungsnetzen ungünstigere Entgelte oder sonstige Geschäftsbedingungen fordert, als er sie selbst auf vergleichbaren Märkten von gleichartigen Abnehmern fordert, es sei denn, dass der Unterschied sachlich gerechtfertigt ist. Diese Vorschrift entspricht funktional dem § 19 Abs. 4 Nr. 3 GWB.[95] Der Strukturmissbrauch unterscheidet sich

---

[87] *Robert*, in: Britz/Hellermann/Hermes, EnWG, § 30 Rn. 38.
[88] *Peters*, Rechtsschutz Dritter, S. 130.
[89] Siehe *Weyer*, in: Berliner Kommentar, § 30 EnWG Rn. 123; *Robert*, in: Britz/Hellermann/Hermes, EnWG, § 30 Rn. 40; *Fuchs/Möschel*, in: Immenga/Mestmäcker, Art. 102 AEUV Rn. 186.
[90] *Robert*, in: Britz/Hellermann/Hermes, EnWG, § 30 Rn. 40 a.E.
[91] *Weyer*, in: Berliner Kommentar, § 30 EnWG Rn. 123.
[92] *Weyer*, ebd. (Fn. 91),
[93] So ausdrücklich *Weyer*, in: Berliner Kommentar, § 30 EnWG Rn. 123.
[94] Immerhin erwogen von *Weyer*, in: Berliner Kommentar, § 30 EnWG Rn. 124.
[95] Siehe auch BT-Drucks. 15/3917 v. 14. 10. 2004, S. 63; *Weyer*, in: Berliner Kommentar, § 30 EnWG Rn. 125.

102   3. Kapitel: Die energierechtliche Entgeltkontrolle

vom Ausbeutungsmissbrauch vor allem dadurch, dass nicht auf einen Wettbewerb auf einem Vergleichsmarkt abgestellt wird, sondern das eigene Verhalten des Unternehmens auf vergleichbaren Märkten zum Maßstab für die Feststellungen ungerechtfertigter Preisdifferenzierungen erhoben wird.[96] Nach der Definition im Kartellrecht liegt ein Preisstrukturmissbrauch vor, wenn die Preispolitik eines Herstellers für verschiedene Waren oder Abnehmer in sich widersprüchlich, willkürlich oder sonst nicht sachlich zu rechtfertigen ist (sog. Preisspaltung).[97]

In Bezug auf die sachliche Rechtfertigung kann auf § 20 Abs. 1 GWB und die dazu ergangene Rechtsprechung rekurriert werden.[98] Strukturelle Unterschiede der verglichenen Märkte sind grundsätzlich relevant.[99] Die Rechtfertigung bezieht sich auf den Unterschied der verglichenen Marktergebnisse an sich, nicht aber auf die „absolute" Gestaltung der Entgelte bzw. der Geschäftsbedingungen des Netzbetreibers.[100]

Hinsichtlich der Preisspaltung wird mit Blick auf die Äußerungen des Gesetzgebers der 6. GWB-Novelle zu § 19 Abs. 4 Nr. 3 GWB teilweise eine Missbrauchsvermutung erwogen oder zumindest eine gesteigerte Mitwirkungspflicht bei der Feststellung der Gründe, die eine Preisspaltung sachlich rechtfertigen könnten.[101] Gegen diese Thesen spricht, dass nach der Rechtsprechung des BGH im Fall „Entega" eine Preisspaltung sachlich gerechtfertigt sein kann, wenn ein beherrschendes Unternehmen seine Tä-

---

[96] *Bechtold*, GWB, § 19 Rn. 94; *Peters*, Rechtsschutz Dritter, S. 130.
[97] *Bechtold*, ebd. (Fn. 96); siehe dazu vor allem BGH v. 22. 7. 1999 – KVR 12/98 = BGHZ 142, 239 Rn. 19 = WuW/E DE-R 375, 376 f. – Flugpreisspaltung: „Nach § 19 Abs. 1 GWB ist die mißbräuchliche Ausnutzung einer marktbeherrschenden Stellung verboten. Sie setzt, soweit es um den in § 19 Abs. 4 Nr. 3 GWB eigens geregelten Anwendungsfall der als Ausbeutungsmißbrauch (...) zu qualifizierenden Preisspaltung geht, voraus, daß das betroffene Unternehmen seine starke Stellung zu Lasten der Marktgegenseite in einer Weise ausnutzt, die ihm nur deswegen eröffnet wird, weil es wegen seiner marktbeherrschenden Stellung auf die Interessen seiner Abnehmer keine Rücksicht (...) nehmen muß, vor allem auch keinem durch Wettbewerber verursachten Rationalisierungsdruck ausgesetzt ist. Dieses Unwerturteil (...) ist jedenfalls dann nicht gerechtfertigt, wenn das marktbeherrschende Unternehmen auch bei ordnungsgemäßer Zuordnung der bei ihm entstehenden Kosten und bei Ausschöpfung etwaiger Rationalisierungsreserven (...) lediglich Einnahmen erzielt, die die Selbstkosten nicht decken. Denn auch ein marktbeherrschendes Unternehmen kann im Wege der Preismißbrauchsaufsicht nicht dazu gezwungen werden, entweder seine Leistung zu nicht einmal kostendeckenden Preisen anzubieten oder sich aus dem Wettbewerb gänzlich zurückzuziehen (...)."
[98] Siehe im Einzelnen *Bechtold*, GWB, § 19 Rn. 95.
[99] *Weyer*, in: Berliner Kommentar, § 30 EnWG Rn. 128.
[100] *Weyer*, in: Berliner Kommentar, § 30 EnWG Rn. 129.
[101] So *Weyer*, in: Berliner Kommentar, § 30 EnWG Rn. 130 unter Bezugnahme auf die Stellungnahme des Bundesrates, BT-Drucks. 13/9720, S. 72 f. (unter 3.) und die Gegenäußerung der Bundesregierung, BT-Drucks. 13/9720, S. 79 (unter 3.).

tigkeit auf einen anderen Markt ausdehnen will, auf dem ein erfolgversprechender Marktzutritt anders als durch eine vorübergehende, signifikante Unterbietung des dort vorzufindenden Preisniveaus nicht möglich erscheint, weil funktionierender Wettbewerb auf diesem Markt bisher nicht besteht.[102] Welchen Zeitraum die Marktzutrittsphase umfasst und welche Preisdifferenz gerechtfertigt sein kann, richtet sich nach den Wettbewerbsverhältnissen auf dem Zweitmarkt.[103] Angesichts dieser diffizilen Überlegungen in der höchstrichterlichen Rechtsprechung ist die Annahme einer widerleglichen Vermutung sowie von gesteigerten Mitwirkungspflichten zumindest problematisch.

Den Einzelfragen einer möglichen Rechtfertigung soll hier nicht nachgegangen werden, weil die Vorschrift über den Strukturmissbrauch in § 30 Abs. 1 Satz 2 Nr. 6 EnWG – ebenso wie das Regelbeispiel der Nr. 5 – für die im Wege der *ex ante*-Kontrolle genehmigten Entgelte nicht gilt.[104] Die Vorschrift hat angeblich sogar „praktisch keine selbständige Bedeutung".[105] Soweit die betroffenen Unternehmen die genehmigten Entgelte selbst angreifen möchten, besteht mit § 31 Abs. 1 Satz 3 EnWG ein besonderes Missbrauchsverfahren, mittels dessen man die behördliche Überprüfung dieser Entgelte verlangen kann (dazu sogleich unter b).[106]

cc) Zwischenfazit zu § 30 Abs. 1 EnWG

§ 30 Abs. 1 EnWG ist wie dargelegt strukturell der Missbrauchskontrolle des deutschen Kartellrechts nachgebildet, und zwar sowohl im Hinblick auf die Verbotstatbestände als auch im Hinblick auf die behördlichen Eingriffsbefugnisse.[107] Vor diesem Hintergrund überzeugt es, dass die §§ 19, 20 und § 29 GWB gemäß § 111 Abs. 1 Satz 1 EnWG keine Anwendung mehr finden, so dass eine Doppelkontrolle vermieden wird.[108] Es handelt

---

[102] BGH v. 7. 12. 2010 – KZR 4/10, GRURPrax 2011, 43 Rn. 26 – Entega I; BGH v. 7. 12. 2010 – KZR 5/10, WRP 2011, 257 = WuW/E DE-R 3145 Rn. 26 – Entega II; beide Urteile werden besprochen von *Wiemer/Schultheiß*, ZWeR 2011, 218 ff.; zum Urteil Entega II siehe noch *Büdenbender*, LMK 2011, 313540; *Haus*, N&R 2011, 95 ff.; *Lettl*, WuB V A § 19 GWB 1.11.
[103] BGH v. 7. 12. 2010 – KZR 4/10, GRURPrax 2011, 43 Rn. 29 – Entega I; BGH v. 7. 12. 2010 – KZR 5/10, WRP 2011, 257 = WuW/E DE-R 3145 Rn. 29 – Entega II.
[104] *Robert*, in: Britz/Hellermann/Hermes, EnWG, § 30 Rn. 42.
[105] *Salje*, EnWG, § 30 Rn. 32.
[106] *Robert*, in: Britz/Hellermann/Hermes, EnWG, § 30 Rn. 8.
[107] Der Gesetzgeber hat dazu ausgeführt, dass die Vorschrift „die materiellen Wertungen des Gesetzes gegen Wettbewerbsbeschränkungen in die Missbrauchsaufsicht nach diesem Gesetz [überführt]", BT-Drucks. 15/3917 v. 14. 10. 2004, S. 63. Die strukturelle Parallelität ist also nicht zufällig.
[108] Siehe dazu auch *Robert*, in: Britz/Hellermann/Hermes, EnWG, § 30 Rn. 2.

sich – abgesehen von den *ex ante*-Maßnahmen gemäß § 21a, § 23a und § 29 EnWG, namentlich der durch § 23a EnWG eingeführten Genehmigungspflicht für Netzentgelte[109] – grundsätzlich um eine *ex post*-Kontrolle.[110] Allerdings ist im Bereich des energiewirtschaftsrechtlichen Missbrauchsverbots des § 30 EnWG die marktbeherrschende Stellung *kein* Tatbestandsmerkmal (ebenso wenig wie beim Netzzugangsanspruch nach § 20 EnWG).[111]

Weiter ist zu beachten, dass Verstöße gegen § 30 Abs. 1 Satz 1 und § 30 Abs. 1 Satz 2 Nr. 1 bis Nr. 6 EnWG auch zivilrechtliche Bedeutung erlangen können, und zwar insoweit, als bestimmte Vertragsinhalte gegen § 134 BGB verstoßen können.[112] Die Unwirksamkeit einzelner Vertragsklauseln zieht – wie im Kartellrecht – die problematische Frage nach der Möglichkeit einer geltungserhaltenden Reduktion[113] und nach dem Vorliegen einer salvatorischen Klausel[114] nach sich.

b) Die behördlichen Eingriffsbefugnisse gemäß § 30 Abs. 2 EnWG

Die zulässigen regulierungsbehördlichen Eingriffsbefugnisse ergeben sich aus § 30 Abs. 2 EnWG. Diese Vorschrift ist § 32 GWB nachgebildet. Sie setzt zugleich die – wenig präzise – Forderung in Art. 23 Abs. 8 der Elektrizitätsbinnenmarkt-Richtlinie 2003[115] und Art. 25 Abs. 8 der Gasbinnenmarkt-Richtlinie 2003[116] nach „geeigneten und wirksamen Mechanismen" zur Verhinderung des Missbrauchs einer marktbeherrschenden Stellung um.[117] Gemäß § 30 Abs. 2 Satz 1 EnWG kann die Regulierungsbehörde einen Betreiber von Energieversorgungsnetzen, der seine Stellung missbräuchlich ausnutzt, dazu verpflichten, die Zuwiderhandlung gegen Absatz 1 abzustellen (sog. Abstellungsverfügung).[118] Dabei hat die Behörde den Bestimmtheitsgrundsatz des § 37 Abs. 1 VwVfG zu beachten.[119] Es gilt

---

[109] Siehe dazu im Einzelnen *Robert*, in: Britz/Hellermann/Hermes, EnWG, § 30 Rn. 5.

[110] *Braun*, in: Langen/Bunte, Kartellrecht, Bd. 1, Anhang z. 5. Abschn. Sonderbereich Energiewirtschaft, Rn. 183; *Robert*, in: Britz/Hellermann/Hermes, EnWG, § 30 Rn. 1

[111] BT-Drucks. 15/3917 v. 14. 10. 2004, S. 63; *Braun*, in: Langen/Bunte, Kartellrecht, Bd. 1, Anhang z. 5. Abschn. Sonderbereich Energiewirtschaft, Rn. 227.

[112] *Weyer*, in: Berliner Kommentar, § 30 EnWG Rn. 146 ff. mit Einschränkungen in Rn. 153; *Salje*, EnWG, § 30 Rn. 13.

[113] Siehe *Weyer*, in: Berliner Kommentar, § 30 EnWG Rn. 149.

[114] Siehe *Weyer*, in: Berliner Kommentar, § 30 EnWG Rn. 151 f.

[115] Siehe oben Fn. 3.

[116] Siehe oben Fn. 3.

[117] *Weyer*, N&R 2007, 14, 20.

[118] Zum Inhalt der Verbotsverfügung siehe *Olbricht*, Netzzugang, S. 356; *Weyer*, in: Berliner Kommentar, § 30 EnWG Rn. 134 ff.

[119] *Weyer*, in: Berliner Kommentar, § 30 EnWG Rn. 141.

das Opportunitätsprinzip, d.h. das Tätigwerden steht in ihrem pflichtgemäßen Ermessen.[120] Gemäß § 30 Abs. 2 Satz 2 EnWG kann sie den Unternehmen alle Maßnahmen aufgeben, die erforderlich sind, um die Zuwiderhandlung wirksam abzustellen (sog. Gebotsverfügung);[121] auch insoweit gilt das Opportunitätsprinzip.[122] Die Erforderlichkeit ist gegeben, wenn die konkrete Maßnahme unter mehreren möglichen und gleichermaßen geeigneten Mitteln das mildeste Mittel ist.[123] Die Vorschrift greift auch bei drohenden Zuwiderhandlungen ein.[124] Bei der Auslegung der Vorschrift kann in weitgehendem Umfang auf die Praxis zu § 32 GWB zurückgegriffen werden.[125]

Die Behörde kann des Weiteren gemäß § 30 Abs. 2 Satz 3 EnWG Änderungen verlangen, soweit die gebildeten Entgelte oder deren Anwendung sowie die Anwendung der Bedingungen für den Anschluss an das Netz und die Gewährung des Netzzugangs von der genehmigten oder festgelegten Methode oder den hierfür bestehenden gesetzlichen Vorgaben abweichen (Nr. 1)[126], oder in den Fällen des rechtswidrig verweigerten Netzanschlusses oder Netzzugangs diesen anordnen (Nr. 2). Es handelt sich um – nicht abschließend zu verstehende – Konkretisierungen des § 30 Abs. 2 Satz 2 EnWG.[127]

---

[120] *Salje*, EnWG, § 30 Rn. 36; *Weyer*, in: Berliner Kommentar, § 30 EnWG Rn. 132 (Berücksichtigung der Schwere und der allgemeinen Bedeutung des Verstoßes einerseits und der verwaltungsmäßigen Belastung der Behörde andererseits); zum Problem des Drittschutzes im Fall der Ermessensreduzierung auf Null siehe *Peters*, Rechtsschutz Dritter, S. 122, 133 ff.
[121] Siehe dazu auch *Peters*, Rechtsschutz Dritter, S. 136; *Olbricht*, Netzzugang, S. 357; *Weyer*, in: Berliner Kommentar, § 30 EnWG Rn. 135 ff.
[122] Zum behördlichen Ermessen siehe auch *Olbricht*, ebd. (Fn. 121).
[123] *Robert*, in: Britz/Hellermann/Hermes, EnWG, § 30 Rn. 47.
[124] *Robert*, in: Britz/Hellermann/Hermes, EnWG, § 30 Rn. 43.
[125] Dies gilt z.B. für die Zulässigkeit der sog. „positiven Tenorierung", d.h. die Möglichkeit der Behörde, nicht nur Verbote auszusprechen, sondern auch Gebote zu formulieren, sowie für die sog. „strukturellen Maßnahmen". Dabei ist allerdings immer der Bestimmtheitsgrundsatz des § 37 Abs. 1 VwVfG zu beachten, siehe *Robert*, in: Britz/Hellermann/Hermes, EnWG, § 30 Rn. 44 ff. m.w.N.
[126] Daraus folgt, dass die Regulierungsbehörde die Änderung der Kalkulationsmethode verlangen kann, wenn und soweit diese von den gesetzlichen oder regulierungsbehördlichen Vorgaben abweicht, siehe *Weyer*, N&R 2007, 14, 21.
[127] OLG Düsseldorf v. 25. 6. 2008 – VI-3 Kart 210/07, ZNER 2008, 238 Rn. 47: „Zwar ist die Anschlussanordnung in § 30 Abs. 2 S. 3 Nr. 2 EnWG ausdrücklich vorgesehen, jedoch nur als eine Konkretisierung von Absatz 2 Satz 2. Nach § 30 Abs. 2 S. 2 EnWG kann die Regulierungsbehörde alle Maßnahmen aufgeben, die ‚erforderlich' sind, um die Zuwiderhandlung wirksam abzustellen."

2. Das besondere Missbrauchsverfahren gemäß § 31 EnWG

Eine weitere regulierungsrechtliche Besonderheit besteht seit dem EnWG 2005[128] in dem besonderen Missbrauchsverfahren der Regulierungsbehörde gemäß § 31 Abs. 1 EnWG, das neben dem § 30 EnWG und der kartellrechtlichen Missbrauchsaufsicht steht.[129] Die Vorschrift setzt die Vorgaben von Art. 23 Abs. 5 der Elektrizitätsbinnenmarkt-Richtlinie 2003[130] und Art. 25 Abs. 5 der Gasbinnenmarkt-Richtlinie 2003[131] um, die zugunsten von „Betroffenen"[132] die Einrichtung einer Streitbeilegungsstelle zur Beilegung von Beschwerden[133] forderten.[134] § 31 Abs. 1 Satz 1 EnWG führt zu einem umfassenden Schutz der Marktteilnehmer im Hinblick auf die in den Abschnitten 2 und 3 des dritten Teils des EnWG enthaltenen Bestimmungen über den Netzanschluss und -zugang.[135] Danach können Personen und Personenvereinigungen, deren gegenwärtige wirtschaftliche oder konkrete rechtliche Interessen[136] durch das Verhalten eines Betreibers von Energieversorgungsnetzen in erheblicher Weise berührt werden, bei der Regulierungsbehörde einen Antrag auf Überprüfung dieses Verhaltens stellen (Satz 1). Unter den antragsberechtigten „Personen" in diesem Sinne sind natürliche und juristische Personen zu verstehen.[137] Darunter fallen Wettbewerber, Kunden oder auch Letztverbraucher.[138] Zu den „Personenvereinigungen" im Sinne dieser Vorschrift zählen Wirtschaftsverbände, die Industrie- und Handelskammern sowie die Handwerkskammern, mithin Personenvereinigungen auf Unternehmerseite.[139] Die Antragsberechtigung

---

[128] Zur Entstehungsgeschichte siehe *Weyer*, in: Berliner Kommentar, § 31 EnWG Rn. 5.

[129] Siehe allgemein dazu *Höch/Göge*, RdE 2006, 340 ff.; *Weyer*, in: Berliner Kommentar, § 30 EnWG Rn. 143 und § 31 Rn. 3 („selbständige Verfahrensarten").

[130] Siehe Fn. 8.

[131] Siehe Fn. 9.

[132] Zur Auslegung des Betroffenenbegriffs in den Richtlinien siehe ausführlich *Weyer*, in: Berliner Kommentar, § 31 EnWG Rn. 6 ff.

[133] Der Begriff der Beschwerde ist unionsrechtlich autonom zu verstehen.

[134] *Robert*, in: Britz/Hellermann/Hermes, EnWG, § 31 Rn. 1; *Salje*, EnWG, § 31 Rn. 1.

[135] Siehe dazu auch *Peters*, Rechtsschutz Dritter, S. 78, 94, 117, 119 f., der zwar den §§ 17, 18, 20, 27 und 28 EnWG drittschützenden Wirkung zuerkennt, dies jedoch in Bezug auf § 23a hinsichtlich der Entgeltgenehmigung verneint, weil die Genehmigung sich auf Höchstbeträge bezieht, so dass die Genehmigung keinen unmittelbaren Einfluss auf eine Rechtsposition des Dritten als Durchleitungspetent habe (a.a.O., S. 91 f.).

[136] *Robert*, in: Britz/Hellermann/Hermes, EnWG, § 31 Rn. 8.

[137] *Peters*, Rechtsschutz Dritter, S. 76.

[138] *Peters*, ebd. (Fn. 137).

[139] *Salje*, EnWG, § 31 Rn. 3.

schließt aber auch Verbraucherzentralen und -verbände[140] mit ein, wenn und soweit sich die Entscheidung der Regulierungsbehörde auf eine Vielzahl von Verbrauchern auswirkt und dadurch deren Interessen insgesamt erheblich berührt werden (siehe § 31 Abs. 1 Satz 4 EnWG). Es handelt sich bei § 31 EnWG um ein sog. „Jedermann-Recht".[141]

Voraussetzung der Antragsberechtigung ist eine erhebliche Interessenberührung aufgrund des Verhaltens des Netzbetreibers (siehe § 31 Abs. 1 Satz 1 EnWG). Diese Voraussetzung liegt vor, wenn die Interessen des Antragstellers spürbar und nicht bloß entfernt oder absolut geringfügig berührt sind.[142] Es muss zumindest mit einer mittelbaren Auswirkung des Verhaltens des Netzbetreibers zu rechnen sein.[143] Bloße Bagatelleingriffe sind demnach vom Schutzbereich ausgenommen.[144] Bei Streitigkeiten um „Netzentgelte in Millionenhöhe" ist die erhebliche Interessenberührung unproblematisch gegeben.[145] Eine nur geringe Beeinträchtigung, die eine Vielzahl von Verbrauchern betrifft (d.h. sog. Streuschäden), kann die Erheblichkeit aber ebenso begründen.[146]

Die Regulierungsbehörde hat zu prüfen, inwieweit das Verhalten des Netzbetreibers mit den Vorgaben in den Bestimmungen der Abschnitte 2 und 3 (scil. Netzanschluss und Netzzugang) oder der auf dieser Grundlage erlassenen Rechtsverordnungen sowie den nach § 29 Abs. 1 EnWG festgelegten oder genehmigten Bedingungen und Methoden übereinstimmt (§ 31 Abs. 1 Satz 2 EnWG). Im Fall der Stellung eines Antrags besteht nach der zutreffenden Ansicht der Literatur eine Prüfungspflicht der Regulierungsbehörde („hat zu prüfen")[147], die demnach nicht über ein Aufgreifermessen verfügt.[148] Der BGH sieht dies neuerdings anders. Nach seiner Ansicht steht „die Einleitung eines Missbrauchsverfahrens nach § 30 EnWG oder nach § 31 EnWG ... im pflichtgemäßen Ermessen der Regulierungsbehör-

---

[140] *Weyer*, in: Berliner Kommentar, § 31 EnWG Rn. 6.
[141] *Höch/Göge*, RdE 2006, 340, 342.
[142] *Höch/Göge*, RdE 2006, 340, 342.
[143] *Robert*, in: Britz/Hellermann/Hermes, EnWG, § 31 Rn. 10.
[144] *Peters*, Rechtsschutz Dritter, S. 77.
[145] *Höch/Göge*, RdE 2006, 340, 342 m.w.N.
[146] *Salje*, EnWG, § 31 Rn. 5 (bejahend für eine Entgeltüberhöhung um Bruchteile von 0,1 Cent/kWh, gerechnet auf ein Geschäftsjahr sowie die Vielzahl der von der Personenvereinigung vertretenen Verbraucher); siehe auch *Peters*, Rechtsschutz Dritter, S. 77.
[147] *Olbricht*, Netzzugang, S. 359 (kein Aufgreifermessen der Behörde); zu den Befugnissen der Regulierungsbehörde hinsichtlich des Entscheidungsinhalts siehe *Robert*, in: Britz/Hellermann/Hermes, EnWG, § 31 Rn. 25 f.; *Olbricht*, Netzzugang, S. 359 f.
[148] *Höch/Göge*, RdE 2006, 340, 341; *Robert*, in: Britz/Hellermann/Hermes, EnWG, § 31 Rn. 13.

de".[149] Verfahrensgegner im besonderen Missbrauchsverfahren gemäß § 31 EnWG ist unstreitig der Netzbetreiber.[150]

Nicht eindeutig geklärt ist bisher, ob ein Netznutzer mittels § 31 EnWG die Netzentgelte eines Netzbetreibers überprüfen lassen kann oder ob insoweit auch die Genehmigungsfiktion des § 30 Abs. 1 Satz 2 Nr. 5 EnWG eingreift.[151] Der BGH schließt offenbar sowohl für den § 30 EnWG als auch für das besondere Missbrauchsverfahren gemäß § 31 EnWG aus der genannten Fiktion darauf, „dass der Netznutzer in einem solchen Verfahren gerade nicht die Überprüfung der Netzentgeltgenehmigung erreichen kann".[152] In der Literatur wird die abweichende Auffassung vertreten, dass im Fall der Annahme einer Überhöhung der genehmigten Entgelte durch die Behörde dies „für den Dritten bares Geld bedeuten [kann]".[153] Nach dem Gesetz obliegt der Regulierungsbehörde auch die Prüfung, ob die Voraussetzungen für eine Aufhebung der Genehmigung vorliegen (§ 31 Abs. 1 Satz 3 EnWG).[154] Die Entgeltgenehmigung unterliegt damit einer *ex post*-Aufsicht durch die zuständige Regulierungsbehörde.[155] Sie darf es nicht bei der Prüfung belassen, ob der Netzbetreiber die genehmigten Obergrenzen eingehalten hat, sondern muss auch die Voraussetzungen der Aufhebung der Genehmigung prüfen.[156] Fällt die Entgeltgenehmigung nachträglich niedriger aus, verbilligt sich die Durchleitung von Energie für Dritte. Zu Recht hält daher das LG Düsseldorf das Verfahren nach § 31

---

[149] BGH v. 15. 5. 2012 – EnZR 105/10, VersorgW 2012, 235 Rn. 29.

[150] Das missbräuchliche Verhalten einer Vertriebsgesellschaft kann daher nicht nach § 31 EnWG überprüft werden, zutreffend *Robert*, in: Britz/Hellermann/Hermes, EnWG, § 31 Rn. 4.

[151] *Höch/Göge*, RdE 2006, 340, 343.

[152] BGH v. 15. 5. 2012 – EnZR 105/10, VersorgW 2012, 235 Rn. 29.

[153] *Peters*, Rechtsschutz Dritter, S. 79.

[154] *Höch/Göge*, RdE 2006, 340, 343; siehe dazu auch die Regelungen über die Aufhebung der Entgeltgenehmigung in § 23a Abs. 4 Satz 1, § 29 Abs. 2 Satz 1 und § 29 Abs. 2 Satz 2 EnWG. Diese Bestimmungen (und nicht etwa § 31 Abs. 1 Satz 3 EnWG) enthalten die materiellen Voraussetzungen für die Aufhebung der Genehmigung, zutreffend *Robert*, in: Britz/Hellermann/Hermes, EnWG, § 31 Rn. 17; siehe ferner *Weyer*, in: Berliner Kommentar, § 31 EnWG Rn. 14 unter Hinweis auf die Vorgaben in Art. 23 Abs. 4 EltRL und Art. 25 Abs. 4 GasRL sowie *Höch/Göge*, ebd. Nach den genannten Vorschriften kann die Regulierungsbehörde von den Netzbetreibern u.a. eine Änderung der Netzzugangstarife verlangen, um sicherzustellen, dass sie angemessen sind und nichtdiskriminierend angewendet werden.

[155] *Braun*, in: Langen/Bunte, Kartellrecht, Bd. 1, Anhang z. 5. Abschn. Sonderbereich Energiewirtschaft, Rn. 226.

[156] *Höch/Göge*, RdE 2006, 340, 343.

EnWG für „das richtige Instrument zur Überprüfung genehmigter Netzentgelte".[157]

3. Aufsichtsmaßnahmen der Regulierungsbehörde gemäß § 65 EnWG

Nach der sog. „Generalermächtigung"[158] in § 65 Abs. 1 Satz 1 EnWG, die § 32 GWB nachgebildet ist,[159] kann die Regulierungsbehörde Unternehmen oder Vereinigungen von Unternehmen dazu verpflichten, ein Verhalten abzustellen, das den Bestimmungen dieses Gesetzes sowie den auf Grund dieses Gesetzes ergangenen Rechtsvorschriften entgegensteht. Die Regulierungsbehörde wird im Fall von einschlägigen Rechtsverstößen nach pflichtgemäßem Ermessen tätig.[160] Sie kann gemäß Satz 2 der Vorschrift alle erforderlichen Abhilfemaßnahmen verhaltensorientierter oder struktureller Art vorschreiben, die gegenüber der festgestellten Zuwiderhandlung verhältnismäßig und für eine wirksame Abstellung der Zuwiderhandlung erforderlich sind. Abhilfemaßnahmen struktureller Art können nach Satz 3 der Bestimmung nur in Ermangelung einer verhaltensorientierten Abhilfemaßnahme von gleicher Wirksamkeit festgelegt werden oder wenn letztere im Vergleich zu Abhilfemaßnahmen struktureller Art mit einer größeren Belastung für die beteiligten Unternehmen verbunden wäre. § 65 Abs. 1 EnWG enthält die sog. Abstellungsbefugnis der Regulierungsbehörde, d.h. das Recht der Regulierungsbehörde zum Erlass von Verbotsverfügungen, mit der sich der Gesetzgeber bewusst vom Begriff der Untersagung gelöst hat.[161] Wenn das Unternehmen (bzw. die Unternehmensvereinigung) seinen (ihren) Verpflichtungen nach dem EnWG oder den auf Grund des EnWG erlassenen Rechtsverordnungen nicht nachkommt, dann kann die Regulierungsbehörde nach § 65 Abs. 2 EnWG die Maßnahmen zur Einhaltung der Verpflichtungen anordnen. Es handelt sich um die sog. Anordnungsbefugnis der Regulierungsbehörde, die den Erlass von Gebotsverfügungen ermöglicht.[162] Der Hauptanwendungsfall für eine Gebotsverfügung gemäß § 65 Abs. 2 EnWG besteht in einem passiven, abwartenden Verhalten des Netzbetreibers, z.B. in der Unterlassung des Einholens einer Genehmigung

---

[157] LG Düsseldorf v. 4. 5. 2012 – 37 O 38/10, WuW/E DE-R 3564, 3568 – Stromnetznutzungsentgelte. Ihm ist im Übrigen auch darin zu folgen, dass es darüber hinaus die gegen diese Vorschrift vorgebrachten verfassungsrechtlichen Bedenken für unbegründet erachtet.
[158] *Hanebeck*, in: Britz/Hellermann/Hermes, EnWG, § 65 Rn. 1.
[159] *Salje*, EnWG, § 65 Rn. 1.
[160] *Hanebeck*, in: Britz/Hellermann/Hermes, EnWG, § 65 Rn. 4; *Peters*, Rechtsschutz Dritter, S. 141, 151 f.
[161] BT-Drucks. 15/3917 v. 14. 10. 2004, S. 70.
[162] BT-Drucks. 15/3917 v. 14. 10. 2004, S. 70.

nach § 23a EnWG.[163] Weiter kann die Behörde gemäß § 65 Abs. 3 EnWG eine Zuwiderhandlung auch noch nach deren Beendigung feststellen, soweit dafür ein berechtigtes Interesse besteht. Diese sog. Feststellungsbefugnis besteht beispielsweise in den Fällen der Wiederholungsgefahr, sie ist aber darauf nicht beschränkt.[164] Die Regulierungsbehörde hat bei der Anwendung des § 65 EnWG insbesondere das Verhältnismäßigkeitsprinzip zu beachten, auch wenn der Gesetzgeber diese Frage – abweichend von § 32 Abs. 2 GWB – nicht besonders hervorgehoben hat, sondern sich vielmehr an der Regelung in § 126 Abs. 2 TKG orientiert und damit den Effektivitätsgedanken betont hat.[165] Beides ist kein Widerspruch. Die Regulierungsbehörde ist einerseits nicht gezwungen, das absolut mildeste Mittel zu wählen, weil dies dem Effektivitätsgedanken nicht hinreichend Rechnung tragen würde. Sie muss aber andererseits unter mehreren gleich effektiven Mitteln das mildeste wählen, weil jedes belastende Verwaltungshandeln unter dem Gebot der Verhältnismäßigkeit steht.[166]

Das Verhältnis von § 65 EnWG zu § 30 EnWG ist umstritten. § 65 Abs. 4 EnWG bestimmt, dass § 30 Abs. 2 EnWG unberührt bleibt. Daraus wird in der Literatur überwiegend und zu Recht ein Vorrang des § 30 EnWG abgeleitet,[167] während andere Autoren von einer parallelen Anwendbarkeit von § 30 EnWG und § 65 EnWG ausgehen[168]. Nach der herrschenden Ansicht scheidet ein behördliches Vorgehen auf der Grundlage der allgemeinen Aufsichtsbefugnis gemäß § 65 EnWG aus, sofern das Netzentgelt ge-

---

[163] *Salje*, EnWG, § 65 Rn. 20.

[164] BT-Drucks. 15/3917 v. 14. 10. 2004, S. 70. Das berechtigte Interesse im Einzelfall ist beispielsweise auch dann gegeben, wenn eine unsichere Rechtslage vorliegt oder Verbraucherinteressen im besonderen Umfang berührt sind, siehe *Hanebeck*, in: Britz/Hellermann/Hermes, EnWG, § 65 Rn. 9; *Salje*, EnWG, § 65 Rn. 25. Die Vorbereitung eines zivilrechtlichen Schadensersatzanspruchs zählt nach Auffassung der BNetzA nicht dazu, weil mit der Vorteilsabschöpfung gemäß § 33 EnWG ein Instrumentarium zur Berücksichtigung des öffentlichen Interesses am Nichtbehalt wirtschaftlicher Vorteile im Fall von Verstößen gegen die Abschnitte 2 und 3 des EnWG existiere, so dass es eines Rekurses auf § 65 Abs. 3 EnWG gerade nicht bedürfe, siehe BNetzA v. 15. 1. 2008 – BK8-06-029, Umdruck S. 8, abrufbar unter www.bundesnetzagentur.de/DE/DieBundesnetzagentur/Beschlusskammern/1BK-Geschaeftszeichen-Datenbank/BK8-GZ/2006/2006_001bis100/BK8-06-029/BK806029NavNode.html.

[165] Siehe dazu im Einzelnen *Hanebeck*, in: Britz/Hellermann/Hermes, EnWG, § 65 Rn. 4.

[166] *Hanebeck*, ebd. (Fn. 165).

[167] *Robert*, in: Britz/Hellermann/Hermes, EnWG, § 30 Rn. 12; *Hanebeck*, in: Britz/Hellermann/Hermes, EnWG, § 65 Rn. 1; *Salje*, EnWG, § 30 Rn. 35 sowie § 65 Rn. 30; *Olbricht*, Netzzugang, S. 353; a.A. *Weyer*, in: Berliner Kommentar, § 30 EnWG Rn. 144; ausführlich zum Verhältnis des § 65 EnWG zum § 30 EnWG *Weyer*, a.a.O., § 30 EnWG Rn. 19.

[168] *Antweiler/Nieberding*, NJW 2005, 3673, 3674.

nehmigt ist bzw. die im Wege der Anreizregulierung für eine Regulierungsperiode vorgegebene Obergrenze nicht überschreitet.[169]

III. Der energierechtliche Zivilrechtsschutz gemäß §§ 32, 33 EnWG

1. Grundlagen

Der Zivilrechtsschutz ist im Anwendungsbereich des EnWG ähnlich ausgestaltet wie im Kartellrecht (vgl. § 33 GWB) und im Telekommunikationsrecht (vgl. § 44 TKG),[170] d.h. Verstöße gegen die §§ 20 ff. EnWG und die einschlägigen Rechtsverordnungen führen zu Unterlassungs-, Beseitigungs- und Schadensersatzansprüchen gemäß § 32 EnWG. Die Vorteilsabschöpfung durch die Regulierungsbehörde ist in § 33 EnWG geregelt. Wegen des besonderen Missbrauchsverfahrens des § 31 EnWG ist die Attraktivität des Zivilrechtsschutzes aus Sicht der Betroffenen allerdings möglicherweise geringer als im Kartellrecht.[171]

2. Die Ansprüche auf Unterlassung, Beseitigung und Schadensersatz gemäß § 32 EnWG

Die zentrale Vorschrift des § 32 EnWG, mit der der Gesetzgeber sowohl Ansprüche der „Betroffenen" auf Beseitigung und Unterlassung (Abs. 1) als auch auf Schadensersatz (Abs. 3) gegenüber demjenigen begründet, der gegen die Abschnitte 2 und 3 (d.h. Netzanschluss bzw. Netzzugang) des Gesetzes verstößt, weist erhebliche Parallelen zu der kartellrechtlichen Anspruchsgrundlage des § 33 GWB auf.[172] Der Gesetzgeber hat dabei auch die durch die 7. GWB-Novelle veranlassten Änderungen in § 33 GWB mit einigen sektorspezifischen Anpassungen in das Energiewirtschaftsrecht übernommen.[173] Voraussetzung dafür ist ein objektiver Verstoß des Netzbetreibers gegen seine Anschlusspflicht (siehe §§ 17 ff. EnWG) oder seine Netzzugangspflicht (§§ 20 ff. EnWG).[174] Verstöße gegen § 30 Abs. 1 Satz

---

[169] *Britz*, RdE 2006, 1, 4.

[170] *Salje*, EnWG, § 32 Rn. 1; *Weyer*, in: Berliner Kommentar, § 32 EnWG Rn. 3.

[171] Zweifel äußert auch *Braun*, in: Langen/Bunte, Kartellrecht, Bd. 1, Anhang z. 5. Abschn. Sonderbereich Energiewirtschaft, Rn. 225.

[172] *Olbricht*, Netzzugang, S. 361; europarechtliche Vorgaben für § 32 EnWG gibt es nicht, siehe *Salje*, EnWG, § 32 Rn. 1.

[173] Siehe *Robert*, in: Britz/Hellermann/Hermes, EnWG, § 32 Rn. 1; zur Entstehungsgeschichte der Vorschrift siehe *Weyer*, in: Berliner Kommentar, § 32 EnWG Rn. 3 f.

[174] *Salje*, EnWG, § 32 Rn. 6 f.

1 und § 30 Abs. 1 Satz 2 Nr. 1 bis Nr. 6 EnWG sind nach dem Wortlaut der Vorschrift nicht einbezogen. Gleiches gilt für Verstöße gegen Abstellungsverfügungen gemäß § 30 Abs. 2 EnWG. Wie in der Literatur zu Recht ausgeführt wird, ist ein Grund hierfür „nicht ersichtlich".[175] Deshalb ist der Ansicht zu folgen, die im Falle der Verletzung des § 30 Abs. 1 Satz 1 EnWG ggf. i.V.m. § 30 Abs. 1 Satz 2 Nr. 1 bis Nr. 6 EnWG sowie bei Verstößen gegen eine Abstellungsverfügung gemäß § 30 Abs. 2 EnWG von der Anwendbarkeit des § 32 EnWG ausgeht.[176] Dabei ist für den Fall genehmigter Entgelte gemäß § 23a EnWG sowie der Einhaltung der Erlösobergrenzen nur von einer Indizwirkung für die Rechtmäßigkeit, nicht aber von einer Sperrwirkung auszugehen.[177]

Anspruchsberechtigt sind die „Betroffenen". Dieser Begriff ist in Anlehnung an § 33 GWB bzw. die dieser Vorschrift zugrunde liegende „Courage"-Rechtsprechung des EuGH[178] und an § 44 TKG dahingehend zu interpretieren, dass das Schutzgesetzprinzip keine Geltung beansprucht.[179] Betroffen in diesem Sinne ist – in Anlehnung an die Begriffsbestimmungen in § 33 Abs. 1 Satz 3 GWB und § 44 Abs. 1 Satz 3 TKG – jeder Mitbewerber oder sonstige Marktteilnehmer, der durch den Verstoß beeinträchtigt ist.[180] Die mittelbar Geschädigten sind jedenfalls nicht generell von der Anspruchsberechtigung ausgenommen.[181]

Der Unterlassungsanspruch gemäß § 32 Abs. 1 Satz 1, 2. Alt. EnWG setzt das Vorliegen einer Wiederholungsgefahr[182] voraus, während der Schadensersatzanspruch gemäß § 32 Abs. 3 Satz 1 EnWG ein Verschul-

---

[175] *Weyer*, in: Berliner Kommentar, § 32 EnWG Rn. 6, der ergänzend ausführt, dass die Missbrauchsvermutungen ihre Bedeutung gerade im zivilrechtlichen Verfahren entfalteten.

[176] So schon *Weyer*, in: Berliner Kommentar, § 32 EnWG Rn. 6 a.E.

[177] *Weyer*, in: Berliner Kommentar, § 32 EnWG Rn. 23 m.w.N.

[178] EuGH v. 20. 9. 2001 – Rs. C-453/99, Slg. 2001, I-6297 Rn. 26 ff. = EuZW 2001, 715 – Courage/Crehan; EuGH v. 13. 7. 2006 – Rs. C-295/04 bis C-289/04, Slg. 2006, I-6619 Rn. 58 ff. = EuZW 2006, 529 – Manfredi.

[179] *Weyer*, in: Berliner Kommentar, § 32 EnWG Rn. 8.

[180] *Weyer*, in: Berliner Kommentar, § 32 EnWG Rn. 8.

[181] Siehe mit Bezugnahme auf die Diskussion zu § 33 GWB *Weyer*, in: Berliner Kommentar, § 32 EnWG Rn. 16 ff. Der Verf. meint außerdem, dass die in § 1 Abs. 1 EnWG normierte Zielsetzung einer preisgünstigen und verbraucherfreundlichen Energieversorgung die Möglichkeit von Schadensersatzansprüchen mittelbar Geschädigter nahe lege (a.a.O., Rn. 16).

[182] *Weyer*, in: Berliner Kommentar, § 32 EnWG Rn. 11. Die Wiederholungsgefahr ist zu bejahen, wenn objektiv die ernstliche Besorgnis weiterer Störungen zu bejahen ist, siehe im Einzelnen *Salje*, EnWG, § 32 Rn. 11.

den[183] des Netzbetreibers erfordert. Sollte eine Schadensberechnung nach der Differenzhypothese nicht möglich sein, kommt eine Schadensschätzung gemäß § 287 Abs. 1 ZPO in Betracht.[184] Gemäß § 32 Abs. 4 EnWG ist das erkennende Zivilgericht an eine bestandskräftige Entscheidung der Regulierungsbehörde, in der diese auf einen Verstoß erkannt hat, gebunden. Dies gilt jedoch nur für Schadensersatzansprüche, nicht für Beseitigungs- und Unterlassungsansprüche. Dafür spricht, dass die zuletzt genannten Ansprüche in die Zukunft gerichtet sind, während der Schadensersatzanspruch Verhältnisse betrifft, die bereits in der Vergangenheit abgeschlossen wurden.[185]

3. Die Vorteilsabschöpfung gemäß § 33 EnWG

In Parallelität zu den Regelungen in § 10 UWG, § 34 GWB und § 43 TKG[186] sieht § 33 EnWG eine Abschöpfung des wirtschaftlichen Vorteils, d.h. der Differenz zwischen dem „Normalgewinn" und dem tatsächlichen Gewinn[187], durch die Regulierungsbehörde vor.[188] Die behördliche Anordnung der Zahlung des dem „Zusatzgewinn"[189] des Netzbetreibers entsprechenden Geldbetrags, der gemäß § 33 Abs. 4 Satz 1 EnWG i.V.m. § 287 Abs. 1 ZPO auch geschätzt werden kann, erfolgt zugunsten der Staatskasse und nicht etwa zugunsten der Netznutzer.[190] § 33 Abs. 1 Satz 1 EnWG setzt zudem in allen drei Varianten ein Verschulden des Netzbetreibers vor-

---

[183] Zum Verschuldensbegriff siehe *Salje*, EnWG, § 32 Rn. 27; *Weyer*, in: Berliner Kommentar, § 32 EnWG Rn. 13 (Verschulden nur unter strengen Voraussetzungen zu verneinen; objektiv zweifelhafte Rechtslage nicht ausreichend).

[184] *Weyer*, in: Berliner Kommentar, § 32 EnWG Rn. 14.

[185] *Weyer*, in: Berliner Kommentar, § 32 EnWG Rn. 12.

[186] Europarechtliche Vorgaben für § 33 EnWG gibt es nicht, siehe *Salje*, EnWG, § 33 Rn. 1.

[187] Genauer: Die Berechnung erfolgt nach dem sog. „Saldierungsgrundsatz". Verglichen wird also die Situation mit Zuwiderhandlung mit der Situation ohne Zuwiderhandlung. Der wirtschaftliche Vorteil ist im Vergleich zu der „vermögensrechtlichen Gesamtsituation" zu errechnen. Dabei sind einerseits nach dem „Nettoprinzip" die Kosten und Aufwendungen des Netzbetreibers abzuziehen; andererseits sind aber auch sonstige wirtschaftliche Vorteile wie z.B. die Verbesserung der Marktposition des Netzbetreibers durch Ausschaltung oder Zurückdrängung von Wettbewerbern zu berücksichtigen, siehe zum Vorstehenden *Robert*, in: Britz/Hellermann/Hermes, EnWG, § 33 Rn. 7; *Weyer*, in: Berliner Kommentar, § 32 EnWG Rn. 9 sowie die Begründung zum Regierungsentwurf, BT-Drucks. 15/3917, S. 64.

[188] *Salje*, EnWG, § 33 Rn. 7.

[189] So ein Ausdruck von *Salje*, EnWG, § 33 Rn. 7.

[190] *Zeidler*, RdE 2009, 122, 123; *Jacob*, RdE 2009, 42, 46.

aus.[191] Die Vorteilsabschöpfung wird in der Literatur zutreffend als „ein eigenständiges Instrument der Regulierungsbehörde"[192] bezeichnet. Aus Sicht der Netznutzer ist die Vorschrift allerdings denkbar „unattraktiv", da ihnen der abgeschöpfte Vorteil nicht zusteht. Im Übrigen ist die Vorteilsabschöpfung gemäß § 33 Abs. 2 Satz 1 EnWG gegenüber dem Schadensersatzanspruch aus § 32 EnWG, der Geldbuße gemäß § 95 EnWG und der Anordnung des Verfalls gemäß § 29a OWiG (sowie ggf. §§ 73, 73a StGB, wenn zugleich eine Straftat verübt wurde) subsidiär.[193] Im Hinblick auf die Konkurrenz zum Schadensersatzanspruch gemäß § 32 EnWG ist die Vorteilsabschöpfung nach § 33 EnWG nur dort praxisrelevant, wo der Anspruch – wie häufig bei geringen Schäden, sog. „Streuschäden" – nicht geltend gemacht wird.

Weitere Einschränkungen ergeben sich aus § 33 Abs. 3 EnWG für die Fälle des Vorliegens einer unbilligen Härte (Satz 1) sowie des Vorliegens lediglich geringer wirtschaftlicher Vorteile (Satz 2). Eine *unbillige Härte* liegt insbesondere dann vor, wenn die Existenz des Unternehmens bei einer Vorteilsabschöpfung im vollen Umfang gefährdet wäre.[194] Wann ein *geringer wirtschaftlicher Vorteil* vorliegt, lässt sich nicht abstrakt sagen, sondern nur einzelfallabhängig bestimmen. Richtigerweise sollte diese Vorschrift eng ausgelegt werden, da auch verhältnismäßig geringe Beträge zu Wettbewerbsverzerrungen führen können,[195] denn das sprichwörtliche „Kleinvieh macht bekanntlich auch Mist".

---

[191] *Robert*, in: Britz/Hellermann/Hermes, EnWG, § 33 Rn. 6; *Jacob*, RdE 2009, 42, 46 mit Fn. 38.

[192] So *Robert*, in: Britz/Hellermann/Hermes, EnWG, § 33 Rn. 1 unter Hinweis auf die Begründung zum Regierungsentwurf der 7. GWB-Novelle, BT-Drucks. 15/3640, S. 36.

[193] Siehe den Gesetzentwurf der BReg v. 14. 10. 2004, BT-Drucks. 15/3917, S. 64; siehe auch *Robert*, in: Britz/Hellermann/Hermes, EnWG, § 33 Rn. 11 ff.

[194] *Robert*, in: Britz/Hellermann/Hermes, EnWG, § 33 Rn. 15.

[195] So schon *Robert*, in: Britz/Hellermann/Hermes, EnWG, § 33 Rn. 15 mit Hinweis auf die Kritik des Bundesrats in BT-Drucks. 15/3917, S. 88. Der Bundesrat hat in der zitierten Stellungnahme dazu Folgendes ausgeführt: „Die Vorschrift über den vollständigen oder teilweisen Verzicht auf die Abschöpfung des Unrechtsgewinns in Fällen unbilliger Härten oder im Falle des geringen Umfanges des wirtschaftlichen Gewinns ist abzulehnen. Zum einen kann es bei der Herausgabe von rechtswidrig erlangtem Vermögen nicht auf individuelle Auswirkungen auf das rechtswidrig handelnde Unternehmen ankommen, genauso wenig wie auf den Umfang des Gewinns, dessen Einstufung als gering, je nach Wirtschaftskraft des Unternehmens zu beurteilen ist. Zum anderen stellt unabhängig davon die rechtswidrige Erlangung einen Vorteil dar, der in jedem Falle geeignet ist, den Wettbewerb zu verzerren, so dass die konsequente Gewinnabschöpfung auch aus diesem Grunde geboten bleibt."

4. Kapitel

Die zivilrechtliche Entgeltkontrolle

I. Das Problem der bereicherungsrechtlichen Rückabwicklung überhöhter Netzzugangsentgelte

1. Einführung

Fraglich ist, ob im Verhältnis zwischen dem Netznutzer und dem Netzbetreiber eine bereicherungsrechtliche Rückabwicklung von überhöhten Netznutzungsentgelten in Betracht kommt.[1] Die Rechtsprechung hatte sich in der jüngeren Vergangenheit mehrfach mit Rückforderungsansprüchen von Netznutzern zu beschäftigen, die jeweils argumentiert hatten, dass eine gerichtliche Überprüfung der Netzentgelte auf der Grundlage des § 315 Abs. 3 Satz 2 BGB zu einem bereicherungsrechtlichen Rückzahlungsanspruch aus Leistungskondiktion (§ 812 Abs. 1 Satz 1, 1. Alt. BGB) zu ihren Gunsten führen müsse.[2]

2. Der Grundsatz der Mehrerlösabschöpfung im Energiewirtschaftsrecht

Der Bundesgerichtshof hat auf der Grundlage von § 23a Abs. 5 Satz 1 EnWG entschieden, dass im Anwendungsbereich der kostenbasierten Entgeltregulierung eine Rückabwicklung überhöhter Netzentgelte in der Beziehung zwischen dem Netzbetreiber und den Netznutzern ausgeschlossen sei, obgleich diese Vorschrift keinen Rechtsgrund für das Behaltendürfen zu viel erhobener Entgelte schaffe.[3] Das wird damit begründet, dass der

---

[1] Zum umgekehrten Problem der Nachforderung und der Frage nach der Zulässigkeit sog. Netzentgeltnachberechnungsklauseln siehe *Theobald/Zenke/Lange*, in: Schneider/Theobald, Recht der Energiewirtschaft, § 17 Rn. 143 ff.

[2] BGH v. 14. 8. 2008 – KVR 39/07, RdE 2008, 323 – Vattenfall; dem folgend BGH v. 30. 3. 2011 – KZR 69/10, RdE 2011, 260; LG Mainz v. 28. 1. 2011 – 12 HK O 94/09, IR 2011, 63; OLG Frankfurt a.M. v. 5. 10. 2010 – 11 U 31/09 Kart, IR 2011, 16; OLG Düsseldorf v. 22. 12. 2010 – VI-2 U 34/09, IR 2011, 34; OLG Celle v. 17. 6. 2010 – 13 U 5/10 (Kart), IR 2010, 200; OLG Naumburg v. 5. 8. 2010 – 1 U 32/10 (Hs), ZNER 2010, 608.

[3] BGH v. 14. 8. 2008 – KVR 39/07, RdE 2008, 323 Rn. 21 – Vattenfall; BGH v. 30. 3. 2011 – KZR 69/10, RdE 2011, 260 Rn. 2. Der Beschluss vom 30. 3. 2011 betraf – anders

Netzbetreiber „ein gewisses Maß an Vertrauensschutz" genieße. Es soll nämlich verhindert werden, dass sämtliche Rechtsbeziehungen des Netzbetreibers mit den Stromversorgern auf der Grundlage der später genehmigten Preise korrigiert werden müssen.[4] Der Netzbetreiber hat jedoch kein Recht, die überhöhten, rechtsgrundlos erzielten Erlöse endgültig behalten zu dürfen. Vielmehr sind Mehrerlöse, die ein Netzbetreiber dadurch erzielt hat, dass er bis zur Genehmigung seine ursprünglichen Entgelte beibehalten hat, periodenübergreifend auszugleichen (vgl. § 34 Abs. 1 ARegV, § 11 StromNEV, § 10 GasNEV). Das bedeutet, dass Mehrerlöse erst in der nächsten Genehmigungsperiode entgeltmindernd in Ansatz zu bringen sind (sog. Mehrerlösabschöpfung[5] oder Mehrerlössaldierung).[6] Die Regelung in § 23a Abs. 5 Satz 1 EnWG hat den Zweck, dem Netzbetreiber eine sichere Kalkulationsgrundlage zu verschaffen. Daraus kann jedoch nicht geschlossen werden, dass dem Netzbetreiber auch die Entgelte verbleiben sollen, die ihm nicht zustehen und die nicht genehmigungsfähig waren.[7] Der

---

als der Beschluss vom 14. 8. 2008 – einen Rechtsstreit unmittelbar zwischen einem Netzbetreiber und einem Netznutzer. Er wurde in der Literatur zum Teil dahingehend verstanden, dass nunmehr endgültig höchstrichterlich geklärt sei, dass eine Rückabwicklung überhöhter Netznutzungsentgelte im Zeitraum der sog. Mehrerlössaldierung in diesem Verhältnis wegen § 23a Abs. 5 Satz 1 EnWG ausgeschlossen sei, siehe *Schröder*, IR 2011, 155, 156. Ein anderer Teil der Literatur ging demgegenüber davon aus, dass die Rechtsprechung hier insgesamt „noch im Fluss" sei, so *Telschow*, IR 2011, 63, 64.

[4] BGH v. 30. 3. 2011 – KZR 69/10, RdE 2011, 260 Rn. 2; BGH v. 14. 8. 2008 – KVR 27/07, RdE 2008, 334 Rn. 32 – Stadtwerke Engen. § 23a EnWG kam auf Vorschlag des Bundesrates und mit der Begründung in das EnWG, dass ein funktionsfähiger Wettbewerb im Strom- und Gasmarkt eine rechtssichere Kalkulationsgrundlage für die Netzbetreiber voraussetze (BT-Drucks 15/3917, S. 85 und BGH, a.a.O., Rn. 16).

[5] Ausführlich dazu *Theobald/Zenke/Lange*, in: Schneider/Theobald, Recht der Energiewirtschaft, § 17 Rn. 124 ff.

[6] BGH v. 14. 8. 2008 – KVR 39/07, RdE 2008, 323 Rn. 20 ff. – Vattenfall; BGH v. 14. 8. 2008 – KVR 27/07, RdE 2008, 334 Rn. 47 ff. – Stadtwerke Engen; siehe zu dieser Rechtsprechung auch *Zeidler*, RdE 2010, 122 ff.; kritisch dazu *Jacob*, RdE 2009, 42 ff.; siehe ferner den Nichtannahmebeschluss des BVerfG v. 21. 12. 2009 – 1 BvR 2738/08, ZNER 2010, 150 = RdE 2010, 92 [insbesondere Orientierungssätze 3c und 3d bei juris]); siehe weiter in Bestätigung der Vattenfall-Rechtsprechung BGH v. 30. 3. 2011 – KZR 69/10, RdE 2011, 260 Rn. 2; BGH v. 31. 1. 2012 – EnVR 16/10, EBE/BGH 2012, BGH-Ls 269/12 – Gemeindewerke Schutterwald; näher dazu OLG Frankfurt a.M. v. 5. 10. 2010 – 11 U 31/09, WuW/E DE-R 3135 Rn. 31 = ZNER 2011, 631 – Überhöhte Netznutzungsentgelte; OLG Stuttgart v. 21. 1. 2010 – 202 EnWG 3/09, ZNER 2010, 294 Rn. 55, 58 = RdE 2010, 296 ein; siehe ferner *Zeidler*, RdE 2010, 122, 123 f.; *Robert*, in: Britz/Hellermann/Hermes, EnWG, § 23a Rn. 26; a.A. *Theobald/Zenke/Lange*, in: Schneider/Theobald, Recht der Energiewirtschaft, § 17 Rn. 38.

[7] BGH v. 14. 8. 2008 – KVR 39/07, RdE 2008, 323 Rn. 16 a.E. und Rn. 19 – Vattenfall; siehe auch den Exkurs zur Mehrerlösabschöpfung bei *Theobald/Zenke/Lange*, in: Schneider/Theobald, Recht der Energiewirtschaft, § 17 Rn. 124 ff.

Netzbetreiber darf die Entgelte gemäß § 23a Abs. 5 Satz 1 EnWG zwar „beibehalten". Diese Formulierung besagt aber nur, dass es sich bei dieser Vorschrift um eine vorübergehende Regelung im Verhältnis zu den Netznutzern handelt, denen gegenüber der Netzbetreiber im Fall der Stellung eines Genehmigungs-(Folge-)Antrags vorläufig auf der Grundlage der bisherigen Tarife abrechnen können soll.[8] Nach Ansicht des Kartellsenats des BGH hätte eine eindeutige Formulierung nahe gelegen, wenn es dem Gesetzgeber darum gegangen wäre, zugunsten des Netzbetreibers einen Anspruch darauf zu begründen, auch diejenigen Entgelte behalten zu dürfen, die über den nach Gesetz und Verordnung zulässigen Höchstpreisen liegen.[9]

Der Grundsatz der Mehrerlösabschöpfung gilt trotz denkbarer Ungleichgewichte im Einzelfall, die sich aus der Veränderung des Umfangs der Lieferbeziehungen zu einzelnen Netznutzern (d.h. den Stromversorgern) ergeben können.[10] Der Adressat der Mehrerlösabschöpfung[11] ist im Falle eines Betreiberwechsels der aktuelle Netzbetreiber.[12] Im Fall des Netzbetreibers Vattenfall führte die Mehrerlösabschöpfung zu einer Reduzierung des für den nächsten Genehmigungszeitraum anzusetzenden Betrags für die Netzdurchleitung um circa 50 Mio. Euro.[13] Eine gegen den VET-Beschluss des BGH erhobene Verfassungsbeschwerde wurde vom BVerfG nicht zur Entscheidung angenommen.[14]

II. Die zivilrechtliche Billigkeitskontrolle nach § 315 BGB im Anwendungsbereich des § 23a Abs. 5 Satz 1 EnWG

1. Die Rechtslage nach der Energierechtsnovelle 2005

Die Frage nach einer neben den energiewirtschaftlichen Regelungen zulässigen zivilrechtlichen Billigkeitskontrolle genehmigter Entgelte gemäß § 315 BGB (mit der Konsequenz einer bereicherungsrechtlichen Rückab-

---

[8] BGH v. 14. 8. 2008 – KVR 39/07, RdE 2008, 323 Rn. 15 – Vattenfall; BGH v. 14. 8. 2008 – KVR 27/07, RdE 2008, 334 Rn. 33 – Stadtwerke Engen.
[9] BGH v. 14. 8. 2008 – KVR 39/07, RdE 2008, 323 Rn. 15 – Vattenfall.
[10] BGH v. 14. 8. 2008 – KVR 39/07, RdE 2008, 323 Rn. 23 – Vattenfall. Der BGH stellt an der zitierten Stelle klar, dass solche Unterschiede hinzunehmen seien; insoweit kritisch *Säcker/Meinzenbach*, in: Berliner Kommentar, § 21 EnWG Rn. 64.
[11] Die periodenübergreifende Saldierung gilt nur für Mehrerlöse, nicht für Mindererlöse; näher dazu *Zeidler*, RdE 2010, 122, 125 f.
[12] *Zeidler*, RdE 2010, 122, 125.
[13] BGH, Pressemitteilung Nr. 156/08 v. 14. 8. 2008.
[14] Angabe nach *Zeidler*, RdE 2010, 122.

wicklung des zu viel Geleisteten nach §§ 812 Abs. 1 Satz 1, 1. Alt., 818 Abs. 2 BGB) wurde vom Kartellsenat des BGH in zwei Beschlüssen vom 30. März 2011 zunächst nicht entschieden, da die Revision dafür keine überzeugenden Gründe vorbringen konnte.[15] Verschiedene Instanzgerichte[16] hatten allerdings zuvor die Anwendung des Bereicherungsrechts und damit zugleich eine zivilrechtliche Billigkeitskontrolle der Netznutzungsentgelte gemäß § 315 Abs. 3 BGB unter Berufung auf die Argumente des BGH im Vattenfall-Beschluss vom 14. August 2008[17] und namentlich die Regelung in § 23a Abs. 5 Satz 1 EnWG ausdrücklich abgelehnt.[18] Teilweise hat auch die Literatur wegen dieser Vorschrift aus der Genehmigung der

---

[15] BGH v. 30. 3. 2011 – KZR 69/10, RdE 2011, 260 Rn. 2 ff.; BGH v. 30. 3. 2011 – KZR 70/10, ET 2012 Nr. 3, 108 Rn. 3 f.

[16] LG Mainz v. 28. 1. 2011 – 12 HK O 94/09, IR 2011, 63 Rn. 32; OLG Naumburg v. 9. 11. 2010 – 1 U 40/10, RdE 2011, 233 Rn. 34 ff. = ZNER 2011, 73; LG Düsseldorf v. 4. 5. 2012 – 37 O 38/10, WuW/E DE-R 3564, 2. Leitsatz und S. 3565 f. – Stromnetznutzungsentgelte. Darüber hinaus haben einige Oberlandesgerichte eine Billigkeitskontrolle gemäß § 315 Abs. 3 BGB wegen § 23a Abs. 5 S. 1 EnWG auch für die Übergangsphase zwischen Antragstellung und Genehmigungserteilung abgelehnt, siehe OLG Frankfurt a.M. v. 5. 10. 2010 – 11 U 31/09, WuW/E DE-R 3135 Rn. 34 = ZNER 2011, 631 – Überhöhte Netznutzungsentgelte; OLG Celle v. 17. 6. 2010 – 13 U 155/09, ZNER 2010, 394 Rn. 71.

[17] BGH v. 14. 8. 2008 – KVR 39/07, RdE 2008, 323 Rn. 21 – Vattenfall.

[18] Der BGH hat dort die analoge Anwendung der §§ 9, 11 StromNEV befürwortet, obgleich eine ausdrückliche Regelung zur Saldierung des im Zeitraum zwischen Antragstellung und Erteilung der Genehmigung erzielten Mehrerlöses weder im EnWG noch in der StromNEV enthalten war. Das BVerfG hat diese Vorgehensweise in seinem Nichtannahmebeschluss gebilligt, indem es einerseits feststellte, dass das Fehlen einer ausdrücklichen normativen Regelung nicht notwendig bedeute, „dass eine die Berufsausübung einschränkende Gerichtsentscheidung den Anforderungen des Art. 12 Abs. 1 Satz 2 GG widersprechen müsste" und „im Hinblick auf den Gesetzesvorbehalt keinen durchgreifenden verfassungsrechtlichen Bedenken [begegne]" sowie andererseits, dass sich der BGH „noch im Rahmen anerkannter Methoden der Rechtsfindung [bewege]", siehe BVerfG v. 21. 12. 2009 – 1 BvR 2738/08, ZNER 2010, 160 Rn. 25 f. und Rn. 28 = RdE 2010, 92. Indem der BGH den §§ 21, 23a Abs. 5 und § 32 Abs. 2 StromNEV entnehme, dass die Netzbetreiber auch im Übergangszeitraum an die materiellen Entgeltgrundsätze des § 21 EnWG gebunden seien und darüber hinausgehende Mehrerlöse nach §§ 9, 11 StromNEV zu saldieren hätten, entwickele er einen rechtlichen Ansatz, der im EnWG angelegt sei. Es handele sich dabei „nicht um eine Rechtsfindung, die sich vom Gesetz derart weit löst, dass sie nicht mehr mit dem Gesetzesvorbehalt des Art. 12 Abs. 1 Satz 2 GG vereinbar wäre" (BVerfG, a.a.O., Rn. 30). Auch der Wortlaut des § 23a Abs. 5 EnWG stehe dem nicht entgegen, da diese – der Auslegung zugängliche und bedürftige – Vorschrift die Frage des dauerhaften Verbleibens von Erlösen nicht beantworte (BVerfG, a.a.O., Rn. 31). Das BVerfG hat es weiter für zulässig gehalten, dass der BGH im Übergangszeitraum die materiellen Anforderungen an die Netzentgeltbestimmung gemäß § 21 EnWG für maßgeblich erachtet und insoweit die §§ 9, 11 StromNEV analog angewendet hat (BVerfG, a.a.O., Rn. 33).

Netzzugangsentgelte durch die Bundesnetzagentur auf „die grundsätzliche Billigkeit einer genehmigten Preisfestsetzung"[19] geschlossen.

2. Pro und Contra einer zivilrechtlichen Entgeltkontrolle in der Rechtsprechung der Oberlandesgerichte

Nach der Rechtsprechung des OLG Naumburg ist es „konsequent, eine nachträgliche Überprüfung der vom Netzbetreiber bestimmten Netznutzungsentgelte nach § 315 BGB regelmäßig auszuschließen, wenn der Netzbetreiber nur das nach § 23a EnWG genehmigte Netznutzungsentgelt verlangt."[20] Dies gilt nach Auffassung des OLG Frankfurt a.M. seit dem maßgeblichen Zeitpunkt des 29. Oktober 2005[21] auch für die Phase zwischen Antragstellung und Genehmigungserteilung durch die Bundesnetzagentur.[22] Für diese Ansicht spricht, dass § 23a EnWG ein Höchstpreisgenehmigungsverfahren für Netznutzungsentgelte durch die Regulierungsbehörde[23] vorsieht.[24] Man könnte daraus schließen, dass der Gesetzgeber mit der zweiten Energierechtsnovelle im Jahr 2005 ein „behördliches Überprüfungsmonopol" für die zuständige Regulierungsbehörde geschaffen habe, um Rechtssicherheit für die Netzeigentümer zu gewährleisten. Jedenfalls wurde die bis dato bestehende parallele Überprüfungskompetenz des Bundeskartellamts in § 111 Abs. 3 EnWG vom Gesetzgeber bewusst gestrichen. Außerdem wurde in § 30 Abs. 1 Satz 2 Nr. 5, 3. Halbs. EnWG aus-

---

[19] *Metzger*, ZHR 172 (2008), 458, 470.
[20] OLG Naumburg v. 9. 11. 2010 – 1 U 40/10, RdE 2011, 233 Rn. 37 = ZNER 2011, 73; siehe auch *Kühne*, NJW 2006, 654, 655 f.: „Demgegenüber sprechen jedoch Vorhandensein sowie Sinn und Zweck des regulatorischen Kontrollinstrumentariums gegen die Billigkeitskontrolle nach § 315 BGB. (...) In einem gegenüber dem Konkurrenzverhältnis zwischen § 315 BGB und dem Kartellrecht noch verstärkten Maße besteht hier teleologisch kein eigenständiges Anwendungsfeld für die zivilrechtliche Billigkeitskontrolle über § 315 BGB."
[21] Siehe zum maßgeblichen Zeitpunkt des 29. 10. 2005 § 118 Abs. 1b Satz 1 EnWG 2005 und § 32 Abs. 2 Satz 1 StromNEV; näher dazu OLG Naumburg v. 9. 11. 2010 – 1 U 40/10, RdE 2011, 233 Rn. 35 ff. = ZNER 2011, 73.
[22] OLG Frankfurt a.M. v. 5. 10. 2010 – 11 U 31/09, WuW/E DE-R 3135 Rn. 34 = ZNER 2011, 631 – Überhöhte Netznutzungsentgelte.
[23] Die Abgrenzung der Zuständigkeiten zwischen der Bundesnetzagentur und den Regulierungsbehörden der Länder richtet sich gemäß § 54 Abs. 2 Satz 1, 2 EnWG nach zwei Kriterien, nämlich der Zahl der Kunden (bis 100.000 Kunden: Zuständigkeit der Landesregulierungsbehörde, darüber hinaus: Zuständigkeit der BNetzA) sowie der Reichweite des Verteilnetzes (wenn dieses über ein Bundesland hinausreicht, ist die BNetzA zuständig). Fehlt eine ausdrückliche Zuweisung der Zuständigkeit durch das Gesetz, dann ist gemäß § 54 Abs. 3 Satz 1 EnWG die BNetzA zuständig.
[24] OLG Naumburg v. 9. 11. 2010 – 1 U 40/10, RdE 2011, 233 Rn. 40 = ZNER 2011, 73.

drücklich die Regelung getroffen, dass Entgelte, die die Obergrenzen einer dem betroffenen Unternehmen erteilten Genehmigung nach § 23a EnWG nicht überschreiten, als sachlich gerechtfertigt gelten.[25] Das Gleiche gilt im Falle der Anwendung der Methode der Anreizregulierung nach § 21a EnWG für Entgelte, welche die festgelegten Obergrenzen nicht überschreiten.[26] Gegen ein paralleles Überprüfungsregime lässt sich zudem die vom Gesetzgeber verfolgte Zielsetzung, Rechtssicherheit und Vertrauensschutz hinsichtlich der genehmigten Entgelte zu schaffen, anführen. Die Literatur hat – bezogen auf das EnWG 2005 und die bestehende Genehmigungspflicht für Netzzugangsentgelte – argumentiert, dass ein Netzzugangsentgelt, das nach dem Energierecht als sachlich gerechtfertigt gilt und aufgrund des § 111 Abs. 3 EnWG nach dem Kartellrecht nicht als missbräuchlich angesehen werden kann, sich wohl kaum als eine fehlerhafte Ausübung des Ermessens nach § 315 Abs. 1, 3 BGB darstellen könne.[27]

Diese Betrachtungsweise mag auf den ersten Blick plausibel erscheinen. Zwei Vertreter der Literatur haben sie unlängst mit dem ergänzend vorgetragenen Argument einer angeblichen „Befriedungsfunktion behördlich festgelegter Entgelte"[28] unterstützt. Gleichwohl sind bei näherer Betrachtung Zweifel an der Richtigkeit dieser Auffassung angebracht. Das OLG Naumburg hat selbst einige gewichtige Gegenargumente genannt, die für eine gerichtliche Billigkeitskontrolle gemäß § 315 Abs. 3 BGB neben der energierechtlichen Preiskontrolle sprechen.[29] Für eine zivilrechtliche Billigkeitskontrolle behördlich genehmigter Entgelte lässt sich zunächst anführen, dass das EnWG die Anwendung des § 315 BGB – anders als §§ 19, 20 und 29 GWB – nicht explizit ausschließt.[30] Die Literatur ergänzt, dass man dem Gesetzgeber nicht unterstellen dürfe, er sei diesbezüglich nicht in „vollem Bewusstsein über die Durchschlagskraft des § 315 BGB"

---

[25] Zu einzelnen Konstellationen, in denen Netznutzungsentgelte einer inzidenten (erneuten) Überprüfung durch die Kartellbehörden unterliegen können, siehe *Schreiber*, Zusammenspiel der Regulierungsinstrumente, S. 168.

[26] OLG Naumburg v. 9. 11. 2010 – 1 U 40/10, RdE 2011, 233 Rn. 40 = ZNER 2011, 73 unter Hinweis auf *Dreher*, ZNER 2007, 103 ff. und *Bork*, JZ 2006, 683.

[27] *Metzger*, ZHR 172 (2008), 458, 470.

[28] *Scholtka/Baumbach*, NJW 2012, 2704, 2707.

[29] OLG Naumburg v. 9. 11. 2010 – 1 U 40/10, RdE 2011, 233 Rn. 41 ff. = ZNER 2011, 73; gegen die Verdrängungsthese und für ein Nebeneinander der Billigkeitskontrolle des § 315 BGB und der energierechtlichen Preiskontrolle zuvor schon *Dreher*, ZNER 2007, 103, 105; *Grigoleit/Götz*, ZNER 2009, 224, 225.

[30] OLG Naumburg v. 9. 11. 2010 – 1 U 40/10, RdE 2011, 233 Rn. 38, 42 = ZNER 2011, 73 unter Hinweis auf *Schebstadt*, MMR 2006, 157; ebenso *Säcker/Meinzenbach*, in: Berliner Kommentar, § 111 EnWG Rn. 38.

gewesen.[31] Sie argumentiert weiter, dass auch nach In-Kraft-Treten des neuen Energiewirtschaftsgesetzes im Jahr 2005 von einer „Idealkonkurrenz" zwischen dem Zivilrecht und dem Energierecht auszugehen sei.[32] Ein weiteres beachtliches Gegenargument findet sich in der älteren Rechtsprechung des BGH, der zufolge die Anwendbarkeit des § 315 BGB auch dann zu bejahen war, wenn die Tarifbestimmung nach damaligem Recht mit Genehmigung der zuständigen Aufsichtsbehörde getroffen wurde.[33] Dafür sprach und spricht auch weiterhin, dass sich die rein öffentlich-rechtliche Wirkung einer Genehmigung auf das Verhältnis der (Regulierungs-)Behörde zum Genehmigungsempfänger beschränkt und daher für die privatrechtliche Überprüfung eines einseitig festgesetzten Entgelts nach § 315 Abs. 3 BGB nicht präjudiziell ist.[34] Anders wäre die Rechtslage lediglich dann, wenn die behördliche Genehmigung eine abschließende und verbindliche Gestaltung der Rechtsbeziehungen der Vertragsbeteiligten bezweckte und den privatautonomen Spielraum des Verwenders beseitigte.[35] Das ist hier jedoch nicht der Fall.

3. Die Entscheidung der Streitfrage durch das Urteil „Stromnetznutzungsentgelt V" des BGH vom 15. Mai 2012

Inzwischen hat der BGH durch sein „Stromnetznutzungsentgelt V"-Urteil vom 15. Mai 2012 eine weitere wichtige Entscheidung zum Verhältnis der Vorschriften über die Regulierung von Netzentgelten gemäß der Strom-

---

[31] So eine vom Senat zierte Formulierung von *Schebstadt*, MMR 2006, 157, 158; siehe auch *Dreher*, ZNER 2007, 103, 105.

[32] Siehe *Säcker/Meinzenbach*, in: Berliner Kommentar, § 111 EnWG Rn. 38, 42; *Säcker*, ZWeR 2008, 348, 351.

[33] OLG Naumburg v. 9. 11. 2010 – 1 U 40/10, RdE 2011, 233 Rn. 39 = ZNER 2011, 73.

[34] OLG Naumburg v. 9. 11. 2010 – 1 U 40/10, RdE 2011, 233 Rn. 39 = ZNER 2011, 73 unter Hinweis auf die ständige Rechtsprechung des BGH, siehe BGH v. 18. 10. 2005 – KZR 36/04, BGHZ 164, 336 Rn. 20 = RdE 2006, 81 – Stromnetznutzungsentgelt zur Preisgenehmigung nach § 12 BTOElt; BGH v. 10. 10. 1991 – III ZR 100/90, BGHZ 115, 311, 315; BGH v. 2. 7. 1998 – III ZR 287/97, NJW 1998, 3188; BGH v. 5. 7. 2005 – X ZR 60/04, BGHZ 163, 321; dem folgend *Säcker/Meinzenbach*, in: Berliner Kommentar, § 111 EnWG Rn. 39; *Weyer*, in: Berliner Kommentar, § 30 EnWG Rn. 46; abweichend *Busse von Colbe*, in: Berliner Kommentar, Vor §§ 21 ff. EnWG Rn. 16, demzufolge das zitierte BGH-Urteil v. 18. 10. 2005 wohl nur noch von Bedeutung sei, wenn die Entgelte aufgrund unvollständiger oder unrichtiger Angaben genehmigt worden seien.

[35] *Säcker/Meinzenbach*, in: Berliner Kommentar, § 111 EnWG Rn. 39 und Übernahme des Standpunkts von BGH v. 24. 5. 2007 – III ZR 467/04, NJW 2007, 3344 Rn. 15 f. = MMR 2007, 564.

NEV und der GasNEV sowie § 315 BGB getroffen.[36] Wie in der Literatur gefordert, befürwortet der BGH die parallele Anwendbarkeit des Energiewirtschaftsrechts und des Zivilrechts. Der Leitsatz der genannten Entscheidung lautet: „Die nach dem Energiewirtschaftsgesetz 2005 genehmigten Netznutzungsentgelte unterliegen der Billigkeitskontrolle nach § 315 Abs. 3 BGB. Der Maßstab billigen Ermessens wird durch die §§ 21 ff. EnWG und die Vorschriften der Stromnetzentgeltverordnung konkretisiert."

Die Klägerin des Falles hatte geltend gemacht, dass die von der Beklagten verlangten Entgelte um mindestens 27% überhöht gewesen seien.[37] Die Voraussetzung für eine Überprüfung der verlangten Entgelte nach § 315 BGB – d.h. eine ausdrückliche oder konkludente rechtsgeschäftliche Vereinbarung, dass eine Partei durch einseitige Willenserklärung den Inhalt einer Vertragsleistung bestimmen kann –[38] war in Form eines Rahmenvertrags mit entsprechendem Leistungsbestimmungsrecht der Beklagten gegeben.[39] Der Kartellsenat des BGH entschied, dass die Anwendung des § 315 BGB durch die Regelungen des EnWG 2005 nicht ausgeschlossen sei. Das EnWG 2005 regele in § 111 EnWG lediglich das Verhältnis zum GWB insbesondere im Hinblick auf eine mögliche Doppelzuständigkeit von Regulierungs- und Kartellbehörden. Zu dem Verhältnis der behördlichen Entgeltregulierung zur zivilrechtlichen Billigkeitskontrolle nach § 315 BGB besage § 111 EnWG dagegen nichts.[40] Die parallele Anwendbarkeit der Billigkeitskontrolle gemäß § 315 Abs. 3 BGB neben den entgeltrelevanten Regelungen des Energiewirtschaftsrechts lasse sich nicht damit verneinen, dass § 23a EnWG ein Höchstpreisgenehmigungsverfahren für Netznutzungsentgelte durch die Regulierungsbehörden vorsehe, mit dem der Gesetzgeber ein Überprüfungsmonopol zugunsten der Regulierungsbehörden

---

[36] BGH v. 15. 5. 2012 – EnZR 105/10, VersorgW 2012, 235 – Stromnetznutzungsentgelt V. Es handelt sich um die Revisionsentscheidung zu dem Urteil des OLG Naumburg v. 9. 11. 2010, RdE 2011, 233.

[37] BGH v. 15. 5. 2012 – EnZR 105/10, VersorgW 2012, 235 Rn. 3 – Stromnetznutzungsentgelt V. Der Gesamtbetrag der gezahlten Entgelte belief sich auf 632.755,04 Euro.

[38] Siehe BGH v. 18. 10. 2005 – KZR 36/04, BGHZ 164, 336, 339 – Stromnetznutzungsentgelt I; BGH v. 18. 10. 2011 – KZR 18/10, WuW/E DE-R 3417 Rn. 12 = NVwZ 2012, 189 – Stornierungsentgelt.

[39] BGH v. 15. 5. 2012 – EnZR 105/10, VersorgW 2012, 235 Rn. 16 – Stromnetznutzungsentgelt V.

[40] BGH v. 15. 5. 2012 – EnZR 105/10, VersorgW 2012, 235 Rn. 18 – Stromnetznutzungsentgelt V; a.A. *Martini*, DVBl. 2008, 21, 24 mit Fn. 29: „Das breite Arsenal präventiver und nachträglicher Netzentgeltkontrolle ... lässt für eine allgemeine zivilrechtliche Billigkeitskontrolle [scil. gemäß § 315 BGB] indes keinen Raum mehr."

im Interesse der Rechtssicherheit habe schaffen wollen.[41] Dagegen spreche bereits, dass der Gesetzgeber in § 111 Abs. 1 Satz 1 EnWG zwar die §§ 19, 20 GWB ausdrücklich von der Anwendung ausnehme, den § 315 BGB jedoch nicht. Einer Verdrängung der zivilrechtlichen Billigkeitskontrolle durch die behördliche Entgeltgenehmigung stehe vor allem entgegen, dass sich die rein öffentlich-rechtliche Wirkung der Genehmigung auf das Verhältnis der Behörde zum Netzbetreiber beschränke.[42] Die Entgeltgenehmigung wirke nicht unmittelbar auf das Rechtsverhältnis zwischen dem Netzbetreiber und dem Netznutzer ein, sondern bedürfe noch der privatrechtlichen Umsetzung. Die genehmigten Entgelte seien gemäß § 23a Abs. 2 Satz 2 EnWG Höchstpreise,[43] die der Netzbetreiber nicht zwingend erheben müsse, wenngleich nicht zu verkennen sei, dass dies praktisch regelmäßig der Fall sein dürfte. Stelle dieser einen geringeren Preis in Rechnung, müsse er allerdings das Diskriminierungsverbot beachten und dürfe – abgesehen von den zulässigen Fällen individueller Netzentgelte z.B. gemäß § 24 Satz 1 Nr. 3 EnWG i.V.m. § 19 StromNEV – nicht nur einzelne Netznutzer begünstigen.[44] Nichts anderes ergebe sich aus § 30 Abs. 1 Satz 2 Nr. 5, 3. Halbs. EnWG, wonach Entgelte, die die Obergrenzen einer dem betroffenen Unternehmen erteilten Genehmigung nach § 23a EnWG nicht überschreiten, als sachlich gerechtfertigt gelten. Diese Vorschrift sei aber nur im Rahmen des behördlichen Missbrauchsverfahrens relevant. Sie solle als *ex-post*-Maßnahme an die *ex-ante*-Genehmigung anknüpfen und nicht zu dieser in Widerspruch stehen. Dies habe zwar auch zur Folge, dass ein Netznutzer einen individuellen Schadensersatzanspruch nach § 32 Abs. 3 und 4 EnWG nicht auf die Behauptung stützen könne, die genehmigten Netzentgelte seien überhöht. Die Billigkeitskontrolle nach § 315 Abs. 3 Satz 2 BGB bleibe davon aber unberührt, weil ein darauf beruhender schuldrechtlicher Anspruch zu deliktischen Ansprüchen in Anspruchskonkurrenz stehe.[45] Zwar seien bei der Billigkeitsprüfung nach § 315 Abs. 3 BGB die Maßstäbe des energiewirtschaftlichen Regulierungsrechts zu be-

---

[41] BGH v. 15. 5. 2012 – EnZR 105/10, VersorgW 2012, 235 Rn. 19 – Stromnetznutzungsentgelt V; a.A. *Bork*, JZ 2006, 682, 684; *Kühne*, NJW 2006, 654, 655 f.; *Säcker*, ZNER 2007, 114, 116; *Schebstadt*, MMR 2006, 157; *Wolf*, RdE 2011, 261, 262.
[42] BGH v. 15. 5. 2012 – EnZR 105/10, VersorgW 2012, 235 Rn. 20 – Stromnetznutzungsentgelt V unter Zitierung von BGH v. 5. 7. 2005 – X ZR 60/04, NJW 2005, 2919, 2920, insoweit in BGHZ 163, 321 nicht abgedruckt.
[43] So schon *Grigoleit/Götz*, ZNER 2009, 224, 225 unter Hinweis auf § 23a Abs. 2 EnWG.
[44] BGH v. 15. 5. 2012 – EnZR 105/10, VersorgW 2012, 235 Rn. 20 – Stromnetznutzungsentgelt V.
[45] BGH v. 15. 5. 2012 – EnZR 105/10, VersorgW 2012, 235 Rn. 21 – Stromnetznutzungsentgelt V.

achten. Eine richterliche Inhaltskontrolle werde dadurch aber nicht ausgeschlossen.[46] Für sie verbleibe vielmehr ein eigenständiger Anwendungsbereich, der es geboten erscheinen lasse, § 315 Abs. 3 BGB neben dem öffentlich-rechtlichen Energiewirtschaftsrecht anzuwenden.[47] Für eine Anwendbarkeit des § 315 BGB neben den energiewirtschaftsrechtlichen Vorschriften spreche zudem auch die unterschiedliche Ausgestaltung der entsprechenden Verfahren unter besonderer Berücksichtigung des Gebots eines effektiven Rechtsschutzes für die Netznutzer.[48] Folglich waren die verlangten Netznutzungsentgelte gemäß § 315 Abs. 3 BGB auf ihre Billigkeit hin zu überprüfen. Da die Beklagte ihrer Darlegungslast genügt und die Klägerin keine substantiierten Einwendungen erhoben hatte, war von der Billigkeit der verlangten Entgelte auszugehen.[49]

Bei der richterlichen Billigkeitskontrolle sind nach Ansicht des BGH die Maßstäbe des energiewirtschaftlichen Regulierungsrechts zu beachten. Die Literatur hatte zum Teil bereits vor Erlass des Urteils des BGH vom 15. Mai 2012 für eine parallele Anwendbarkeit von § 30 EnWG und § 315 BGB votiert[50] und insoweit zu Recht gefordert, den Regelungen des neuen EnWG über die Netzentgeltregulierung lediglich eine konkretisierende[51] und indizielle Wirkung bei der Bestimmung des Maßstabs des „billigen Ermessens" i. S. von § 315 Abs. 1 BGB beizumessen.[52] Auf diese Weise wird der berechtigte Versuch unternommen, divergierende Maßstäbe zwischen der energierechtlichen Preisregulierung einerseits und dem zivilrechtlichen Billigkeitsmaßstab andererseits zu vermeiden.[53]

---

[46] BGH v. 15. 5. 2012 – EnZR 105/10, VersorgW 2012, 235 Rn. 22 – Stromnetznutzungsentgelt V.

[47] BGH v. 15. 5. 2012 – EnZR 105/10, VersorgW 2012, 235 Rn. 23 – Stromnetznutzungsentgelt V; ebenso *Dreher*, ZNER 2007, 103, 105.

[48] BGH v. 15. 5. 2012 – EnZR 105/10, VersorgW 2012, 235 Rn. 24 – Stromnetznutzungsentgelt V.

[49] BGH v. 15. 5. 2012 – EnZR 105/10, VersorgW 2012, 235 Rn. 32, 37 f. – Stromnetznutzungsentgelt V. Ablehnend entschied der BGH auch zum Schadensersatzanspruch gemäß § 33 Abs. 3 Satz 1 GWB i.V.m. Art. 102 Satz 2 lit. a AEUV.

[50] *Weyer*, in: Berliner Kommentar, § 30 EnWG Rn. 46, 121; *Dreher*, ZNER 2007, 103, 105.

[51] Vgl. auch BGH v. 18. 10. 2011 – KZR 18/10, WuW/E DE-R 3417 Rn. 17 = NVwZ 2012, 189 – Stornierungsentgelt: Der Maßstab der Billigkeit in § 315 BGB werde durch die eisenbahnrechtlichen Entgeltbemessungsgrundsätze konkretisiert, aber für § 315 BGB verbleibe ein eigenständiger Anwendungsbereich.

[52] *Säcker/Meinzenbach*, in: Berliner Kommentar, § 111 EnWG Rn. 40.

[53] Ebenso *Säcker/Meinzenbach*, ebd. (Fn. 52).

4. Parallelen zur Entgeltbestimmung im Eisenbahnregulierungsrecht

Das Urteil des Kartellsenats „Stromnetznutzungsentgelt V" weist gewisse Parallelen zur neueren Rechtsprechung des BGH betreffend Trassennutzungsentgelte in Eisenbahninfrastrukturnetzverträgen – genauer: zum Verhältnis des §§ 14, 14e, 14f AEG zu § 315 BGB – auf.[54] Die dort gegebene Begründung für die parallele Anwendbarkeit des Eisenbahnregulierungsrechts und des § 315 BGB lässt sich auf die Entgeltbestimmung im Energiewirtschaftsrecht jedenfalls teilweise übertragen. Die Entgeltbestimmung im Energiewirtschaftsrecht ist durch das Setzen von gewissen Anreizen gekennzeichnet, d.h. sie ist nicht rein kostenorientiert ausgestaltet. Beispielsweise sind nach § 21 Abs. 1 EIBV[55] bei der Berechnung der Entgelte Anreize zur Verringerung von Störungen und zur Erhöhung der Leistungsfähigkeit des Schienennetzes zu schaffen.[56] Auch die grundlegenden Zwecke der jeweiligen Regelungssysteme sind vergleichbar, geht es doch jeweils um den diskriminierungsfreien Zugang zu einer bestimmten monopolisierten Infrastruktur.[57]

---

[54] BGH v. 18. 10. 2011 – KZR 18/10, WuW/E DE-R 3417 Rn. 12 ff. = NVwZ 2012, 189 – Stornierungsentgelt. In dem konkreten Fall ging der BGH von der analogen Anwendung des § 315 BGB aus (a.a.O., Rn. 13), und er stellte dort fest, dass die Maßstäbe des eisenbahnrechtlichen Regulierungsrechts sich nicht vollständig mit dem Begriff der Billigkeit in § 315 BGB deckten (a.a.O, Rn. 15 ff.); abweichend LG Düsseldorf v. 4. 5. 2012 – 37 O 38/10, WuW/E DE-R 3564, 3565 – Stromnetznutzungsentgelte; siehe ferner aus der älteren Rechtsprechung – zum Verhältnis der luftverkehrsrechtlichen Genehmigung der Entgelte „für das Starten, Landen und Abstellen von Luftfahrzeugen auf Verkehrsflughäfen" und § 315 Abs. 3 BGB – die Ausführungen des BGH in dem Urteil v. 24. 11. 1977 – III ZR 27/76, WM 1978, 1097 Rn. 31: „(...) Die behördliche Genehmigung der einseitig festgelegten Entgelte schließt deren Überprüfung durch die ordentlichen Gerichte nicht aus. Die Überprüfung der genehmigten Entgelte stellt nämlich keine Rechtskontrolle der Genehmigung selbst dar und wird daher auch nicht durch die Tatbestandswirkung dieser Genehmigung und durch den Grundsatz der Bindung der ordentlichen Gerichte an rechtswirksame Verwaltungsakte gehindert. Eine Mißbilligung einzelner vertraglicher Bestimmungen unter anderen Gesichtspunkten läßt die behördliche Genehmigung in ihrer öffentlich-rechtlichen Wirkung, die sich auf das Verhältnis der Behörde zum Genehmigungsempfänger beschränkt, unberührt. Die Genehmigung ihrerseits ändert nicht den privatrechtlichen Charakter der einseitigen Leistungsbestimmung durch das Flughafenunternehmen und schließt die richterliche Inhaltskontrolle dieser Geschäftsbedingungen nicht aus (...)."

[55] Die Abkürzung steht für Eisenbahninfrastruktur-Benutzungsverordnung.

[56] Darauf rekurriert der BGH – neben anderen Aspekten – in Rn. 16 seiner Entscheidung a.a.O. (Fn. 54).

[57] Für das Eisenbahnregulierungsrecht siehe BGH (Fn. 54) Rn. 17 (diskriminierungsfreier Zugang zur Eisenbahninfrastruktur).

5. Die Anwendbarkeit des § 315 BGB auf Netznutzungsentgelte im System der Anreizregulierung

Fraglich ist, ob die Begründung des BGH im Fall „Stromnetznutzungsentgelt V" für die Anwendbarkeit des § 315 BGB nicht nur auf die kostenbasierte Entgeltkontrolle, sondern auch auf die Festlegung der Netzentgelte im System der Anreizregulierung passt. Diese zielt, wie oben dargelegt wurde, auf Effizienzsteigerungen ab. Die Regulierungsbehörde genehmigt dem Netzbetreiber keine Entgelte mehr, sondern sie gibt ihm Erlösobergrenzen vor, die dieser sodann selbständig in Nutzungsentgelte umsetzt. Die Anwendbarkeit des § 315 BGB auf Netznutzungsentgelte, die im Wege der Anreizregulierung festgelegt wurden, ist von der Literatur teilweise bestritten worden.[58] Es wird moniert, dass das Ziel der Anreizregulierung konterkariert würde, wenn die Gerichte dem Netzbetreiber die aus Kostensenkungen entstandenen Gewinne nach § 315 BGB – ggf. sogar während einer laufenden Regulierungsperiode – als unbillig aberkennen könnten. Dies sei auch vor dem Hintergrund des Vertrauensschutzes des Netzbetreibers in die Festlegungen der Regulierungsbehörde und in das System der Anreizregulierung fraglich. Schließlich könnten Netzbetreiber, die eine Absenkung ihrer Preise bzw. eine Verweigerung von nach den Vorgaben der Anreizregulierung zulässigen Preiserhöhungen befürchteten, gar nicht erst in Rationalisierungsmaßnahmen investieren, so dass der Anreizmechanismus in Gefahr gerate. Zudem würde über die Anwendung des § 315 BGB die Aufsichtskompetenz der Regulierungsbehörden und die gerichtliche Prüfungskompetenz durch die Kartellsenate gemäß §§ 106, 107 EnWG ausgehebelt und auf die allgemeinen Zivilgerichte verlagert.[59]

Diese Kritik überzeugt indessen nicht. Die Argumente, die für eine Anwendung des § 315 Abs. 3 BGB auf genehmigte Netznutzungsentgelte (im Sinne von Höchstpreisen) sprechen, lassen sich erst recht auf die Entgeltfestlegung im Rahmen der Anreizregulierung übertragen. Die Genehmigung der Erlösobergrenzen betrifft lediglich das Verhältnis der Regulierungsbehörde zu dem Netzbetreiber, nicht das Verhältnis zu Dritten. Der Netzbetreiber hat im System der Anreizregulierung einen erheblichen eigenen Handlungsspielraum bei der Bestimmung der Höhe der Entgelte, eben weil ihm die Regulierungsbehörde nur die Erlösobergrenzen für eine bestimmte Regulierungsperiode, nicht aber die maximale Höhe der Netznutzungsentgelte vorgibt. Damit ist die Position des Netzbetreibers dem „zivilrechtlichen Normalfall", den § 315 Abs. 3 BGB regelt – nämlich die Billigkeitskontrolle einer einseitigen Leistungsbestimmung durch den Be-

---

[58] Siehe *Baur/Pritzsche/Garbers*, Anreizregulierung, S. 79.
[59] Zum Vorstehenden *Baur/Pritzsche/Garbers*, ebd. (Fn. 58).

rechtigten – noch näher als bei im Fall der behördlichen Entgeltgenehmigung von Höchstpreisen. Weiter ist nicht ersichtlich, dass eine Anwendung des § 315 Abs. 3 Satz 2 BGB die Zielsetzungen der Anreizregulierung negativ beeinträchtigen könnte, da diese Vorschrift lediglich der Bekämpfung *unbilliger* Entgelte dient. Die Vorschrift etabliert gerade keine verfeinerte Preiskontrolle im Energiewirtschaftsrecht, bei der der Richter seine eigenen Vorstellungen von vertraglicher Äquivalenz bzw. von einem „gerechten Preis" ohne Weiteres an jene der Parteien setzen dürfte.

6. Die zeitliche Dimension der Geltendmachung des Kondiktionsanspruchs

a) Einführung

Die Rückförderung überhöhter Netznutzungsentgelte gemäß §§ 812 Abs. 1 Satz 1, 1. Alt., 818 Abs. 2 i.V.m. § 315 Abs. 3 Satz 2 BGB kommt unter Umständen auch noch Jahre nach der Entstehung des Kondiktionsanspruchs in Betracht, wenn und soweit der Netznutzer seinerzeit nur unter Vorbehalt geleistet hat. § 315 Abs. 3 BGB bestimmt für die Erhebung der dort vorgesehenen Klage keine besondere Frist.[60] Das Recht zur Klage gemäß dieser Vorschrift kann deshalb lediglich durch eine illoyale Verzögerung der Klageerhebung verwirkt sein.[61] Im Folgenden ist zunächst auf die Verjährung des bereicherungsrechtlichen Rückforderungsanspruchs einzugehen. Anschließend ist zu untersuchen, ob eine darüber hinausgehende Verkürzung der Rückforderungsfrist unter dem Gesichtspunkt der Verwirkung des Klagerechts gemäß § 315 Abs. 3 Satz 2 BGB in Betracht kommt.

aa) Die Verjährung des Kondiktionsanspruchs

Aus dem Umstand, dass § 315 Abs. 3 BGB keine Klagefrist kennt, könnte man darauf schließen, dass auch ein entsprechender Rückforderungsanspruch aus §§ 812 Abs. 1 Satz 1, 1. Alt., 818 Abs. 2 BGB nicht zu verjähren beginnen könne, bevor nicht das zuständige Gericht die Bestimmung des billigen Entgelts gemäß § 315 Abs. 3 Satz 2 BGB vorgenommen

---

[60] BGH v. 20. 7. 2010 – EnZR 23/09, RdE 2010, 385 Rn. 20 = ZNER 2010, 581 – Stromnetznutzungsentgelt IV; gegen eine solche Frist auch *Piepenbrock*, ZIP 2010, 1925, 1928 f., 1933 m.w.N.

[61] BGH v. 20. 7. 2010 – EnZR 23/09, RdE 2010, 385 Rn. 20 = ZNER 2010, 581 – Stromnetznutzungsentgelt IV; BGH v. 6. 3. 1986 – III ZR 195/84, BGHZ 97, 212, 220 f. = NJW 1986, 1803, 1805; Palandt/*Heinrichs*, § 315 Rn. 17; dies aus dogmatischen Gründen ablehnend *Piepenbrock*, ZIP 2010, 1925, 1932 f., der stattdessen auf die dreijährige Verjährung des Rückforderungsanspruchs gemäß § 199 Abs. 1 Nr. 2 BGB ab Kenntnis von den anspruchsbegründenden Tatsachen abstellen will.

hat.[62] Dafür könnte man auch anführen, dass die Forderung erst mit der Rechtskraft des die billige Leistung festsetzenden Urteils gemäß § 315 Abs. 3 Satz 2 BGB fällig wird.[63] Dieser Argumentation hat zunächst die instanzgerichtliche Rechtsprechung eine Absage erteilt.[64] Sodann hat der Kartellsenat des BGH mit zwei Beschlüssen aus den Jahren 2009 und 2010 endgültig geklärt, dass die Verjährung des Anspruchs auf Rückzahlung des unter Vorbehalt gezahlten Netznutzungsentgelts aus Leistungskondiktion bereits mit der Zahlung beginne.[65] Demnach ist also der Schluss des Jahres, in dem die Zahlung vorgenommen wurde, für den Beginn der Verjährung maßgeblich (siehe § 199 Abs. 1 BGB). Die Rechtsprechung hat außerdem ein Hinausschieben des Beginns der Verjährung mit dem Argument, die Rechtslage sei unübersichtlich oder zweifelhaft gewesen, so dass sie selbst ein rechtskundiger Dritter nicht zuverlässig hätte einschätzen können, ausdrücklich abgelehnt.[66] Daher gilt also auch für den Rückforderungsanspruch aus Leistungskondiktion gemäß §§ 812 Abs. 1 Satz 1, 1. Alt., 818 Abs. 2 i.V.m. § 315 Abs. 3 BGB die regelmäßige dreijährige Verjährungsfrist.[67] Die fehlende Verbindlichkeit der unbilligen Leistungsbestimmung gemäß § 315 Abs. 3 BGB steht dem nicht entgegen.[68] Vielmehr hat diese automatische halbseitige Unverbindlichkeit nach höchstrichterlicher Rechtsprechung zur Konsequenz, dass die Forderung weder fällig noch erfüllbar ist. Eine dennoch unter Vorbehalt erbrachte Leistung ist rechtsgrundlos und kann daher ab dem Zeitpunkt ihrer Erbringung gemäß § 812 Abs. 1 Satz 1, 1. Alt. BGB zurückgefordert werden.[69]

bb) Die Verwirkung des Klagerechts

Fraglich ist, ob darüber hinaus eine weitere Verkürzung des Rückforderungsrechts, beispielsweise auf ein Jahr (vgl. § 124 Abs. 1 BGB), in Betracht kommt. Dies kann möglicherweise mit einer Verwirkung des Klage-

---

[62] *Schwintowski*, ZIP 2006, 2302, 2305 f.
[63] BGH v. 4. 4. 2006 – X ZR 122/05, BGHZ 167, 139 Rn. 22 = NJW 2006, 2472; BGH v. 10. 3. 1993 – VIII ZR 238/92, BGHZ 122, 32 Rn. 41 = NJW 1993, 1387.
[64] OLG Jena v. 26. 9. 2007 – 2 U 227/07, ZNER 2008, 82 Rn. 13 ff.; OLG Düsseldorf v. 26. 11. 2008 – VI-2 U (Kart) 12/07, ZNER 2009, 46 Rn. 47 ff.; OLG Brandenburg v. 11. 3. 2008 – Kart U 2/07, RdE 2009, 53 Rn. 112 ff.; ausführlich LG Mainz v. 5. 3. 2007 – 5 O 94/06, Rn. 41 ff.
[65] BGH v. 23. 6. 2009 – EnZR 49/08, ZNER 2009, 249 Rn. 4 = RdE 2009, 377; bestätigt durch BGH v. 7. 12. 2010 – KZR 41/09, ZNER 2011, 314 Rn. 8.
[66] BGH v. 23. 6. 2009 – EnZR 49/08, ZNER 2009, 249 Rn. 7 = RdE 2009, 377.
[67] BGH v. 23. 6. 2009 – EnZR 49/08, ZNER 2009, 249 Rn. 6 = RdE 2009, 377.
[68] LG Mainz v. 5. 3. 2007 – 5 O 94/06, Rn. 43 ff.
[69] OLG Jena v. 26. 9. 2007 – 2 U 227/07, ZNER 2008, 82 Rn. 15; LG Mainz v. 5. 3. 2007 – 5 O 94/06, Rn. 47.

rechts gemäß § 315 Abs. 3 BGB begründet werden. Die Verwirkung eines Rechts setzt voraus, dass sowohl das erforderliche Zeitmoment als auch das Umstandsmoment gegeben sind.[70] Mit dem Zeitmoment ist gemeint, dass seit der ersten Möglichkeit der Geltendmachung eine längere Zeit verstrichen ist. Mit dem Umstandsmoment sind „besondere Umstände" angesprochen, die die verspätete Geltendmachung als Verstoß gegen Treu und Glauben erscheinen lassen.

(1) Das Zeitmoment

In zeitlicher Hinsicht ist die Regelung aus dem Recht der Anfechtung in § 124 Abs. 1 BGB, die aus Gründen der Rechtssicherheit eine Jahresfrist vorsieht, nach herrschender und zutreffender Ansicht weder direkt noch analog anwendbar,[71] da sie auf die spezifische Situation eines getäuschten oder bedrohten Geschäftspartners zugeschnitten ist.[72] Es handelt sich um eine Sondervorschrift, die nicht auf die Situation einer Vertragspartei passt, die dem Leistungsbestimmungsrecht der anderen Vertragspartei unterworfen ist und gegen dessen Ausübung nach § 315 Abs. 3 BGB vorgehen kann.[73] Des Weiteren führt die Anwendung des § 124 Abs. 1 BGB zu einem Rechtsverlust durch bloßen Zeitablauf, ohne dass es auf das Vorliegen vertrauensbegründender Umstände ankäme.[74]

In Betracht kommt daher allenfalls eine vergleichsweise Heranziehung der Regelung zur Verjährung gemäß §§ 195, 199 Abs. 1 BGB.[75] Direkt können diese Vorschriften jedenfalls nicht angewendet werden, da das Recht auf gerichtliche Leistungsbestimmung nach § 315 Abs. 3 Satz 2 BGB nicht der Verjährung unterliegt, weil es einem Gestaltungsrecht ähn-

---

[70] Zum Zeit- und Umstandsmoment bei der Verjährung siehe BGH v. 20. 7. 2010 – EnZR 24/09, NVwZ-RR 2011, 58 Rn. 20 ff.; BGH v. 20. 7. 2010 – EnZR 23/09, RdE 2010, 385 Rn. 20 ff. = ZNER 2010, 581 – Stromnetznutzungsentgelt IV; OLG Celle v. 17. 6. 2010 – 13 U 155/09, ZNER 2010, 394 Rn. 54 ff. OLG München v. 14. 5. 2009 – U (K) 3283/08, IR 2009, 232 Rn. 53 f.; OLG München v. 20. 5. 2010 – U (K) 4653/09, WuW/E DE-R 3031 Rn. 74 f. = ZNER 2010, 407; OLG Nürnberg v. 26. 5. 2009 – 1 U 1422/08, OLGR Nürnberg 2009, 609 Rn. 59.
[71] OLG Nürnberg v. 26. 5. 2009 – 1 U 1422/08, OLGR Nürnberg 2009, 609 Rn. 60 f.; ebenso *Höppner*, N&R 2010, 2, 5, demgegenüber hält LG Mainz v. 5. 3. 2007 – 5 O 94/06, Rn. 56 die analoge Anwendung des § 124 Abs. 1 BGB für sachgerecht.
[72] OLG Nürnberg v. 26. 5. 2009 – 1 U 1422/08, OLGR Nürnberg 2009, 609 Rn. 60 f.
[73] OLG Nürnberg v. 26. 5. 2009 – 1 U 1422/08, OLGR Nürnberg 2009, 609 Rn. 61.
[74] OLG Nürnberg v. 26. 5. 2009 – 1 U 1422/08, OLGR Nürnberg 2009, 609 Rn. 60.
[75] Siehe *Höppner*, N&R 2010, 2, 6: „Auch angesichts der Komplexität der Entscheidungsfindung wird man als Maßstab für das geringste Zeitmoment für einen Verwirkungstatbestand die regelmäßige Verjährungsfrist von drei Jahren heranziehen können. Vor ihrem Ablauf kann eine Verwirkung des Klagerechts aus § 315 Abs. 3 BGB nur bei Hinzutreten ganz besonderer Umstände angenommen werden."

lich ist.[76] Es gibt aber keinen Grundsatz, dass Gestaltungsrechte bereits nach einem kurzen Zeitablauf verwirken.[77] Die Rechtsprechung zieht teilweise Parallelen zwischen dem Zeitmoment der Verwirkung und der dreijährigen Frist für die Verjährung des Rückzahlungsanspruchs aus §§ 812, 818 BGB gemäß §§ 195, 199 Abs. 1 BGB.[78] Sie geht dabei von dem Grundsatz aus, dass umso seltener Raum für eine Verwirkung gegeben sein wird, je kürzer die Verjährungsfrist ist.[79] Aus der Entscheidung des Gesetzgebers für eine Verjährungsfrist von drei Jahren folge vielmehr, dass dem Gläubiger dieser Zeitraum für die Geltendmachung grundsätzlich ungeschmälert erhalten bleiben solle.[80] Eine Verwirkung vor Ablauf von drei Jahren könne deshalb nur bei Vorliegen ganz besonderer bzw. außergewöhnlicher Umstände eintreten.[81] Daraus folgt, dass wegen des Schutzzwecks des § 315 Abs. 3 Satz 2 BGB auf jeden Fall strenge Anforderungen an das Zeitmoment der Verwirkung zu stellen sind.[82] Die einer einseitigen Leistungsbestimmung unterliegende Vertragspartei ist gegenüber der anderen Vertragspartei fremdbestimmt und daher besonders schutzwürdig.[83] Die Einräumung der Gestaltungsklage gemäß § 315 Abs. 3 Satz 2 BGB ist daher ein Gebot „elementarer Vertragsgerechtigkeit".[84] Daher gibt es keinen Anlass, die Ausübung dieses Rechts an besonders kurze Fristen zu binden. Die Rechtsprechung musste zu dem Zeitmoment der Verwirkung bisher nicht abschließend Stellung beziehen, weil es regelmäßig jedenfalls an dem kumulativ erforderlichen Umstandsmoment fehlt.

---

[76] OLG Frankfurt a.M. v. 5. 10. 2010 – 11 U 31/09, WuW/E DE-R 3135 Rn. 47 = ZNER 2011, 631 – Überhöhte Netznutzungsentgelte.

[77] So *Höppner*, N&R 2010, 2, 5 unter Hinweis auf BGH v. 18. 10. 2001 – I ZR 91/99, NJW 2002, 669, 670.

[78] BGH v. 20. 7. 2010 – EnZR 23/09, RdE 2010, 385 Rn. 22 = ZNER 2010, 581 – Stromnetznutzungsentgelt IV; OLG Frankfurt a.M. v. 5. 10. 2010 – 11 U 31/09, WuW/E DE-R 3135 Rn. 47 = ZNER 2011, 631 – Überhöhte Netznutzungsentgelte; OLG München v. 14. 5. 2009 – U (K) 3283/08, IR 2009, 232 Rn. 54; OLG Jena v. 26. 9. 2007 – 2 U 227/07, ZNER 2008, 82 Rn. 24; siehe zu diesem Problem ausführlich *Piepenbrock*, ZIP 2010, 1925, 1929 ff.

[79] OLG München v. 14. 5. 2009 – U (K) 3283/08, IR 2009, 232 Rn. 75.

[80] OLG München v. 14. 5. 2009 – U (K) 3283/08, IR 2009, 232 Rn. 75.

[81] So zutreffend OLG München v. 14. 5. 2009 – U (K) 3283/08, IR 2009, 232 Rn. 75.

[82] Siehe *Höppner*, N&R 2010, 2, 6.

[83] *Höppner*, ebd. (Fn. 82).

[84] *Höppner*, ebd. (Fn. 82).

(2) Das Umstandsmoment

Das Umstandsmoment steht mit dem Zeitmoment in einer Art „Wechselwirkung"[85]. Dies liegt darin begründet, dass in allen entschiedenen Fällen die Zahlung durch den Netznutzer lediglich unter Vorbehalt erfolgte, d.h. die Betroffenen hatten vor der Nutzung des Netzes dem jeweiligen Betreiber gegenüber erklärt, dass sie die verlangten Entgelte für zu hoch hielten und sich eine energierechtliche und/oder kartellrechtliche Überprüfung der Entgelthöhe vorbehielten.[86] Ungeachtet dessen sind richtigerweise auch an das Umstandsmoment der Verwirkung strenge Anforderungen zu stellen.[87] Jedenfalls begründet allein die Zahlung des Entgelts unter Vorbehalt durch den Netznutzer und die Nicht-Rückforderung des überhöhten Betrags über einen längeren Zeitraum hinweg keinen Vertrauenstatbestand auf Seiten des Netzbetreibers, dass er den gezahlten Betrag auf Dauer behalten darf.[88] Dafür ist vielmehr erforderlich, dass sich der Netzbetreiber tatsächlich darauf eingestellt hat (und dies auch durfte), dass er nicht mehr auf Rückforderung in Anspruch genommen wird.[89]

Der BGH hat die Bedeutung der Erklärung eines Vorbehalts des Netznutzers bei der Zahlung des Netznutzungsentgelts in seiner Entscheidung „Stromnetznutzungsentgelt IV" erörtert.[90] Danach kann ein solcher Vorbehalt unterschiedliche Bedeutungen haben. Im Allgemeinen wolle der Schuldner lediglich dem Verständnis seiner Leistung als Anerkenntnis i. S. von § 212 Abs. 1 Nr. 1 BGB entgegentreten und die Wirkung des § 814 BGB ausschließen, um sich die Möglichkeit offenzuhalten, das Geleistete gemäß § 812 BGB zurückzufordern. Der Vorbehalt könne aber auch so erklärt werden, dass von der Zahlung keinerlei Rechtswirkung, insbesondere auch keine Erfüllungswirkung, ausgehe. Ein solcher Vorbehalt sei anzunehmen, wenn der Schuldner nur unter Zwang oder zur Vermeidung

---

[85] OLG München v. 14. 5. 2009 – U (K) 3283/08, IR 2009, 232 Rn. 75.
[86] Siehe z.B. das in BGH v. 20. 7. 2010 – EnZR 23/09, RdE 2010, 385 Rn. 23 = ZNER 2010, 581 – Stromnetznutzungsentgelt IV wiedergegebene Schreiben der Klägerin an die Beklagte v. 18. 8. 2000. Diese hatte sich vorbehalten, die in Rechnung gestellten Netznutzungsentgelte „im Ganzen und in ihren einzelnen Bestandteilen energie- und kartellrechtlich überprüfen zu lassen". Zugleich hatte sie mitgeteilt, „dass die Zahlung der Entgelte unter Vorbehalt erfolgt".
[87] Siehe *Höppner*, N&R 2010, 2, 6, der zu Recht darauf abstellt, dass ein Schuldner, der sich selbst nicht redlich verhalten und zur verspäteten Geltendmachung des Anspruchs beigetragen hat, sich nicht auf Treu und Glauben berufen kann.
[88] *Höppner*, ebd. (Fn. 87).
[89] Näher dazu *Höppner*, N&R 2010, 2, 7.
[90] BGH v. 20. 7. 2010 – EnZR 23/09, RdE 2010, 385 Rn. 29 = ZNER 2010, 581 – Stromnetznutzungsentgelt IV; ebenso BGH v. 20. 7. 2010 – EnZR 24/09, NVwZ-RR 2011, 58 Rn. 29 f.; BGH v. 15. 5. 2012 – EnZR 105/10, VersorgW 2012, 235 Rn. 33.

eines empfindlichen Übels leiste, etwa zur Abwendung der Zwangsvollstreckung. Der Leistende könne auf diese Weise erreichen, dass im späteren Rückforderungsstreit den Leistungsempfänger die Beweislast für das Bestehen des Anspruchs treffe.[91] Der BGH gelangt zu der überzeugenden Aussage, dass ein im Zusammenhang mit der Billigkeitskontrolle nach § 315 BGB erklärter Vorbehalt typischerweise dazu diene, die einseitige Leistungsbestimmung umfassend zu überprüfen und an der Darlegungs- und Beweislast des Bestimmungsberechtigten[92] nichts zu ändern.[93]

Allgemein ist mit dem Umstandsmoment ein Verhalten des Berechtigten angesprochen, das für den Verpflichteten den Schluss zulässt, dieser werde sein Recht auch in Zukunft nicht mehr geltend machen.[94] Der Verstoß gegen Treu und Glauben besteht in der Illoyalität der verspäteten Geltendmachung des Anspruchs.[95] Die Kombination eines vor der Netznutzung erklärten Vorbehalts bezüglich der Höhe des Netznutzungsentgelts und der nach Nutzung erfolgten widerspruchslosen Zahlung mehrerer Jahresabrechnungen hat die Rechtsprechung zu Recht nicht als widersprüchlich beurteilt und die Zahlung nicht als Indiz für das Akzeptieren der zugrunde liegenden Entgeltfestsetzung angesehen.[96] Zwar werde die widerspruchslose Bezahlung einer Rechnung allgemein als Indiz für deren Richtigkeit gewertet.[97] Diese Indizwirkung sei jedoch durch die mit der Vertragsunterzeichnung verbundene und später erneuerte Vorbehaltserklärung entkräftet worden.[98]

---

[91] BGH v. 20. 7. 2010 – EnZR 23/09, RdE 2010, 385 Rn. 29 = ZNER 2010, 581 – Stromnetznutzungsentgelt IV; BGH v. 20. 7. 2010 – EnZR 24/09, NVwZ-RR 2011, 58 Rn. 29.

[92] Siehe dazu schon BGH v. 30. 6. 1969 – VII ZR 170/67, NJW 1969, 1809 (Leitsatz): „Die Vertragspartei, welche die Leistung bestimmt hat, muß beweisen, daß ihre Bestimmung ‚der Billigkeit entspricht' (§ 315 Abs. 3 Satz 1 BGB)." Nach Auffassung des BGH entspricht das der allgemeinen Beweislastregel, dass jeder die rechtsbegründenden Tatsachen beweisen muß, aus denen er eine für ihn günstige Rechtsfolge herleitet (siehe Rn. 35 des Urteils bei juris).

[93] BGH v. 20. 7. 2010 – EnZR 23/09, RdE 2010, 385 Rn. 30 = ZNER 2010, 581 – Stromnetznutzungsentgelt IV; BGH v. 20. 7. 2010 – EnZR 24/09, NVwZ-RR 2011, 58 Rn. 30.

[94] OLG München v. 14. 5. 2009 – U (K) 3283/08, IR 2009, 232 Rn. 53.

[95] OLG München, ebd. (Fn. 94) unter Hinweis auf BGH NJW 2008, 2254 Rn. 22 m.w.N.

[96] OLG Nürnberg v. 26. 5. 2009 – 1 U 1422/08, OLGR Nürnberg 2009, 609 Rn. 65.

[97] BGH v. 11. 1. 2007 – VII ZR 165/05, NJW-RR 2007, 530.

[98] OLG Nürnberg v. 26. 5. 2009 – 1 U 1422/08, OLGR Nürnberg 2009, 609 Rn. 65.

(3) Besonderes Beschleunigungsgebot im Energiewirtschaftsrecht?

Scheitert die Annahme einer Verwirkung des Klagerechts also regelmäßig an dem dafür erforderlichen Umstandsmoment, so ist allenfalls noch die Frage aufzuwerfen, ob spezifische energierechtliche Überlegungen zu einem anderen Ergebnis führen können. Ein über den allgemeinen Rechtsgrundsatz der Verwirkung hinausgehendes besonderes Beschleunigungsgebot kann nach der überwiegenden Rechtsprechung weder aus § 315 Abs. 3 Satz 2, letzter Halbsatz BGB[99] noch aus einer analogen Anwendung des § 124 BGB[100] hergeleitet werden.[101] Das überzeugt insofern, als die richtige dogmatische Kategorie für die Folgen eines Verstoßes gegen Treu und Glauben in Bezug auf die Geltendmachung eines Rechts (abgesehen von der Verjährung) allein die Verwirkung ist. Dort werden die relevanten Gesichtspunkte „Zeit" und „besondere Umstände" abschließend berücksichtigt, so dass jenseits der Verwirkung kein Raum für weitere Erwägungen ist. Aus dem Energiewirtschaftsrecht selbst ergeben sich keine Argumente, die für ein besonderes Beschleunigungsgebot sprechen.

b) Die Verteilung der Darlegungs- und Beweislast und die Folgen für die gerichtliche Festsetzung des Netznutzungsentgelts gemäß § 315 Abs. 3 Satz 2 BGB

Hat der Netznutzer nur unter Vorbehalt geleistet, weil er das verlangte Entgelt als überhöht ansah, trägt die Darlegungs- und Beweislast dafür, dass die getroffene Leistungsbestimmung gleichwohl der Billigkeit entspricht, im Rückforderungsprozess der Netzbetreiber.[102] In diesem Fall ist die Frage aufzuwerfen, was geschieht, wenn der beweisbelastete Netzbetreiber seiner Pflicht, die Billigkeit des von ihm geforderten und vom Netznutzer nur unter Vorbehalt gezahlten Entgelts vor Gericht darzulegen,

---

[99] So aber LG Mainz v. 14. 9. 2007 – 12 HK.O 93/06, WuW/E DE-R 2130 Rn. 81.

[100] So aber OLG Jena v. 26. 9. 2007 – 2 U 227/07, ZNER 2008, 82 Rn. 24: Verwirkung nach Ablauf einer dreijährigen Frist nach Leistung.

[101] OLG Frankfurt a.M. v. 5. 10. 2010 – 11 U 31/09, WuW/E DE-R 3135 Rn. 45 ff. = ZNER 2011, 631 – Überhöhte Netznutzungsentgelte.

[102] BGH v. 5. 7. 2005 – X ZR 60/04, NJW 2005, 2919, 2922; BGH v. 4. 3. 2008 – KZR 29/06, NJW 2008, 2175 Rn. 27 – Stromnetznutzungsentgelt III; BGH v. 20. 7. 2010 – EnZR 23/09, RdE 2010, 385 = ZNER 2010, 581 Rn. 27 – Stromnetznutzungsentgelt IV; BGH v. 18. 10. 2005 – KZR 36/04, BGHZ 164, 336 = MMR 2006, 154, 158; OLG Frankfurt a.M. v. 5. 10. 2010 – 11 U 31/09, WuW/E DE-R 3135 Rn. 50 = ZNER 2011, 631 – Überhöhte Netznutzungsentgelte; OLG München v. 20. 5. 2010 – U (K) 4653/09, WuW/E DE-R 3031 Rn. 54 = ZNER 2010, 407; siehe auch *Dreher*, ZNER 2007, 103, 105; zum Problem der Beweislastverteilung im Rückforderungsprozess siehe auch *Schebstadt*, MMR 2006, 157, 158 m.w.N.

nicht nachkommt, beispielsweise um den Schutz seiner Betriebs- und Geschäftsgeheimnisse[103] zu gewährleisten.[104]

Man könnte argumentieren, dass das Gericht in diesem Fall gemäß § 315 Abs. 3 Satz 2 BGB – ähnlich wie bei Anwendung des § 287 Abs. 1 ZPO – das billige Entgelt zu schätzen habe.[105] Dafür benötigt es allerdings eine hinreichend „belastbare" Tatsachenbasis. Einige Oberlandesgerichte haben nicht etwa einen eigenen Marktvergleich vorgenommen (der unter dem Vorbehalt der Zumutbarkeit und der prozessualen Effizienz stehen würde). Vielmehr wurde das Netznutzungsentgelt – als Folge einer Beweislastentscheidung – gemäß § 315 Abs. 3 Satz 2 BGB gerichtlich mit null Euro festgesetzt.[106] Konsequenterweise führte dies zu Rückzahlungsansprüchen gemäß §§ 812 Abs. 1 Satz 1, 1. Alt., 818 Abs. 2 BGB in voller Höhe des gesamten vom Netznutzer an den Betreiber geleisteten Entgelts.[107] Dieses Ergebnis ist befremdlich, da ein Kaufmann bekanntlich „nichts zu verschenken" hat. Es liegt daher fern anzunehmen, dass ein

---

[103] Als *Betriebs- und Geschäftsgeheimnisse* werden alle auf ein Unternehmen bezogene Tatsachen, Umstände und Vorgänge verstanden, die nicht offenkundig, sondern nur einem begrenzten Personenkreis zugänglich sind und an deren Nichtverbreitung der Rechtsträger ein berechtigtes Interesse hat. *Betriebsgeheimnisse* umfassen im Wesentlichen technisches Wissen im weitesten Sinne; *Geschäftsgeheimnisse* betreffen vornehmlich kaufmännisches Wissen. Zu derartigen Geheimnissen werden etwa Umsätze, Ertragslagen, Geschäftsbücher, Kundenlisten, Bezugsquellen, Konditionen, Marktstrategien, Unterlagen zur Kreditwürdigkeit, Kalkulationsunterlagen, Patentanmeldungen und sonstige Entwicklungs- und Forschungsprojekte gezählt, durch welche die wirtschaftlichen Verhältnisse eines Betriebs maßgeblich bestimmt werden können, siehe BVerfG v. 14. 3. 2006 – 1 BvR 2087/03 und 1 BvR 2111/03, WuW/E DE-R 1715 Rn. 87 – Deutsche Telekom.

[104] Vgl. in diesem Zusammenhang auch BGH v. 2. 10. 1991 – VIII ZR 240/90, WM 1991, 2065 = NJW-RR 1992, 183, wo der BGH entschieden hat, dass die Substantiierung der Billigkeit einer Preisbestimmung durch einen Stromlieferanten es regelmäßig erfordere, dass er seine Preiskalkulation offenlege (Leitsatz 1); zum Problem des Geheimnisschutzes siehe auch *Dreher*, ZNER 2007, 103, 109 ff.; *Schebstadt*, MMR 2006, 157, 158; vgl. zur grundrechtlichen Konfliktlage und deren Lösung siehe ferner BVerfG v. 14. 3. 2006 – 1 BvR 2087/03 und 1 BvR 2111/03, WuW/E DE-R 1715 Rn. 94, 122 ff. – Deutsche Telekom.

[105] Zur Erforderlichkeit einer tatsächlichen Grundlage für die Schätzung gemäß § 287 ZPO siehe dazu BGH v. 10. 10. 1991 – III ZR 100/90, BGHZ 115, 311 Rn. 40; kritisch *Grigoleit/Götz*, ZNER 2009, 224, 226.

[106] OLG Celle v. 17. 6. 2010 – 13 U 155/09, ZNER 2010, 394 Rn. 42; OLG Düsseldorf v. 26. 11. 2008 – VI-2 U (Kart) 12/07, 2 U (Kart) 12/07, ZNER 2009, 46 Rn. 34, 38; OLG Düsseldorf v. 18. 3. 2010 – VI-2 U (Kart) 5/06, IR 2010, 133 (Kurzwiedergabe), Rn. 33, 41.

[107] Im Fall des OLG Celle v. 17. 6. 2010 – 13 U 155/09, ZNER 2010, 394 betrug das Netznutzungsentgelt für den Zeitraum v. 1. 1. 2005 bis 28. 10. 2005 genau 8.819,96 Euro (siehe Rn. 38, 42).

Netzentgelt in Höhe von null Euro als ein „billiges" Entgelt angesehen werden könnte. Bei der gerichtlichen Bestimmung des billigen Netznutzungsentgelts ist zu berücksichtigen, dass dem § 315 Abs. 3 Satz 2 BGB kein wie auch immer gearteter Straf- oder Sanktionscharakter zukommt.[108] Deshalb kann die Obliegenheitsverletzung des Netzbetreibers, der seiner Darlegungslast in Bezug auf die von ihm vorgenommene Preisfindung nicht nachkommt, nicht dadurch begegnet werden, dass das zuständige Gericht das billige Entgelt einfach auf Null festsetzt.[109] Das Gericht kann sich insbesondere nicht darauf berufen, dass es mangels jedweden Sachvortrags nicht dazu in der Lage sei, ein billiges Entgelt oberhalb von Null festzusetzen oder zu schätzen.[110] Vielmehr muss es die ihm möglichen und zumutbaren Erkenntnisquellen ausschöpfen und darf sich nicht auf eine bloße Beweislastentscheidung zurückziehen. Gegen die hier kritisierte „Null-Euro-Rechtsprechung" wurde vom OLG München zutreffend eingewandt, dass „der mit einer Festsetzung auf Null verbundene Strafcharakter mit dem Billigkeitsprinzip des § 315 BGB nicht vereinbar wäre".[111] Denn auch ohne näheren Vortrag des verklagten Netzbetreibers sei „sicher, dass das der Billigkeit entsprechende Entgelt über Null liegt, schon weil die Beklagte ihrerseits Netzentgelte an die Übertragungsnetzbetreiber zu zahlen hatte".[112] Der BGH[113] sieht dies ebenso und hat dementsprechend zu Recht entschieden, dass eine Festsetzung des billigen Nutzungsentgelts auf null Euro auch bei fehlender schlüssiger Darlegung des Netzbetreibers zur Billigkeit der verlangten Netznutzungsentgelte rechtsfehlerhaft sei. Das zuständige Gericht habe vielmehr seine nach § 315 Abs. 3 BGB zu treffende Ermessensentscheidung unter vollständiger Ausschöpfung des Vorbringens der Parteien zu treffen.[114] Ähnlich wie bei einer nach § 287 ZPO vorzunehmenden Schätzung darf die Festsetzung eines geschuldeten billigen Entgelts nur dann unterbleiben, wenn es hierfür an greifbaren Anhalts-

---

[108] Gegen einen solchen „Strafcharakter" OLG München v. 14. 5. 2009 – U (K) 3283/08, IR 2009, 232 Rn. 28; OLG Nürnberg v. 26. 5. 2009 – 1 U 1422/08, OLGR Nürnberg 2009, 609 Rn. 87; den „Strafcharakter" der Norm trotz Festlegung des Netzdurchleitungsentgelts auf 0,00 Euro bestreitend OLG Celle v. 17. 6. 2010 – 13 U 155/09, ZNER 2010, 394, Rn. 52.
[109] OLG München v. 14. 5. 2009 – U (K) 3283/08, IR 2009, 232 Rn. 27.
[110] So aber OLG Düsseldorf v. 26. 11. 2008 – VI-2 U (Kart) 12/07, 2 U (Kart) 12/07, ZNER 2009, 46 Rn. 38.
[111] OLG München v. 14. 5. 2009 – U (K) 3283/08, IR 2009, 232 Rn. 27.
[112] OLG München v. 14. 5. 2009 – U (K) 3283/08, IR 2009, 232 Rn. 27.
[113] BGH v. 8. 11. 2011 – EnZR 32/10, RdE 2012, 63 Rn. 22, 25 = ZNER 2012, 179; Vorinstanz OLG Düsseldorf v. 18. 3. 2010 – VI-2 U (Kart) 5/06, IR 2010, 133 (Kurzwiedergabe, Zitat nach juris).
[114] BGH v. 8. 11. 2011 – EnZR 32/10, RdE 2012, 63 Rn. 25 = ZNER 2012, 179.

punkten fehlt.[115] Der BGH hat das Argument, es fehle an jeglichen Anhaltspunkten für eine Anpassung nach § 315 BGB, schon früher sehr pauschal aber deutlich mit der Bemerkung zurückgewiesen, der Begriff des „billigen Ermessens" in § 315 Abs. 3 Satz 2 BGB sei ein hinreichend bestimmter Maßstab.[116] Das führt zu der Frage, was unter diesem Begriff zu verstehen ist. Dem soll im Folgenden nachgegangen werden.

7. Der Maßstab der Billigkeit in § 315 Abs. 3 Satz 2 BGB

a) Der weite Anwendungsbereich der Vorschrift

Der Anwendungsbereich des § 315 Abs. 3 Satz 2 BGB wird von der Rechtsprechung ziemlich weit gezogen. Der BGH hat in zahlreichen Entscheidungen seit den 1970er Jahren des vergangenen Jahrhunderts beispielsweise in Fällen, die die Höhe von Erbbauzinsen und die Vergütung von Geschäftsführern und Beiräten in Gesellschaften betrafen, eine Anpassung der Leistung durch den Richter gemäß § 315 Abs. 3 Satz 2 BGB für zulässig gehalten.[117] Die Vorschrift wird von der höchstrichterlichen

---

[115] BGH v. 8. 11. 2011 – EnZR 32/10, RdE 2012, 63 Rn. 25 = ZNER 2012, 179 unter Hinweis auf BGH v. 22. 5. 1984 – III ZR 18/83, BGHZ 91, 243, 256 f.; BGH v. 22. 10. 1987 – III ZR 197/86, NJW-RR 1988, 410 und BGH v. 11. 3. 2004 – VII ZR 339/02, NJW-RR 2004, 1023. In dem konkreten Fall war eine gerichtliche Billigkeitsentscheidung möglich, da die erforderlichen Anhaltspunkte vorlagen. Nach Ansicht des BGH hätte das Berufungsgericht jedenfalls das Vorbringen der Parteien in seine Ermessensentscheidung einbeziehen müssen, wonach die von der BNetzA nach In-Kraft-Treten des EnWG 2005 auf der Grundlage einer kostenorientierten Entgeltbildung durchgeführten Genehmigungsverfahren zu Kürzungen der Netznutzungsentgelte um durchschnittlich 12% (so der Vortrag der Klägerin) bzw. 10-18% (so der Vortrag der Beklagten) geführt hätten. Die Klägerin hatte eine Überteuerung in Höhe von 30% geltend gemacht.

[116] BGH v. 9. 5. 1994 – II ZR 128/93, ZIP 1994, 1017 = NJW-RR 1994, 1055 Rn. 13: „Daß es, wie die Revisionserwiderung meint, für eine gerichtliche Entscheidung nach § 315 Abs. 3 Satz 2 BGB an ‚jeglichen Anhaltspunkten' fehlte, trifft nach dem bereits Gesagten nicht zu. Der Begriff des billigen Ermessens ist ein ausreichend bestimmter Maßstab; es sind, wie dargelegt, die für die Bemessung des konkreten Tantiemeanspruchs maßgebenden Interessen beider Vertragsteile gegeneinander abzuwägen."

[117] BGH v. 22. 6. 1973 – V ZR 160/71, MDR 1973, 1013 Rn. 49 = WM 1973, 999; BGH v. 15. 11. 1974 – V ZR 63/73, NJW 1975, 211 Rn. 10 = BB 1975, 74; BGH v. 4. 7. 1977 – II ZR 91/76, BB 1977, 1271 Rn. 8 = DB 1977, 1940; BGH v. 21. 4. 1976 – II ZR 2/73, WM 1975, 761 Rn. 25; BGH v. 21. 12. 1977 – V ZR 179/75, DB 1978, 927 Rn. 16 = WM 1978, 228; BGH v. 7. 4. 1978 – V ZR 141/75, BGHZ 71, 276 Rn. 36 = NJW 1978, 1371; BGH v. 30. 3. 1979 – V ZR 150/77, BGHZ 74, 341 Rn. 20 f. = NJW 1979, 1543; BGH v. 24. 6. 1991 – II ZR 268/90, NJW-RR 1991, 1248 Rn. 7; BGH v. 9. 5. 1994 – II ZR 128/93, ZIP 1994, 1017 = NJW-RR 1994, 1055 Rn. 13; BGH v. 1. 6. 1994 – XII ZR 227/92, BGH NJW-RR 1994, 1163 Rn. 42 = WM 1994, 1936; BGH v. 15. 11. 1996 – V ZR 132/95, LM BGB § 315 Nr 52a (4/1997) Rn. 23. Die Rechtsprechung hat diese Vor-

Rechtsprechung auch auf Zinsänderungsklauseln und Überziehungszinsen angewendet.[118] Weiter geht sie davon aus, dass Tarife von Unternehmen, die mittels eines privatrechtlich ausgestalteten Benutzungsverhältnisses Leistungen der Daseinsvorsorge anbieten, auf deren Inanspruchnahme der andere Vertragsteil im Bedarfsfall angewiesen ist, nach billigem Ermessen festgesetzt werden müssen und demgemäß einer Billigkeitskontrolle entsprechend § 315 Abs. 3 Satz 2 BGB unterworfen sind (sog. „Monopolrechtsprechung").[119] Dies gilt entsprechend auch für die Fälle des Anschluss- und Benutzungszwangs.[120] Außerdem spielt § 315 Abs. 3 Satz 2 BGB in der Rechtsprechung des BGH eine wichtige Rolle bei einseitigen Preisanpassungen bei Strom und Gas durch Energieversorgungsunterneh-

---

schrift außerdem auch auf so unterschiedliche Materien wie die Höhe von Vertragsstrafen (siehe BGH v. 17. 9. 2009 – I ZR 217/07, GRUR 2010, 355 Rn. 30 – Testfundstelle; BGH v. 12. 7. 1984 – I ZR 123/82, GRUR 1985, 155 Rn. 15 ff. – Vertragsstrafe bis zu ... I; BGH v. 31. 5. 1990 – I ZR 285/88, GRUR 1990, 1051 Rn. 17 – Vertragsstrafe ohne Obergrenze; BGH v. 30. 9. 1993 – I ZR 54/91, GRUR 1994, 146 Rn. 11 – Vertragsstrafebemessung), die Jagdpacht (siehe BGH 15. 1. 1987 – III ZR 44/86, BGHR BGB § 315 Abs. 1 Jagderlaubnis 1 Rn. 3), die Landegebühren auf deutschen Flughäfen (siehe BGH v. 27. 10. 1972 – KZR 1/72, DVBl. 1974, 558 Rn. 22 ff.; BGH v. 27. 10 1972 – KZR 9/71, MDR 1973, 999 Rn. 35 ff.; BGH v. 24. 11. 1977 – III ZR 27/76, WM 1978, 1097 Rn. 31), die Anpassung von Witwenrenten (BGH v. 20. 6. 1977 – II ZR 5/76, DB 1977, 2239 Rn. 9, auf Gestattungsverträge über die Verlegung von Versorgungsleitungen im Bereich von Straßen (siehe BGH v. 5. 4. 1968 – V ZR 99/65, WM 1968, 844 Rn. 46), die Verzinsungsregeln in Verträgen über Rüstungsgüter (siehe BGH v. 20. 10. 1992 – X ZR 95/90, NJW 1993, 1128 Rn. 24 ff.), auf Straßenreinigungsentgelte (siehe BGH v. 12. 7. 2006 – X ZR 157/05, NJW 2006, 3271 Rn. 13) und die Gültigkeitsdauer von Telefonkarten (siehe BGH v. 11. 3. 2010 – III ZR 178/09, NJW 2010, 1956 Rn. 10 ff.; BGH v. 24. 1. 2008 – III ZR 79/07, NJW-RR 2008, 562 Rn. 15) angewendet.
[118] BGH v. 6. 3. 1986 – III ZR 195/84, BGHZ 97, 212 Rn. 24, 27 f. = NJW 1986, 1803; BGH v. 14. 4. 1992 – XI ZR 196/91, BGHZ 118, 126 Rn. 21 = NJW 1992, 1751; BGH v. 14. 4. 1992 – XI ZR 22/91, NJW 1992, 1753 Rn. 28. Demgegenüber hat der BGH die Anwendbarkeit der §§ 315, 316 BGB auf Zinsänderungsklauseln in Sparverträgen zugunsten einer ergänzenden Vertragsauslegung abgelehnt, siehe BGH v. 13. 4. 2010 – XI ZR 197/09, BGHZ 185, 166 Rn. 18 f. = NJW 2010, 1742; BGH v. 21. 12. 2010 – XI ZR 52/08, ZIP 2011, 317 Rn. 17.
[119] BGH v. 19. 12. 1978 – VI ZR 43/77, BGHZ 73, 114 Rn. 35 = NJW 1979, 597 zu Krankenhauspflegesätzen; BGH v. 4. 12. 1986 – VII ZR 77/86, NJW 1987, 1828 Rn. 12 ff. und BGH v. 21. 9. 2005 – VIII ZR 8/05, RdE 2006, 117 Rn. 21 ff., BGH v. 21. 9. 2005 – VIII ZR 7/05, NJW-RR 2006, 133 Rn. 20 ff. sowie BGH v. 21. 4. 2010 – VIII ZR 97/09, RdE 2010, 329 Rn. 14 ff. zu Baukostenzuschüssen im Bereich der Gas- und Wasserversorgung; BGH v. 28. 1. 1987 – VIII ZR 37/86, NJW 1987, 1622 Rn. 32 betreffend einen Fernwärmelieferungsvertrag; BGH v. 10. 10. 1991 – III ZR 100/90, BGHZ 115, 311 Rn. 22 ff. = NJW 1992, 171 zu tariflichen Abwasserentgelten.
[120] BGH v. 5. 7. 2005 – X ZR 60/04, NJW 2005, 2919 Rn. 11 ff. zu Recycling- und Abfallentsorgungsentgelten im Fall des Anschluss- und Benutzungszwangs.

men gegenüber Endkunden.[121] Schließlich ist diese Vorschrift auch auf Eisenbahninfrastrukturentgelte[122] und auf Netznutzungsentgelte für die Benutzung von Energienetzen durch Unternehmen anzuwenden.[123]

b) Der objektiv-individuelle Maßstab im Vertragsrecht des BGB

Der zivilrechtliche Maßstab der Billigkeit i.S. des § 315 Abs. 3 BGB ist grundsätzlich ein *objektiv-individueller*[124]:

– *Objektiv* ist der Maßstab des „billigen Ermessens" gemäß § 315 Abs. 3 BGB insofern, als eine Leistungsbestimmung immer dann unbillig ist, wenn sie gegen Bewertungsmaßstäbe verstößt, von denen nach der Lebenserfahrung auszugehen ist,[125] insbesondere wenn die Entwicklung der Marktpreise und überhaupt die jeweilige Wirtschaftslage keine hinreichende Beachtung findet.[126] Die subjektive Beurteilung des Bestimmungs-

---

[121] Siehe BGH v. 29. 6. 2011 – VIII ZR 211/10, RdE 2011, 372 Rn. 17 (Vorlage an den EuGH); BGH v. 9. 2. 2011 – VIII ZR 162/09, RdE 2011, 148 Rn. 18 = ZNER 2011, 170 (Vorlage an den EuGH); BGH v. 18. 5. 2011 – VIII ZR 71/10, RdE 2011, 370 Rn. 10 (Vorlage an den EuGH); BGH v. 13. 6. 2007 – VIII ZR 36/06, BGHZ 172, 315 Rn. 14 ff. = RdE 2007, 258; BGH v. 29. 4. 2008 – KZR 2/07, BGHZ 176, 244 Rn. 26 = RdE 2008, 204; BGH v. 19. 11. 2008 – VIII ZR 138/07, BGHZ 178, 362 Rn. 26 = RdE 2009, 54; BGH v. 15. 7. 2009 – VIII ZR 56/08, BGHZ 182, 41 Rn. 20, 36 = RdE 2009, 281; BGH v. 1. 7. 1971 – KZR 16/70, WM 1971, 1456 Rn. 12, 17. An der erforderlichen Monopolstellung des Energieversorgungsunternehmens fehlt es, wenn die andere Vertragspartei die Möglichkeit hat, Strom von einem anderen Anbieter seiner Wahl zu beziehen, siehe BGH v. 28. 3. 2007 – VIII ZR 144/06, BGHZ 171, 374 Rn. 17 = NJW 2007, 1672.

[122] BGH v. 18. 10. 2011 – KZR 18/10, WuW/E DE-R 3417 Rn. 12 = NVwZ 2012, 189 – Stornierungsentgelt.

[123] BGH v. 18. 10. 2005 – KZR 36/04, BGHZ 164, 336 Rn. 14 = NJW 2006, 684 – Stromnetznutzungsentgelt I; BGH v. 7. 2. 2006 – KZR 8/05, RdE 2006, 242 Rn. 14 – Stromnetznutzungsentgelt II; BGH v. 4. 3. 2008 – KZR 29/06, RdE 2008, 173 Rn. 23, 27 – Stromnetznutzungsentgelt III; BGH v. 20. 7. 2010 – EnZR 23/09, RdE 2010, 385 Rn. 20, 39, 51 – Stromnetznutzungsentgelt IV; BGH v. 15. 5. 2012 – EnZR 105/10, VersorgW 2012, 235 Rn. 19 ff. – Stromnetznutzungsentgelt V; ebenso BGH v. 7. 2. 2006 – KZR 9/05, N&R 2006, 123 Rn. 14.

[124] So ausdrücklich Staudinger/*Mader*, BGB, 13. Bearb. 1995, § 315 Rn. 67 f.: „[67] Die Billigkeit, die das Gesetz beim billigen Ermessen meint, ist ein objektiver Maßstab (zutreffend sprach schon RGZ 99, 105, 106 von ,objektiver Billigkeit'). (...) [68] Der von § 315 eingesetzte objektive Maßstab ist aber von seinem Ausgangspunkt her kein genereller, sondern ein individueller. Das billige Ermessen bildet einen innervertraglichen Beurteilungsrahmen (...)."; dem in der Sache folgend Soergel/*Wolf*, 12. Aufl. 1990, § 315 Rn. 38 sowie die neueren Kommentierungen zu § 315 BGB, siehe Staudinger/*Rieble*, BGB, Neubearbeitung 2009, § 315 Rn. 319; Palandt/*Grüneberg*, BGB, 71. Aufl. 2012, § 315 Rn. 10, 19; zu den relevanten Einzelkriterien des billigen Ermessens siehe auch *Würdinger*, in: Münchener Kommentar zum BGB, 6. Aufl. 2012, § 315 Rn. 31.

[125] Staudinger/*Mader*, § 315 Rn. 67 m.w.N.

[126] Vgl. BGHZ 1, 353, 354 zur Bedeutung von Preisklauseln in Kaufverträgen: „Die regelmäßige Bedeutung derartiger Verträge mit Preisklausel geht dahin, daß der Verkäu-

II. Netzentgeltkontrolle gemäß § 315 BGB

berechtigten ist dafür ohne Bedeutung; eine objektiv unbillige Leistungsbestimmung kann nicht dadurch zu einer billigen werden, dass der Bestimmungsberechtigte sie für billig hält.[127] Die Objektivität des Begriffs „billiges Ermessen" darf aber nicht mit einem generellen Maßstab verwechselt werden. Denn es kommt bei der Billigkeit auf den konkreten Vertragszweck und auf die Umstände des Einzelfalls an.[128]
– *Individuell* ist der von § 315 Abs. 3 BGB verlangte objektive Maßstab insofern, als er seinen Ausgangspunkt im innervertraglichen Beurteilungsrahmen der Parteien findet.[129] Es ist von einem grundsätzlichen Vorrang der Individualinteressen und des innervertraglichen Beurteilungsrahmens auszugehen.[130] Entscheidend ist die Interessenlage *beider* Vertragsteile.[131] Die Leistungsbestimmung entspricht der Billigkeit, wenn sie alle wesentlichen Umstände des Einzelfalls und die Interessenlage beider Parteien angemessen – d.h. ausgleichend – berücksichtigt.[132] Unbillig sind Leistungsbestimmungen, die

---

fer den endgültigen Kaufpreis nach billigem Ermessen so zu bestimmen hat, daß dieser mit den jeweiligen Marktpreisen und der jeweiligen Wirtschaftslage übereinstimmt (...).";
dem folgend Staudinger/*Mader*, § 315 Rn. 67.
[127] Staudinger/*Mader*, § 315 Rn. 38.
[128] Staudinger/*Mader*, ebd. (Fn. 127).
[129] Staudinger/*Mader*, § 315 Rn. 68; Staudinger/*Rieble*, § 315 Rn. 308 f. („Vertragsinternalität").
[130] Soergel/*Wolf*, § 315 Rn. 38; zur Geltung der Privatautonomie und des Vertragsprinzips siehe Staudinger/*Rieble*, § 315 Rn. 28 ff. und a.a.O., Rn. 308 mit der treffenden Aussage, dass § 315 BGB auf die vertragskonforme Konkretisierung des Schuldverhältnisses ziele.
[131] Siehe BGH v. 2. 4. 1964 – KZR 10/62, BGHZ 41, 271 Rn. 12 – Werkmilchabzug: „§ 315 Abs. 3 BGB stellt lediglich darauf ab, ob die von dem einen Vertragspartner getroffene Bestimmung der vertraglichen Leistung ‚der Billigkeit' entspricht, und erfordert damit im wesentlichen eine Prüfung und Abwägung der objektiven wirtschaftlichen Interessenlage nur bei den beiden Vertragspartnern (BGHZ 18, 149, 152; BGH NJW 1961, 1251 Nr 2 = GRUR 1961, 432, 435).„; ebenso BGH v. 29. 11. 1965 – VII ZR 265/63, NJW 1966, 539 Rn. 22; BGH v. 9. 5. 1994 – II ZR 128/93, ZIP 1994, 1017 Rn. 12; dem folgend Staudinger/*Mader*, § 315 Rn. 68.
[132] Staudinger/*Mader*, § 315 Rn. 68 unter Hinweis auf BAG v. 28. 9. 1977 – 4 AZR 743/76, DB 1978, 212 Rn. 25; Staudinger/*Rieble*, § 315 Rn. 305; ebenso BAG v. 12. 10. 1961 – 5 AZR 423/60, BAGE 11, 318 Rn. 26 = AP Nr. 84 zu § 611 BGB Urlaubsrecht: „(...) Das Ermessen räumt dem Bestimmungsberechtigten einen Spielraum ein, innerhalb dessen ihm mehrere Entscheidungsmöglichkeiten zur Verfügung stehen. Billigkeit ist dagegen ein unbestimmter Rechtsbegriff, der keine Wahlmöglichkeit zuläßt. Billigkeit i.S. des § 315 Abs. 3 BGB kann daher nicht wörtlich verstanden werden, da sonst kein Ermessensspielraum, den § 315 BGB gerade gewähren will, gegeben wäre (...). Die Billigkeit i.S. des § 315 BGB bezeichnet die Grenzen des Ermessens, die eingehalten werden müssen, damit die getroffene Entscheidung für den Empfänger der Bestimmungserklärung verbindlich ist. Billiges Ermessen zieht, im Gegensatz zu freiem Ermessen, engere Grenzen. Es sind die beiderseitigen Interessen objektiv gegeneinander abzuwägen, während beim freien Ermessen auch subjektive Erwägungen Platz greifen können. Die Ausübung des billigen Ermessens ist gerichtlich dahingehend nachprüfbar, ob die Grenzen des Ermessens eingehalten sind und ob nicht sachfremde oder willkürliche Motive für die Bestimmung maßgebend gewesen sind (...)."

von den üblichen und allgemeinen Bewertungsgrundätzen grob abweichen, ohne dass die Abweichung sachlich begründet ist.[133] Bei dem zivilrechtlichen Maßstab der Billigkeit handelt es sich demnach um einen primär individuellen Maßstab, der sich aus der Interessenlage der beteiligten Parteien ergibt, wobei aber generalisierende Gesichtspunkte wie die Üblichkeit und die Angemessenheit nach der allgemeinen Verkehrsanschauung ergänzend in die Betrachtung mit einfließen.[134]

Der BGH hat dem § 315 Abs. 3 BGB einen „hohen Gerechtigkeitsgehalt" attestiert.[135] Vor dem Hintergrund, dass man den Begriff der Billigkeit in Anlehnung an *Aristoteles*[136] auch mit „konkreter Einzelfallgerechtigkeit" gleichsetzen kann,[137] überzeugt diese Einschätzung. Die Auseinandersetzung mit der Frage, ob die Preisbestimmung billigem Ermessen entspricht, zielt allerdings nicht darauf ab, einen „gerechten Preis" gleichsam von Amts wegen zu ermitteln.[138] Vielmehr geht es darum zu überprüfen, ob die von der bestimmungsberechtigten Partei getroffene Leistungsbestimmung sich noch in den Grenzen der Billigkeit hält. Nur wenn der Bestimmungsberechtigte die ihm durch die Billigkeit gesetzten Grenzen bei der Preisbemessung überschritten hat,[139] ist die Bestimmung durch eine subsidiäre[140] Entscheidung des Gerichts gemäß § 315 Abs. 3 Satz 2 BGB zu ersetzen – nicht aber schon dann, wenn das Gericht eine andere Festsetzung für besser oder richtiger erachtet.[141] Anders gewendet muss der Spielraum[142] des

---

[133] Soergel/*Wolf*, § 315 Rn. 40.
[134] Soergel/*Wolf*, § 315 Rn. 38, 40; Staudinger/*Mader*, § 315 Rn. 68 m.w.N. § 315 BGB ist auf Zwei-Personen-Verhältnisse zugeschnitten. Die Vorschrift kann aber ausnahmsweise auch Rechtsverhältnisse zu Dritten berühren. Das ist vor allem im Arbeitsrecht der Fall. Dort kann die Vorschrift im Zusammenwirken mit dem arbeitsrechtlichen Gleichbehandlungsgrundsatz zur Herstellung von Verteilungsgerechtigkeit dienen, siehe Staudinger/*Rieble*, § 315 Rn. 140 f., 314 f.
[135] So BGH v. 13. 6. 2007 – VIII ZR 36/06, NJW 2007, 2540 Rn. 18 m.w.N.: „§ 315 Abs. 3 BGB stellt eine Regelung dar, der ein hoher Gerechtigkeitsgehalt zukommt (...)."; siehe auch *Wielsch*, JZ 2008, 68, 73.
[136] Nikomachische Ethik, Fünftes Buch, Kapitel 14; siehe dazu auch *Kling*, Sprachrisiken im Privatrechtsverkehr, S. 167 f.
[137] Siehe Staudinger/*Rieble*, § 315 Rn. 305.
[138] BGH v. 4. 4. 2006 – X ZR 122/05, BGHZ 167, 139 Rn. 16 = NJW 2006, 2472; so schon Staudinger/*Mader*, § 315 Rn. 66; Staudinger/*Rieble*, § 315 Rn. 303.
[139] Die Gerichte betonen zu Recht, dass es bei der Leistungsbestimmung durch die dazu berechtigte Vertragspartei nicht nur ein einziges „richtiges" Ergebnis gibt; siehe dazu die Nachweise in Fn. 135.
[140] Zur Subsidiarität siehe Staudinger/*Rieble*, § 315 Rn. 22 ff.
[141] BGH v. 4. 4. 2006 – X ZR 122/05, BGHZ 167, 139 Rn. 16 = NJW 2006, 2472; BGH v. 19. 5. 2005 – I ZR 299/02, BGHZ 163, 119 Rn. 44 = WRP 2005, 1177 – PRO-Verfahren m.w.N.; BGH v. 24. 6. 1991 – II ZR 268/90, NJW-RR 1991, 1248 Rn. 7; ebenso Staudinger/*Mader*, § 315 Rn. 66.
[142] Siehe dazu Staudinger/*Rieble*, § 315 Rn. 299 m.w.N. auch zur Gegenansicht.

zur Leistungsbestimmung Berechtigten eindeutig überschritten sein, um die Unbilligkeit und damit die Unverbindlichkeit[143] der Leistungsbestimmung zu begründen.[144] § 315 Abs. 3 Satz 2 BGB ist kein gerichtliches Schutzinstrument zugunsten von „strukturell" unterlegenen Vertragsparteien.[145] Vielmehr wirkt die Vorschrift anerkanntermaßen – ebenso wie die Generalklauseln aus §§ 138, 242 BGB – als Übermaßverbot.[146] Eine „allgemeine Vertragskontrolle" durch den Richter hat daher zu unterbleiben.[147] Folglich enthält § 315 Abs. 3 BGB keinen selbständigen Ansatz für eine ausdifferenzierte Preismissbrauchskontrolle wie beispielsweise im Kartellrecht.[148]

Grundsätzlich bedeutet der Maßstab des „billigen Ermessens", dass es nicht bloß eine einzige „richtige" Entscheidung gibt, sondern dass der Bestimmungsberechtigte einen Ermessensspielraum hat.[149] Dieser Spielraum wird jedoch durch die Billigkeit beschränkt, so dass nicht jede denkbare Entscheidung des Bestimmungsberechtigten „richtig" und verbindlich ist.[150] Das richterliche Gestaltungsurteil nach § 315 Abs. 3 Satz 2 BGB zielt auf die Neufestsetzung der Leistung „innerhalb des vertraglich festgelegten Rahmens unter Abwägung beiderseitiger Vorstellungen und Interessen auf mittlerer Linie".[151] Bei der Bestimmung der Billigkeit durch das zuständige Gericht kommt es entscheidend auf die Interessenlage beider Parteien und eine umfassende Würdigung des Vertragszwecks an.[152] Das

---

[143] Zu diesem Begriff ausführlich Staudinger/*Rieble*, § 315 Rn. 348 ff.
[144] Soergel/*Wolf*, § 315 Rn. 39, 48.
[145] Siehe Staudinger/*Rieble*, § 315 Rn. 36: „§ 315 ist oft schon als Schutzinstrument mißverstanden, ja mißbraucht worden."
[146] BVerfG v. 7. 2. 1990 – 1 BvR 26/84, BVerfGE 81, 242, 256 = NJW 1990, 1469 – Entschädigungsloses Wettbewerbsverbot für Handelsvertreter; BVerfG v. 27. 7. 2005 – 1 BvR 2501/04, GRUR 2005, 880, 882 – Xavier Naidoo.
[147] Näher dazu Staudinger/*Rieble*, § 315 Rn. 43 ff.
[148] Siehe Staudinger/*Rieble*, § 315 Rn. 59. Der Verf. versteht diese Aussage allerdings wesentlich weitergehend. Er tritt für eine vollständige Subsidiarität des § 315 BGB gegenüber dem GWB und dem EnWG ein.
[149] *Dreher*, ZNER 2007, 103.
[150] *Dreher*, ebd. (Fn. 149).
[151] Siehe BGH WM 1978, 228, 229. Das Zitat betrifft im Text die Anpassungsentscheidung der Parteien. Wenn das Gericht aber die Festsetzung unter Ausgleich der gegenläufigen Parteiinteressen vorzunehmen hat, muss dieser Maßstab auch für die richterliche Entscheidung gelten, zumal der BGH den Höchstmaßstab des § 316 BGB ablehnt; siehe ferner Palandt/*Grüneberg*, § 315 Rn. 19: Das Gericht habe sich „auf mittlerer Linie zu halten".
[152] BGH v. 2. 10. 1991 – VIII ZR 240/90, WM 1991, 2065 Rn. 13 = NJW-RR 1992, 183; BGH v. 4. 4. 2006 – X ZR 122/05, BGHZ 167, 139 Rn. 17 = NJW 2006, 2472; siehe auch *Piepenbrock*, ZIP 2010, 1925, 1926 unter Hinweis auf die Motive II, S. 192 = Mug-

vertragliche Äquivalenzverhältnis muss auf jeden Fall gewahrt bleiben.[153] Der Richter „agiert dabei in erster Linie als Vertragshelfer der Parteien, deren bereits zum Ausdruck gekommenen Vertragswillen er zu respektieren und ‚von innen heraus', aber eben unter Berücksichtigung *beider* Interessen weiterzudenken hat".[154] Er darf bzw. sollte nicht auf eine Weise in das vertragliche Preisgefüge eingreifen, die den zwischen den Parteien gefundenen Interessenausgleich nachträglich verändert.[155] Auch sonstige Korrekturen des unternehmerischen Verhaltens des Bestimmungsberechtigten sind nicht die Aufgabe des Richters. Im Zusammenhang mit der Kontrolle von Gastarifen von Versorgern gegenüber Endkunden hat die Rechtsprechung beispielsweise überzeugend entschieden, dass ein Versorgungsunternehmen nicht zur Quersubventionierung einzelner Sparten verpflichtet sei, weil die Frage, wie ein Unternehmen seine in dem einen Geschäftsbereich erzielten Gewinne verwendet, eine Entscheidung sei, die im Ermessen des Unternehmers liege und der für die Billigkeit einer Preiserhöhung in einem anderen Geschäftsbereich keine Bedeutung zukomme.[156]

c) Der überindividuelle Maßstab bei der Überprüfung von Netzentgelten nach § 315 BGB und die Konkretisierung durch energiewirtschaftliche Bewertungsmaßstäbe

In der Rechtsprechung des BGH heißt es lapidar, dass es für die Beurteilung, ob die Ermessensentscheidung des beklagten Netzbetreibers der Billigkeit entspricht, darauf ankomme, „inwiefern das geforderte Netzentgelt den Kosten des Netzbetriebs und der Erzielung eines im vertretbaren Rahmen bleibenden Gewinns dient."[157] Im Energiewirtschaftsrecht besteht allerdings eine Besonderheit insoweit, als der Maßstab der Billigkeit in § 315 BGB nach der höchstrichterlichen Rechtsprechung bei der Kontrolle von Netzentgelten gerade *kein* individueller ist, sondern aus der typischen Interessenlage des Netznutzungsverhältnisses und den für dessen Ausges-

---

dan II, S. 105 f. und den dort genannten Maßstab *arbitrium boni viri* (Ermessen eines guten Mannes) aus dem Römischen und Gemeinen Recht.

[153] Vgl. auch BGH v. 19. 11. 2008 – VIII ZR 138/07, RdE 2009, 54, 57 betreffend die Billigkeitskontrolle von Gaspreisen gegenüber Endkunden.

[154] So treffend *Wielsch*, JZ 2008, 68, 72.

[155] BGH v. 19. 11. 2008 – VIII ZR 138/07, RdE 2009, 54, 57 unter Hinweis auf *Dreher*, ZNER 2007, 103, 107.

[156] BGH v. 19. 11. 2008 – VIII ZR 138/07, RdE 2009, 54, 59 m.w.N.

[157] BGH v. 8. 11. 2011 – EnZR 32/10, RdE 2012, 63 Rn. 18 = ZNER 2012, 179; BGH v. 20. 7. 2010 – EnZR 23/09, RdE 2010, 385 Rn. 33 = ZNER 2010, 581 – Stromnetznutzungsentgelt IV.

taltung maßgeblichen gesetzlichen Vorgaben gewonnen werden muss.[158] Dies wird damit begründet, dass die Netzentgeltregulierung gemäß § 1 Abs. 2 EnWG den Zielen der Sicherstellung eines wirksamen und unverfälschten Wettbewerbs bei der Versorgung mit Elektrizität und Gas und der Sicherung eines langfristig angelegten leistungsfähigen und zuverlässigen Betriebs von Energieversorgungsnetzen diene.[159]

Der BGH hat in einem Urteil zur Rechtslage vor der Energierechtsnovelle von 2005 entschieden, dass das sog. Günstigkeitsprinzip und die sog. Bedingungen guter fachlicher Praxis i. S. des § 6 Abs. 1 EnWG 2003 den nach § 315 BGB zu beachtenden Maßstab des billigen Ermessens konkretisierten.[160] In dem Urteil „Netznutzungsentgelt V" vom 15. Mai 2012 hat der BGH entschieden, dass der Maßstab der Billigkeit – entsprechend der Rechtsprechung des Senats zum EnWG 1998 – durch §§ 21 ff. EnWG konkretisiert werde.[161] Danach werde das Ermessen in mehrfacher Hinsicht gebunden. Die Entgeltbildung müsse sich daran orientieren, dass die Regulierung einer möglichst sicheren, preisgünstigen, verbraucherfreundlichen, effizienten und umweltverträglichen leitungsgebundenen Versorgung der Allgemeinheit mit Elektrizität und Gas (§ 1 Abs. 1 EnWG) und darüber hinaus der Sicherstellung eines wirksamen und unverfälschten Wettbewerbs (§ 1 Abs. 2 EnWG) dienen soll. Die Entgelte für den Netzzugang müssten unter anderem angemessen sein (§ 21 Abs. 1 EnWG) und dürften keine Kosten oder Kostenbestandteile enthalten, die sich ihrem Umfang nach im Wettbewerb nicht einstellen würden (§ 21 Abs. 2 Satz 2 EnWG). Sie müssten die in der Stromnetzentgeltverordnung (StromNEV) bzw. Gasnetzentgeltverordnung (GasNEV) enthaltenen Regelungen zur Ermittlung der Entgelte einhalten.

d) Stellungnahme

Ob sich die beiden genannten Billigkeitsmaßstäbe – *individueller* Maßstab im Zivilrecht versus *überindividueller* Maßstab bei der gerichtlichen Überprüfung von Netzentgelten im Energiebereich – abgesehen von der diametral entgegengesetzten Begrifflichkeit letztlich auch in den Ergebnissen

---

[158] BGH v. 4. 3. 2008 – KZR 29/06, WuW/E DE-R 2279 Rn. 21 – Stromnetznutzungsentgelt III m.w.N.; BGH v. 15. 5. 2012 – EnZR 105/10, VersorgW 2012, 235 Rn. 23, 34 – Stromnetznutzungsentgelt V.

[159] BGH v. 15. 5. 2012 – EnZR 105/10, VersorgW 2012, 235 Rn. 23 – Stromnetznutzungsentgelt V.

[160] BGH v. 18. 10. 2005 – KZR 36/04, MMR 2006, 154, 2. Leitsatz; BGH v. 7. 2. 2006 – KZR 9/05, N&R 2006, 123 Rn. 19 m.w.N.

[161] BGH v. 15. 5. 2012 – EnZR 105/10, VersorgW 2012, 235 Rn. 34 – Stromnetznutzungsentgelt V.

unterscheiden, ist zweifelhaft. Denn auch unter Zugrundelegung eines individuellen Maßstabs und der Verfolgung einer „mittleren Linie" durch den entscheidenden Richter können objektivierende Aspekte wie die vom BGH angeführte „typische Interessenlage des Netznutzungsverhältnisses und die für dessen Ausgestaltung maßgeblichen gesetzlichen Vorgaben" bei der Beurteilung einer konkreten Leistungsbestimmung nicht völlig außer Betracht bleiben. Einer gänzlich individualisierten, isoliert auf das streitgegenständliche Vertragsverhältnis bezogenen Betrachtungsweise steht auch im Zivilrecht schon die richterliche Erfahrung mit vergleichbaren, früher entschiedenen Fällen und das aus der Möglichkeit zur „Differentialdiagnose" genährte Rechtsempfinden dessen, was billig ist, entgegen. Dementsprechend werden Aspekte wie die Üblichkeit und die Angemessenheit nach der allgemeinen Verkehrsanschauung ergänzend in die Beurteilung mit einfließen.[162] Außerdem zieht die Literatur die Grenze für die Berücksichtigung der vorrangigen Individualinteressen und des innervertraglichen Beurteilungsrahmens gerade dort, „wo sie mit dem Gemeinwohl unvereinbar sind".[163] Der wesentliche Unterschied zwischen den beiden Ansätzen besteht wohl darin, dass unter Zugrundelegung eines individuellen Maßstabs diejenigen Gesichtspunkte unberücksichtigt zu bleiben haben, die klar und eindeutig über die Interessenlage der Beteiligten hinausgreifen und insbesondere Aspekte des reinen Gemeinwohls betreffen.[164]

Ungeachtet der vorerwähnten Unterschiede ist zu vermuten, dass die Anwendung des § 315 Abs. 3 Satz 2 BGB auf Verträge im Bereich des Energiewirtschaftsrechts sich künftig nicht allzu weit von den herkömmlichen und vertrauten zivilrechtlichen Vorstellungen entfernen wird. Die gesichtete Rechtsprechung lässt derzeit jedenfalls nicht den Schluss zu, dass sich infolge der Heranziehung eines überindividuellen Maßstabs bereits ein von den Grundsätzen des § 315 BGB „losgelöstes Sonderzivilrecht" für die Kontrolle von Netzentgelten entwickelt hätte. Es sind nach hier vertretener Ansicht überdies keine energiewirtschaftsrechtlichen Besonderheiten zu erkennen, die im Bereich der richterlichen Kontrolle und Neufestsetzung von Netzentgelten nach § 315 Abs. 3 Satz 2 BGB eine

---

[162] Soergel/*Wolf*, § 315 Rn. 38; Staudinger/*Mader*, § 315 Rn. 68.
[163] Soergel/*Wolf*, ebd. (Fn. 162).
[164] So Staudinger/*Mader*, § 315 Rn. 69 mit der zutreffenden Feststellung, dass die Billigkeit im Sinne von § 315 BGB insbesondere nicht zu „Einfallspforte des Gemeinwohls" gemacht werden solle. Die nach § 315 BGB beachtlichen Gerechtigkeitsgedanken müssten sich auf die Einschätzung individueller Leistungen beziehen; gegen eine Gemeinwohlbindung zu Recht Staudinger/*Rieble*, § 315 Rn. 310 ff.

prinzipielle Abweichung von der „mittleren Linie" nach unten rechtfertigen könnten.

e) Der mittelbare „Sanktionscharakter" des § 315 Abs. 3 BGB infolge der Beweislastverteilung

Nach der Rechtsprechung des BGH zur Darlegungs- und Beweislast des Netzbetreibers für die Billigkeit der von ihm verlangten Netzentgelte kommt allerdings eine Ausschöpfung des von den Regulierungsbehörden mitgeteilten Rahmens der Entgeltkürzungen nach oben in Betracht, es sei denn, dass der Netzbetreiber konkret darlegt, dass die ihn betreffende Kürzung geringer ausgefallen ist.[165] Diese beweislastbezogene Betrachtungsweise wirkt sich für den Netzbetreiber im erstgenannten Fall nachteilig aus. Daher kann die gerichtliche Entscheidung nach § 315 Abs. 3 Satz 2 BGB im Einzelfall mittelbar doch einen gewissen „Sanktionscharakter" entfalten. Zugunsten des Netzbetreibers sind nach der Rechtsprechung allerdings die von ihm an die vorgelagerten Netzbetreiber gezahlten Netznutzungsentgelte zu berücksichtigen.[166]

8. Die gerichtliche Entscheidungsfindung bei der Neufestsetzung des Entgelts gemäß § 315 Abs. 3 Satz 2 BGB

Folgt man der hier befürworteten Ansicht und lehnt die zugegeben „pragmatische" Lösung einer Reduzierung des Netzentgelts auf null Euro ab, dann ist zu fragen, wie das zuständige Gericht ohne genaue Angaben des Netzbetreibers über die eigenen Kosten und die erzielten Gewinne etc. ein billiges Entgelt gemäß § 315 Abs. 3 Satz 2 BGB bestimmen soll. Diese Festlegung erfordert jedenfalls eine hinreichend belastbare Tatsachenbasis im Einzelfall. Die relevanten Rechtstatsachen werden im Normalfall nicht zum privaten Wissen des Richters gehören. Mit großer Wahrscheinlichkeit haben sich auch keine Handelsbräuche i. S. des § 346 HGB herausgebildet, die das Gericht zu kennen hätte (sog. gerichtsbekannte Tatsache)[167] und die deshalb nicht des Beweises bedürften.[168] Die Heranziehung eines Sachver-

---

[165] BGH v. 8. 11. 2011 – EnZR 32/10, RdE 2012, 63 Rn. 25 = ZNER 2012, 179; BGH v. 20. 7. 2010 – EnZR 23/09, RdE 2010, 385 Rn. 51 = ZNER 2010, 581 – Stromnetznutzungsentgelt IV.

[166] BGH v. 20. 7. 2010 – EnZR 23/09, RdE 2010, 385 Rn. 18 = ZNER 2010, 581 – Stromnetznutzungsentgelt IV.

[167] Siehe § 291 ZPO; für die Kammern für Handelssachen an den Landgerichten bestimmt § 114 GVG, dass diese über das Bestehen von Handelsbräuchen aufgrund eigener Sachkunde und Wissenschaft entscheiden können.

[168] Zur Verteilung der Darlegungs- und Beweislast bei Handelsbräuchen siehe *Hopt*, in: Baumbach/Hopt, HGB, § 346 Rn. 13.

ständigen zur Ermittlung eines billigen (d.h. marktüblichen) Entgelts durch das Gericht ist zwar grundsätzlich möglich; die dafür anfallenden Kosten übersteigen jedoch nicht selten die Höhe des bereicherungsrechtlichen Rückforderungsanspruchs, so dass dieses Beweismittel häufig (wenn auch nicht immer) unwirtschaftlich und prozessual betrachtet daher unsinnig sein dürfte.[169]

In diesen Fällen bleibt nur die Möglichkeit, auf andere Informationen, die schnell, einfach und kostengünstig zu haben sind, zurückzugreifen. Richtigerweise darf das Gericht alle ihm zugänglichen und dienlichen Informationen – gleichsam im „Freibeweis" – verwenden. Es hat diese auf ihre Schlüssigkeit hin zu überprüfen. Wenn es hierbei auf Datenmaterial zurückgreift, das aus der Sicht des beklagten Netzbetreibers ungünstig oder unrichtig ist, so ist dieser nicht beschwert, denn er hätte die Obliegenheit und die Möglichkeit gehabt, entsprechend zu eigenen Gunsten vorzutragen. Der Netzbetreiber kann eine Überprüfung und Neufestsetzung der Netzentgelte gemäß § 315 Abs. 3 Satz 2 BGB nicht dadurch verhindern, dass er jedwede Offenlegung der Kalkulationsgrundlagen verweigert.[170] Dies rechtfertigt wie dargelegt einerseits keinesfalls eine Festlegung des Netznutzungsentgelts auf null Euro; andererseits bedeutet eine solche Schätzung – insofern ähnlich wie bei der Anwendung von § 287 ZPO – nicht, dass das zuständige Zivilgericht eine optimale Lösung im Sinne einer „Punktlandung" finden müsste. Dazu wäre allenfalls ein gerichtlich bestellter Sach-

---

[169] So beispielsweise festgestellt in OLG München v. 14. 5. 2009 – U (K) 3283/08, IR 2009, 232 Rn. 29: „Einer weiteren Sachaufklärung durch die Anordnung einer Begutachtung durch einen Sachverständigen steht entgegen, dass diese mit Schwierigkeiten – und damit einhergehend mit erheblichen Kosten – verbunden wäre, die zu der Bedeutung des streitigen Teils der Forderung in keinem Verhältnis stehen. Der Senat sieht deshalb in Anwendung des Rechtsgedankens des § 287 Abs. 2 ZPO von einer ins letzte Detail gehenden Aufklärung sämtlicher Umstände ab."; ebenso OLG München v. 20. 5. 2010 – U (K) 4653/09, WuW/E DE-R 3031 Rn. 66 = ZNER 2010, 407. Die These ist in jedem Fall berechtigt, wenn man wie in den Fällen des OLG München und des OLG Nürnberg davon ausgeht, dass lediglich 15% bzw. 16% des vom Netznutzer entrichteten Entgelts nach Bereicherungsrecht zurückgefordert werden kann (weil das Gericht das billige Entgelt dem auf 85% bzw. 84% des vom Netzbetreiber geforderten Betrags festgesetzt hat). In dem Fall des OLG Nürnberg betrug der Rückforderungsanspruch aus Leistungskondiktion genau 3.880.21 Euro. Im Hinblick auf die „Rentabilität" der Einschaltung eines Sachverständigen stellt sich die Lage jedoch nicht wesentlich anders dar, wenn man der These folgt, dass das billige Entgelt Null betrage und der bereicherungsrechtliche Rückforderungsanspruch in voller Höhe des geleisteten Betrages bestehe. In dem Fall des OLG München erreichten die tatsächlich geleisteten Entgelte für die Jahre 2003 und 2004 beispielsweise nur eine Gesamthöhe von 6.849,04 Euro (netto).

[170] OLG Nürnberg v. 26. 5. 2009 – 1 U 1422/08, OLGR Nürnberg 2009, 609, 2. Leitsatz.

verständiger in der Lage, und dessen Einschaltung kommt wie dargelegt in vielen Fällen wegen Unwirtschaftlichkeit nicht in Betracht.

Die instanzgerichtliche Rechtsprechung verfährt nach dem oben genannten Prinzip, d.h. einfach, kostengünstig und pragmatisch. Das OLG München konnte sich beispielsweise einer Pressemitteilung der Bundesnetzagentur vom 19. September 2006 bedienen, der zufolge es im Rahmen der Entgeltregulierung zur Absenkung der Nettoentgelte von 15% bis fast 25% gekommen war.[171] Der Senat gelangte so zu der Einschätzung, dass das von dem Netzbetreiber geforderte Entgelt um 15% überhöht war. Zum nahezu gleichen Ergebnis – nämlich: einer Kürzung um 16% – gelangte das OLG Nürnberg, das im Wege einer Schätzung die Ergebnisse der sog. ersten Regulierungsperiode zugrunde legte.[172] Gerichtliche Schätzungen auf der Basis behördlicher Verlautbarungen, die sich an die Presse richten, sind zwar ungewöhnlich. Es handelt sich gleichwohl um einen gangbaren Weg, wenn man dem Gericht, wie es bei einer Billigkeitsentscheidung notwendig und geboten ist, einen relativ weit gefassten Beurteilungsspielraum zugesteht. Die Entscheidungsfindung ähnelt insoweit der Schadensermittlung nach § 287 Abs. 1 ZPO, die ebenfalls nicht auf eine „Punktlandung", d.h. auf *ein* „richtiges" Ergebnis, abzielt.

9. Prozessuale Besonderheiten betreffend den Klageantrag

Dies zugrundegelegt, ist es in prozessualer Hinsicht konsequent, dem Kläger, der einen Rückzahlungsanspruch aus Leistungskondiktion geltend macht, die Stellung eines unbezifferten Klageantrags zu gestatten.[173] Eine

---

[171] OLG München v. 14. 5. 2009 – U (K) 3283/08, IR 2009, 232 Rn. 30; OLG München v. 20. 5. 2010 – U (K) 4653/09, WuW/E DE-R 3031 Rn. 66 = ZNER 2010, 407; ebenso OLG Nürnberg v. 26. 5. 2009 – 1 U 1422/08, OLGR Nürnberg 2009, 609 Rn. 88. Nach anderen Angaben lagen die Kürzungen bei durchschnittlich 12% bzw. zwischen 10% und 18%, vgl. BGH v. 8. 11. 2011 – EnZR 32/10, RdE 2012, 63 Rn. 25 = ZNER 2012, 179.

[172] OLG Nürnberg v. 26. 5. 2009 – 1 U 1422/08, OLGR Nürnberg 2009, 609 3. Leitsatz und Rn. 73 ff., 86 ff., 90; dem folgend BGH v. 20. 7. 2010 – EnZR 23/09, RdE 2010, 385 Rn. 38, 51 = ZNER 2010, 581 – Stromnetznutzungsentgelt IV; BGH v. 20. 7. 2010 – EnZR 24/09, NVwZ-RR 2011, 58 Rn. 38, 51. Es handelt sich dabei um den mittleren Wert der vorgetragenen Kürzungen bei regionalen oder lokalen Netzbetreibern, den das LG Nürnberg-Fürth ermittelt hatte.

[173] Abweichend hat der BGH für den Fall der Geltendmachung einer vertretbaren Handlung entschieden, siehe BGH v. 20. 12. 1990 – III ZR 38/90, BGHR BGB § 249 Vermögensschaden 7 Rn. 4, wo es heißt: „Ist die Leistung vom Beklagten nach billigem Ermessen genauer zu bestimmen (§ 315 BGB) ..., so wird die Bestimmung, wenn der Schuldner sie verzögert, durch Urteil getroffen (§ 315 Abs. 3 Satz 2 BGB). Die Bestimmung erfolgt dann durch das angerufene Gericht. Dies enthebt den Kläger aber nicht von der Notwendigkeit, einen hinreichend bestimmten Antrag zu stellen. Das Risiko, daß das

Stufenklage gemäß § 254 ZPO bzw. eine analoge Anwendung dieser Vorschrift ist weder erforderlich noch geboten, da das Gericht, welches die Festsetzung des billigen Entgelts nach § 315 Abs. 3 Satz 2 BGB vornimmt, den beklagten Netzbetreiber zugleich bereicherungsrechtlich zur Rückzahlung verurteilen kann.[174]

Demnach kann der Kläger eine unbezifferte Rückzahlungsklage erheben und beispielsweise beantragen, dass das zuständige Gericht

> 1. gemäß § 315 Abs. 3 Satz 2 BGB das billige Netznutzungsentgelt für die Nutzung des Stromversorgungsnetzes des Beklagten durch den Kläger in dem Zeitraum von ... bis ... bestimmt und
> 2. den Beklagten verurteilt, die Differenz zwischen den tatsächlich von dem Kläger gezahlten Entgelten und dem vom Gericht gemäß § 315 Abs. 3 Satz 2 BGB bestimmten billigen Entgelt für den Zeitraum von ... bis ... (nebst Zinsen) zu zahlen.[175]

Unbezifferte Klageanträge sind bei Zahlungsklagen – abweichend von dem Erfordernis des bestimmten Klageantrags in § 253 Abs. 2 Nr. 2 ZPO – unter anderem aus dem Bereich der Klagen auf Schmerzensgeld anerkannt. In diesen Fällen ist der Kläger allerdings grundsätzlich dazu verpflichtet, dem Gericht außer den tatsächlichen Grundlagen für den Schmerzensgeldanspruch auch eine Untergrenze oder eine Größenordnung für das angemessene Schmerzensgeld zu nennen, ohne dass das Gericht an diese Angaben gebunden wäre.[176] Bei einer Gestaltungsklage gemäß § 315 Abs. 3 Satz 2 BGB, die auf richterliche Festsetzung des billigen Entgelts gerichtet ist, bzw. bei einer klageweisen bereicherungsrechtlichen Rückforderung, die hierauf fußt, ist jedoch weder die Angabe einer Untergrenze noch die Nennung eines Rahmens durch den Kläger erforderlich.[177] Es handelt sich also tatsächlich um einen unbezifferten Klageantrag, dessen Zulässigkeit sich mittelbar auch aus der Kostenregelung des § 92 Abs. 2 Nr. 2 ZPO ergibt.

Gericht seinen Bestimmungsvorschlag nicht für billigem Ermessen entsprechend hält, mag bei Leistungen wie der hier begehrten größer sein als bei Zahlungsverpflichtungen. Der Kläger kann ihm ausweichen, indem er den Schuldner zunächst auf Bestimmung der Leistung in Anspruch nimmt. Die Vornahme dieser unvertretbaren Handlung kann dann nach § 888 ZPO durch Festsetzung von Zwangsgeld vollstreckt werden."

[174] OLG Düsseldorf v. 26. 11. 2008 – VI-2 U (Kart) 12/07, 2 U (Kart) 12/07, ZNER 2009, 46 Rn. 24 ff.

[175] Vgl. die – ausführlicher gefassten – Anträge in dem Fall OLG München v. 14. 5. 2009 – U (K) 3283/08, IR 2009, 232 Rn. 3 f.; ähnlich OLG Düsseldorf v. 26. 11. 2008 – VI-2 U (Kart) 12/07, 2 U (Kart) 12/07, ZNER 2009, 46 Rn. 7 f., 15 f.

[176] BGH NJW 1982, 340; BGHZ 132, 341, 351 f. = NJW 1996, 2425 m.w.N.; BGHZ 140, 335, 340 f. = NJW 1999, 1339; BGH NJW 2002, 3769, st. Rspr.; *Foerste*, in: Musielak, ZPO, § 253 Rn. 34 f.; *Reichold*, in: Thomas/Putzo, ZPO, § 253 Rn. 12.

[177] Siehe *Wollschläger/Telschow*, IR 2008, 221, 223 (die die Zulässigkeit unbezifferter Rückzahlungsklagen bejahen); vgl. auch *Reichold*, in: Thomas/Putzo, ZPO, § 253 Rn. 12.

In der gerichtlichen Praxis folgt ein gewisser Beurteilungsrahmen des Gerichts zum einen zumeist daraus, dass die Netznutzer und späteren Kläger vorprozessual eine konkrete Überhöhung der Netznutzungsentgelte (z.B. um 30%)[178] geltend gemacht haben und zum anderen aus der ebenfalls häufigen Anführung der Regulierungspraxis der Bundesnetzagentur und der aus ihr resultierenden erzielten Reduzierungen der Entgelte im Rahmen von Entgeltgenehmigungsverfahren vor der Einführung der Anreizregulierung (z.B. im Bereich zwischen 10% bis 18%)[179].[180] Vor diesem Hintergrund erweist sich die Zulässigkeit unbezifferter Klageanträge gemäß § 315 Abs. 3 Satz 2 BGB jedenfalls im Bereich der angeblich überhöhten Netznutzungsentgelte in der Energiewirtschaft insgesamt gesehen als eine eher theoretische Fragestellung.

---

[178] BGH v. 20. 7. 2010 – EnZR 24/09, NVwZ-RR 2011, 58 Rn. 5, 51; BGH v. 8. 11. 2011 – EnZR 32/10, RdE 2012, 63 Rn. 23 = ZNER 2012, 179.

[179] BGH v. 8. 11. 2011 – EnZR 32/10, RdE 2012, 63 Rn. 25 = ZNER 2012, 179; ganz ähnlich auch im Fall BGH v. 20. 7. 2010 – EnZR 24/09, NVwZ-RR 2011, 58 Rn. 13, wo Kürzungen von 10% bis 16% vorgetragen wurden.

[180] Dass es sich dabei (trotz relativ schmaler Vergleichsbasis) um taugliche Vergleichsparameter im Fall fehlender Offenlegung der Kalkulation handelt, entschied mit Recht BGH v. 20. 7. 2010 – EnZR 24/09, NVwZ-RR 2011, 58 Rn. 40 f., 44.

Zusammenfassende Thesen

Die vorstehenden Ausführungen lassen sich in den folgenden Thesen zusammenfassen:

Zur Einleitung

1. Das Verlangen nach prohibitiv hohen Zugangsentgelten durch die Netzinhaber stellt eine große Gefahr für den Wettbewerb dar. Denn dadurch kann der Anspruch der Konkurrenten auf diskriminierungsfreien Netzzugang nach § 20 Abs. 1 EnWG 2005, der überhaupt erst zur Marktöffnung in der Energiewirtschaft geführt hat, leicht zu einem zahnlosen Tiger werden. Neben der Öffnung der Netze für den Wettbewerb spielt die Höhe der Netzentgelte anerkanntermaßen die „entscheidende Rolle" für die Öffnung der leitungsgebundenen Energiewirtschaft für den Wettbewerb. Die Regulierung des Netzzugangs einerseits sowie der Netzentgelte andererseits betrifft damit zwei Seiten derselben Medaille. Das vorliegende Werk ist der Kehrseite dieser Medaille gewidmet.

Zu Kapitel 1

2. Der Wettbewerb als solcher hat sich für die marktwirtschaftlich organisierten Wirtschaftssysteme als unverzichtbar erwiesen, da er die notwendigen Anreize für „Vorstoß und Verfolgung" der Konkurrenten und damit für eine Optimierung des Angebots setzt. Er ist dem regulierenden staatlichen Eingriff typischerweise überlegen, weil die „invisible hand" des Wettbewerbs regelmäßig zu nicht vorhersehbaren Marktergebnissen führt (so dass es sich bei dem Wettbewerb um ein „Entdeckungsverfahren" im Sinne *F.A. v. Hayeks* handelt). Die staatliche Regulierung setzt demgegenüber die vorherige Bestimmung von Regulierungszielen voraus. Bei natürlichen Monopolen funktionieren die Wettbewerbskräfte aber entweder gar nicht oder nur sehr eingeschränkt. In diesem Fall erweist sich die staatliche Regulierung als erforderlich und auch zielführend, wenn und soweit sie dazu führt, dass sich auch Monopolunternehmen so verhalten müssen, als wären sie einem wirksamen Wettbewerb ausgesetzt. Diese „zweitbeste

Lösung" des staatlichen Eingriffs in das Wirtschaftsgeschehen ist bei natürlichen Monopolen der einzig gangbare Weg, um Marktergebnisse zu erreichen, die den unter wirksamem Wettbewerb erzielten Ergebnissen vergleichbar sind.

3. Die Regulierung der Netzentgelte im Energiesektor hat ihre Rechtfertigung in dem Ziel der Verhinderung überzogener Preise als Folge eines unregulierten, die gesamtwirtschaftliche Wohlfahrt mindernden, Strebens nach Gewinnmaximierung der Netzbetreiber. Die Entgelte sind nach Möglichkeit so zu regulieren, wie sie sich bei funktionsfähigem (Leitungs-) Wettbewerb einstellen würden (siehe auch These 2).

4. Die Bildung von Entgelten im Wege der Anreizregulierung ist gegenüber dem kostenbasierten Ansatz vorzugswürdig, weil sie dem Inhaber von natürlichen Monopolen im Energiesektor konkrete Anreize bietet, effizienter zu werden und daher den Wettbewerb „simuliert". Die zentrale Neuerung durch das System der Anreizregulierung besteht darin, dass die Unternehmen die Erfolge bei der Kostensenkung, d.h. Einsparungen, die größer sind als die durch die Regulierungsbehörde gemachten Vorgaben, behalten dürfen. Der wesentliche Vorteil dieser Methode wird zu Recht darin gesehen, dass sie einen Spielraum für die Eigeninitiative der Unternehmen – mit dem Ziel der Kostensenkung – belässt, um ein wettbewerbsanaloges Verhalten zu erreichen. Die Anreizregulierung ist eine Art „Entdeckungsverfahren" im Hinblick auf ein effizientes Wirtschaften. Der generelle sektorale Produktivitätsfaktor (§ 9 ARegV) ist dabei der Dreh- und Angelpunkt.

5. Bei Anwendung der Anreizregulierung muss auf die Einhaltung von Qualitäts- und Versorgungsstandards geachtet werden, damit es im Zuge der Regulierung nicht zu einem *race to the bottom* kommt. Das Maß der erforderlichen Qualität bemisst sich nicht nur nach dem Sicherheitsbedürfnis der Allgemeinheit, sondern auch und gerade nach der Zahlungsbereitschaft der (End-)Kunden. Im Bereich Strom gibt es seit dem 1. Januar 2012 eine Qualitätsregulierung im Rahmen der Anreizregulierung (scil. durch das Qualitätselement, das Bestandteil der Regulierungsformel ist). Im Bereich Gas wird sie in der zweiten Regulierungsperiode etabliert werden.

6. Sowohl die behördliche Entgeltgenehmigung nach dem EnWG 2005 als auch die seit dem 1. Januar 2009 diese ersetzende Methode der Anreizregulierung sind mit den Vorgaben des Grundgesetzes in den Artikeln 12 Abs. 1, 14 Abs. 1 und 3 Abs. 1 GG vereinbar.

Zu Kapitel 2

7. Im Bereich der Rechtskontrolle von Netznutzungsentgelten sind die Vorschriften des deutschen Kartellrechts (d.h. die §§ 19, 29 und § 29 GWB) nicht anwendbar, da § 111 Abs. 1, 3 EnWG deren Anwendung ausschließt, und zwar zugunsten der spezielleren Einzelregelungen in § 30 EnWG. Diese Norm hat ein „verfeinertes" Missbrauchsregime etabliert. Dieses ist aber deutlich an den Regelungen der kartellrechtlichen Missbrauchsaufsicht im GWB orientiert.

8. Die Wettbewerbsregeln des Unionskartellrechts sind vorliegend anwendbar. Missbräuchliche Verhaltensweisen bei der Festlegung von Netznutzungsentgelten können daher nach Art. 102 AEUV sanktioniert werden. Die Forderung überhöhter Entgelte durch den Inhaber eines Energienetzes kann dementsprechend auf zivilrechtlicher Ebene zu Schadensersatzansprüchen der Netznutzer gemäß § 33 Abs. 3 Satz 1 GWB sowie zu Bereicherungsansprüchen gemäß § 812 Abs. 1 Satz 1, 1. Alt. BGB in Höhe der überzahlten Entgelte führen. Der Netzinhaber hat typischerweise die für die Anwendung von Art. 102 AEUV erforderliche marktbeherrschende Stellung inne. Die zum Energietransport erforderlichen Netze gelten nämlich als sog. „natürliche Monopole", weil sich die Errichtung und der Betrieb parallel verlaufender Netze wegen der damit verbundenen hohen Kosten in aller Regel nicht lohnen. Zugleich verfügt der Netzinhaber über eine wesentliche Einrichtung im Sinne der zu Art. 102 AEUV entwickelten *essential facilities*-Doktrin und der dazu ergangenen Rechtsprechung des EuGH. Der Zugriff auf die Energienetze ist für Drittunternehmen typischerweise notwendig; diese Netze sind nicht duplizierbar, weil der Aufbau eines Parallelnetzes für Dritte in aller Regel wirtschaftlich nicht rentabel ist. Je größer das Netz ist, desto unanfechtbarer ist auch die Position seines Inhabers hinsichtlich des Zugangs zum und die Nutzung des Netzes.

9. Die Frage, ob ein Netzentgelt gemäß Art. 102 AEUV missbräuchlich überhöht ist, kann grundsätzlich sowohl nach dem sog. Vergleichsmarktkonzept als auch nach der Methode der Gewinnspannenermittlung (bzw. Gewinnspannenbegrenzung) untersucht werden. Beide Methoden bereiten bei monopolistisch strukturierten Märkten allerdings Probleme. Die Anwendung der genannten Methoden führt jedenfalls nicht zu einem für alle Netzbetreiber gleich hohen Netzentgelt, weil auch in einer Wettbewerbswirtschaft die Preisbildung in Märkten nicht zwangsläufig zu einheitlichen Preisen führt. Die vor Einführung der Anreizregulierung praktizierte kostenorientierte Entgeltregulierung nach dem EnWG 2005 führte dementsprechend zu unterschiedlich hohen Netzentgelten, weil die objektiv unabwendbaren Kosten der Netzbetreiber unterschiedlich hoch waren. Objektive Strukturunterschiede sind als rechtfertigende Umstände für unter-

schiedliche Netzentgelte anzuerkennen. Objektiv sind diese Strukturunterschiede stets dann, wenn sie zu Kostenfaktoren führen, die jeder andere Betreiber eines Energieversorgungsnetzes in dem betreffenden Netzgebiet ebenfalls hätte. Demnach hat die Bundesregierung im Zuge der Energierechtsnovelle von 2004/05 zu Recht einen Regulierungsansatz der „Gleichpreisigkeit" abgelehnt, weil anderenfalls die bestehenden Anreize zur Kostensenkung beseitigt worden wären.

10. Zu den anerkannten Fallgruppen des Missbrauchs einer marktbeherrschenden Stellung gemäß Art. 102 AEUV zählt unter anderem die sog. Kosten-Preis-Schere (engl. *margin squeeze* oder *price squeeze*). Diese Fallgruppe erfasst grundsätzlich auch das Verlangen nach überhöhten Netzentgelten. Ob man sie als selbständige Fallgruppe des Missbrauchs nach Art. 102 Satz 1 AEUV qualifiziert oder den Regelbeispielen lit. a oder lit. c des Satzes 2 der genannten Vorschrift zuordnet, ist für die Fallentscheidung letztlich ohne Belang. Regulierungsbehördliche (Entgelt-)Genehmigungen stehen jedenfalls der Anwendbarkeit des Art. 102 AEUV nicht entgegen. Gleiches gilt für die Festlegung von Erlösobergrenzen im System der Anreizregulierung. In beiden Fällen ist der erforderliche unternehmerische Handlungsspielraum auf Seiten des Netzbetreibers nämlich gegeben. Als Beispiel für einen möglichen Verstoß gegen Art. 102 AEUV unter dem Aspekt der Kosten-Preis-Schere wurde hier die Verpflichtungszusagenentscheidung der Kommission gemäß Art. 9 Abs. 1 VO Nr. 1/2003 im Fall „Gasmarktabschottung durch RWE" angeführt.

11. Der Anwendungsbereich des Art. 102 AEUV ist insgesamt gesehen relativ eng, da es häufig an der sog. Zwischenstaatlichkeit bzw. an der Spürbarkeit der Handelsbeeinträchtigung fehlt, wenn und soweit das jeweilige Netzgebiet nur eine verhältnismäßig geringe Größe aufweist. Zwar hat der EuGH in den Urteilen „Suiker Unie" und „Ambulanz Glöckner" entschieden, dass Gebiete wie Süddeutschland oder das Bundesland Rheinland-Pfalz das genannte Merkmal erfüllen. Jedoch wäre dies beispielsweise bei einem Netzgebiet, das die Fläche einer Kleinstadt und deren Umland umfasst (z.B. „Raum Worms"), nicht der Fall.

Zu Kapitel 3

12. Die nachträgliche Missbrauchsaufsicht gemäß § 30 EnWG hat vor allem den Zweck, die Einhaltung der Vorschriften über die Netzregulierung zu gewährleisten. § 30 EnWG dient den in § 1 EnWG formulierten Regulierungszielen und ist mit Blick auf diese Ziele, vor allem den unverfälschten, wirksamen Wettbewerb (scil. den Wettbewerb auf den dem Netzbe-

reich vor- und nachgelagerten Märkten), die Versorgungszuverlässigkeit und -sicherheit, auszulegen.

13. Nach der Generalklausel des § 30 Abs. 1 Satz 1 EnWG ist den Betreibern von Energieversorgungsnetzen ein Missbrauch ihrer Marktstellung verboten. Trotz des kartellrechtlichen Ursprungs des § 30 EnWG lassen sich im Detail verschiedene Abweichungen der einzelnen Regelbeispiele dieser Vorschrift von den Vorbildern der §§ 19, 20 GWB feststellen. Diese Unterschiede tragen den Besonderheiten und den Zwecksetzungen des Energierechts Rechnung, was wiederum dem Ziel einer „verbesserten" oder „verfeinerten" Missbrauchskontrolle in diesem Sektor entspricht. Das zeigt sich beispielsweise darin, dass § 30 EnWG nicht voraussetzt, dass der Netzbetreiber eine marktbeherrschende Stellung inne hat, denn deren Vorliegen wird bei Netzbetreibern als Inhaber natürlicher Monopole gleichsam unwiderleglich vermutet. Eine weitere Abweichung gegenüber dem Kartellrecht besteht in dem Verzicht auf das Merkmal „gleichartigen Unternehmen üblicherweise zugänglicher Geschäftsverkehr" nach § 20 GWB. Außerdem ist das GWB mit Blick auf die auf die Freiheit des Wettbewerbs gerichtete Zielsetzung des Gesetzes auszulegen, mit der Folge, dass der kartellrechtliche Missbrauchsbegriff an den Ordnungsprinzipien einer Wettbewerbswirtschaft ausgerichtet ist. Ungeachtet dieser Unterschiede im Detail bilden die §§ 19, 20 GWB einen wichtigen Bezugspunkt für den regulatorischen Missbrauchsbegriff des § 30 EnWG. Für die Auslegung dieser Vorschrift kann grundsätzlich auch auf die Rechtsprechung und Literatur zur kartellrechtlichen Missbrauchsaufsicht zurückgegriffen werden.

14. Unter dem Begriff des Missbrauchs i.S. des § 30 Abs. 1 Satz 1 EnWG ist jedes gesetzeswidrige Verhalten (d.h. Verstöße gegen das EnWG und die auf seiner Grundlage erlassenen Rechtsverordnungen) eines Netzbetreibers zu verstehen. Die Termini „Ausbeutungsmissbrauch", „Behinderungsmissbrauch" und „Strukturmissbrauch", die im Bereich des Kartellrechts seit langem etabliert sind, sind auch bei der rechtlichen Analyse und der Anwendung des § 30 EnWG gebräuchlich.

15. Bei der Auslegung des § 30 Abs. 1 EnWG und des darin verankerten modifizierten Missbrauchsbegriffs spielen nicht-wettbewerbliche Zielsetzungen – wie z.B. der Aspekt der Versorgungssicherheit und -zuverlässigkeit (siehe § 1 Abs. 1, 2 EnWG) – eine viel größere Rolle als im Kartellrecht, wo solche Aspekte nur untergeordnete Bedeutung haben.

16. Die Auslegung des § 30 EnWG hat sich gemäß § 1 Abs. 2 EnWG an der Sicherstellung eines wirksamen und unverfälschten Wettbewerbs bei der Versorgung mit Elektrizität und Gas und der Sicherung eines langfristig angelegten leistungsfähigen und zuverlässigen Betriebs von Energieversorgungsnetzen auszurichten. Insofern besteht also in begrifflicher Hinsicht kein fundamentaler Unterschied zur Auslegung des GWB. Da man es

im Anwendungsbereich des § 30 EnWG durchweg mit natürlichen Monopolen zu tun hat, unterscheidet sich dieser Sektor jedoch signifikant von echten Wettbewerbswirtschaften, die der hauptsächliche Regelungsgegenstand des Kartellrechts sind. Daraus folgt unter anderem, dass das für das GWB unbestrittene Vergleichsmarktkonzept im Bereich der Energiewirtschaft allenfalls eingeschränkte Tauglichkeit besitzt.

17. § 30 Abs. 1 Satz 2 EnWG enthält sechs Regelbeispiele des energiewirtschaftsrechtlichen Missbrauchstatbestands. Bei der Auslegung dieser Bestimmungen kann in erheblichem Maße auf die einschlägige kartellrechtliche Rechtsprechung und Literatur zurückgegriffen werden. Die Anwendbarkeit der Regelbeispiele des § 30 EnWG auf die Kontrolle von Netzentgelten ist allerdings eingeschränkt. So findet beispielsweise das generalklauselartig gefasste Regelbeispiel der Nr. 1 (Missbrauch beim Netzanschluss und Netzzugang) auf *ex ante* genehmigte Zugangsentgelte (siehe § 21a, § 23a EnWG) keine Anwendung. Gleiches gilt für die Regelung des Strukturmissbrauchs in der Nr. 6 dieser Vorschrift. Weiter ist in Nr. 5 (Ausbeutungsmissbrauch) ausdrücklich bestimmt, dass Entgelte als sachlich gerechtfertigt gelten, wenn sie die Obergrenzen einer dem betroffenen Unternehmen erteilten Genehmigung nach § 23a EnWG nicht überschreiten. Dies gilt im Fall der Durchführung einer Anreizregulierung nach § 21a EnWG auch für Entgelte, die die für das betroffene Unternehmen für eine Regulierungsperiode vorgegebenen Obergrenzen nicht überschreiten. Für den Fall, dass die genehmigten Entgelte möglicherweise überhöht sind, stellt § 31 EnWG ein besonderes regulierungsbehördliches Missbrauchsverfahren zur Verfügung. Nach Ablauf der Befristung bzw. nach dem Widerruf der Entgeltgenehmigung greift die genannte Rechtfertigungsfiktion allerdings nicht (mehr) ein. In diesem Fall ist zu untersuchen, ob die betreffenden Entgelte bei wirksamem Wettbewerb durchsetzbar wären. Entsprechendes gilt auch für die vor der erstmaligen Genehmigung verlangten Netzentgelte.

18. § 30 Abs. 1 Satz 2 Nr. 5 EnWG sperrt im Übrigen nicht die Missbrauchsaufsicht über die sonstigen Geschäftsbedingungen (sog. Konditionenmissbrauch), z.B. bezüglich Sicherungsleistungen und Vorauszahlungen, dem Verlangen von Baukostenzuschüssen, Haftungsausschlüssen, Kündigungsfristen usw. Für die Feststellung eines Missbrauchs ist hier im Rahmen einer Gesamtabwägung zu untersuchen, ob die betreffenden Bedingungen bei wirksamem Wettbewerb ebenfalls durchsetzbar wären. Die Anwendung des Vergleichsmarktkonzepts bereitet dabei erhebliche Schwierigkeiten. Sie kann schon daran scheitern, dass bestimmte Geschäftsbedingungen von anderen Marktteilnehmern überhaupt nicht verwendet werden. Es ist zwar nicht Voraussetzung, dass alle Marktteilnehmer gleichartige Konditionen verwenden, aber je größer die Unterschiede

in den miteinander zu vergleichenden „Leistungsbündeln" sind, desto schwieriger ist die Frage zu beantworten, wie eine wettbewerbsanaloge Ausgestaltung der Geschäftsbedingungen auszusehen hätte. Mit Recht wird deshalb die Praktikabilität dieses Ansatzes von Vertretern der Literatur in Zweifel gezogen. Wenig praktikabel erscheint darüber hinaus auch das „Konzept der fiktiven Wettbewerbskonditionen".

19. Der energiewirtschaftliche Zivilrechtsschutz gemäß § 32 EnWG ist ähnlich wie im Kartellrecht (§ 33 GWB) und im Telekommunikationsrecht (§ 44 TKG) ausgestaltet. Verstöße gegen die §§ 20 ff. EnWG und die einschlägigen Rechtsverordnungen führen deshalb zu Unterlassungs-, Beseitigungs- und Schadensersatzansprüchen gemäß § 32 EnWG. Wegen der Möglichkeit zur Einleitung des besonderen Missbrauchsverfahrens gemäß § 31 EnWG ist die Attraktivität des Zivilrechtsschutzes aus Sicht der Betroffenen allerdings relativ gering.

20. In Parallelität zu den Regelungen in § 10 UWG, § 34 GWB und § 43 TKG sieht § 33 EnWG eine Abschöpfung des wirtschaftlichen Vorteils, d.h. der Differenz zwischen dem „Normalgewinn" und dem tatsächlichen Gewinn, durch die Regulierungsbehörde vor. Die behördliche Anordnung der Zahlung des dem „Zusatzgewinn" des Netzbetreibers entsprechenden Geldbetrags, der gemäß § 33 Abs. 4 Satz 1 EnWG i.V.m. § 287 Abs. 1 ZPO auch geschätzt werden kann, erfolgt zugunsten der Staatskasse und nicht etwa zugunsten der Netznutzer. § 33 Abs. 1 Satz 1 EnWG setzt zudem in allen drei Varianten ein Verschulden des Netzbetreibers voraus. Die Vorteilsabschöpfung wird in der Literatur zutreffend als „ein eigenständiges Instrument der Regulierungsbehörde" bezeichnet. Aus Sicht der Netznutzer ist die Vorschrift allerdings denkbar „unattraktiv", da ihnen der abgeschöpfte Vorteil nicht zusteht. Im Übrigen ist die Vorteilsabschöpfung gemäß § 33 Abs. 2 Satz 1 EnWG gegenüber dem Schadensersatzanspruch aus § 32 EnWG, der Geldbuße gemäß § 95 EnWG und der Anordnung des Verfalls gemäß §§ 73, 73a StGB subsidiär. Im Hinblick auf die Konkurrenz zum Schadensersatzanspruch gemäß § 32 EnWG ist die Vorteilsabschöpfung nach § 33 EnWG außerdem nur dort praxisrelevant, wo der Anspruch – wie häufig bei geringen, sog. „Streuschäden" – nicht geltend gemacht wird.

Zu Kapitel 4

21. In der Beziehung zwischen Netznutzer und -betreiber stellt sich die Frage, ob eine Rückforderung von angeblich überhöhten Netzentgelten gemäß §§ 812 Abs. 1 Satz 1, 1. Alt., 818 Abs. 2 i.V.m. § 315 Abs. 3 BGB möglich ist. Die nach dem EnWG 2005 genehmigten Netznutzungsentgelte

unterliegen nach der „Stromnetznutzungsentgelt V"-Rechtsprechung des BGH vom 15. Mai 2012 der Billigkeitskontrolle nach § 315 Abs. 3 BGB. Die Anwendbarkeit des § 315 BGB ist nach hier vertretener Auffassung auch für die Billigkeitskontrolle von Netznutzungsentgelten im Rahmen der Anreizregulierung zu bejahen.

22. Die bereicherungsrechtliche Rückforderung überhöhter Netznutzungsentgelte kommt auch noch Jahre nach Entstehung des Rückforderungsanspruchs in Betracht, wenn und soweit der Netznutzer seinerzeit nur unter Vorbehalt geleistet hat. § 315 Abs. 3 Satz 2 BGB bestimmt für die Erhebung der dort vorgesehenen Klage keine besondere Frist. Aus diesem Umstand könnte man darauf schließen, dass auch ein entsprechender Rückforderungsanspruch aus Leistungskondiktion nicht zu verjähren beginnen könne, bevor die gerichtliche Bestimmung des billigen Entgelts nach § 315 Abs. 3 Satz 2 BGB getroffen wurde. Dieser Überlegung hat die Rechtsprechung allerdings eine Absage erteilt. Der Kartellsenat des BGH hat dazu mehrfach klargestellt, dass die Verjährung des Anspruchs auf Rückzahlung des unter Vorbehalt gezahlten Netznutzungsentgelts aus Leistungskondiktion bereits mit der Zahlung beginne. Vor diesem Hintergrund gilt also auch für die Rückforderung überhöhter Netzentgelte aus § 812 BGB die regelmäßige dreijährige Verjährungsfrist gemäß §§ 195, 199 Abs. 1 BGB.

23. Das Recht zur Klage nach § 315 Abs. 3 BGB kann durch eine illoyale Verzögerung der Klageerhebung verwirkt sein. Die Verwirkung eines Rechts setzt voraus, dass sowohl das erforderliche Zeitmoment als auch das Umstandsmoment gegeben sind.

24. Ein über den allgemeinen Rechtsgrundsatz der Verwirkung hinausgehendes besonderes Beschleunigungsgebot kann weder aus § 315 Abs. 3 Satz 2, letzter Halbsatz BGB noch aus einer analogen Anwendung des § 124 BGB hergeleitet werden.

25. Die Darlegungs- und Beweislast dafür, dass die getroffene Leistungsbestimmung der Billigkeit entspricht, trägt auch im zivilrechtlichen Rückforderungsprozess der Netzbetreiber, wenn das geforderte Entgelt vom Netznutzer nur unter Vorbehalt gezahlt wurde, weil dieser das vom Netzbetreiber verlangte Entgelt von Anfang an als überhöht angesehen hatte.

26. Der Netzbetreiber kann eine gerichtliche Überprüfung der Netznutzungsentgelte nach § 315 Abs. 3 Satz 2 BGB jedenfalls nicht dadurch verhindern, dass er – etwa um den Schutz seiner Betriebs- und Geschäftsgeheimnisse zu gewährleisten – jedwede Offenlegung der Kalkulationsgrundlagen verweigert. Bei der gerichtlichen Bestimmung des billigen Netznutzungsentgelts ist allerdings zu berücksichtigen, dass dem § 315 Abs. 3 Satz 2 BGB kein wie auch immer gearteter Straf- oder Sanktionscharakter zukommt. Deshalb kann der Obliegenheitsverletzung des Netzbetreibers, der

seiner Darlegungslast in Bezug auf die von ihm vorgenommene Preisfindung nicht nachkommt, nicht dadurch begegnet werden, dass das Gericht das billige Entgelt einfach auf Null festsetzt. Das Gericht kann sich insbesondere nicht darauf berufen, dass es mangels jedweden Sachvortrags nicht dazu in der Lage sei, ein billiges Entgelt oberhalb von Null festzusetzen oder zu schätzen. Es muss bei der Entscheidung nach § 315 Abs. 3 Satz 2 BGB vielmehr alle ihm möglichen und zumutbaren Erkenntnisquellen ausschöpfen und darf nicht bloß eine Beweislastentscheidung treffen. Die abweichende „Null-Euro-Rechtsprechung" einiger Oberlandesgerichte ist mit dem Billigkeitsprinzip des § 315 BGB nicht vereinbar. Denn auch ohne näheren Vortrag des verklagten Netzbetreibers ist sicher, dass das der Billigkeit entsprechende Entgelt über Null liegen muss, weil ein Kaufmann bekanntlich „nichts zu verschenken" hat. Der BGH hat daher zu Recht eine gerichtliche Festlegung des Netzentgelts auf null Euro abgelehnt.

27. Der zivilrechtliche Maßstab der Billigkeit i.S. des § 315 Abs. 3 Satz 2 BGB wird grundsätzlich als ein objektiv-individueller Maßstab verstanden. Im Energiewirtschaftsrecht besteht allerdings eine Besonderheit insoweit, als der Maßstab der Billigkeit in § 315 BGB nach der Rechtsprechung des Kartellsenats des BGH im Rahmen der Überprüfung von Netzentgelten gerade kein individueller ist, sondern aus der typischen Interessenlage des Netznutzungsverhältnisses und den für dessen Ausgestaltung maßgeblichen gesetzlichen Vorgaben gewonnen werden muss. Der Maßstab der Billigkeit wird nach der Rechtsprechung durch die §§ 21 ff. EnWG konkretisiert und das richterliche Ermessen in mehrfacher Hinsicht gebunden. Die Entgeltbildung muss sich nach Ansicht der Rechtsprechung daran orientieren, dass die Regulierung einer möglichst sicheren, preisgünstigen, verbraucherfreundlichen, effizienten und umweltverträglichen leitungsgebundenen Versorgung der Allgemeinheit mit Elektrizität und Gas (§ 1 Abs. 1 EnWG) und darüber hinaus der Sicherstellung eines wirksamen und unverfälschten Wettbewerbs (§ 1 Abs. 2 EnWG) dienen soll. Die Entgelte für den Netzzugang müssen unter anderem angemessen sein (§ 21 Abs. 1 EnWG), und sie dürfen keine Kosten oder Kostenbestandteile enthalten, die sich ihrem Umfang nach im Wettbewerb nicht einstellen würden (§ 21 Abs. 2 Satz 2 EnWG). Sie müssen weiter die in der Stromnetzentgeltverordnung bzw. Gasnetzentgeltverordnung enthaltenen Regelungen zur Ermittlung der Entgelte einhalten.

28. Ob sich die beiden genannten Billigkeitsmaßstäbe – *individueller* Maßstab in Zivilrecht versus *überindividueller* Maßstab bei Netzentgelten im Energiebereich – abgesehen von der diametral entgegengesetzten Begrifflichkeit letztlich auch in den konkreten Ergebnissen unterscheiden werden, ist zumindest fraglich. Der wesentliche Unterschied zwischen den beiden Ansätzen besteht wohl darin, dass unter Zugrundelegung eines in-

dividuellen Maßstabs diejenigen Gesichtspunkte unberücksichtigt bleiben müssen, die klar und eindeutig über die Interessenlage der Beteiligten hinausgreifen und insbesondere Aspekte des reinen Gemeinwohls betreffen.

29. Nach der Rechtsprechung des BGH zur Darlegungs- und Beweislast des Netzbetreibers betreffend die Billigkeit der von ihm verlangten Netzentgelte kommt eine Ausschöpfung des von den Regulierungsbehörden mitgeteilten Rahmens der Entgeltkürzungen nach oben in Betracht. Dies gilt nur dann nicht, wenn der Netzbetreiber konkret darlegt, dass die betreffende Kürzung geringer ausgefallen ist. Diese beweislastbezogene Betrachtungsweise wirkt sich für den Netzbetreiber im erstgenannten Fall nachteilig aus, so dass die gerichtliche Entscheidung nach § 315 Abs. 3 Satz 2 BGB mittelbar doch einen gewissen „Sanktionscharakter" entfalten kann. Zugunsten des Netzbetreibers sind allerdings die von ihm an vorgelagerte Netzbetreiber gezahlten Netznutzungsentgelte zu berücksichtigen.

30. Der Kläger, der einen Rückzahlungsanspruch aus §§ 812 Abs. 1 Satz 1, 1. Alt., 818 Abs. 2 BGB i.V.m. § 315 Abs. 3 geltend macht, hat die Möglichkeit, einen unbezifferten Klageantrag zu stellen. Eine Stufenklage gemäß § 254 ZPO bzw. eine analoge Anwendung des § 254 ZPO ist weder erforderlich noch geboten, da das zuständige Gericht, welches die Festsetzung des billigen Entgelts nach § 315 Abs. 3 Satz 2 BGB vornimmt, den beklagten Netzbetreiber zugleich zur Rückzahlung verurteilen kann (§ 812 Abs. 1 Satz 1, 1. Alt, § 818 Abs. 2 BGB). Bei einer Gestaltungsklage gemäß § 315 Abs. 3 Satz 2 BGB, die auf richterliche Festsetzung des billigen Entgelts gerichtet ist, bzw. bei einer klageweisen bereicherungsrechtlichen Rückforderung, die hierauf fußt, ist – anders als bei Klagen auf Schmerzensgeld – weder die Angabe einer Untergrenze noch die eines Rahmens erforderlich. In der Praxis wurden allerdings in allen untersuchten Fällen vom Kläger konkrete Angaben zur angeblichen prozentualen Überhöhung der gezahlten Entgelte gemacht. Somit erweist sich die Frage nach der Zulässigkeit unbezifferter Klageanträge als eher theoretisches Problem.

Literaturverzeichnis

Ambrosius, Barbara: Die Rechtsprechung des Bundesgerichtshofs zur Billigkeitskontrolle von Tarifen der Versorgungsunternehmen, ZNER 2007, 95 ff.

Antweiler, Clemens / Nieberding, Felix: Rechtsschutz im neuen Energiewirtschaftsrecht, NJW 2005, 3673 ff.

Aristoteles: Die Nikomachische Ethik griechisch/deutsch, Düsseldorf und Zürich 2001 (Sammlung Tusculum).

Baumbach, Adolf / Hopt, Klaus J.: Handelsgesetzbuch, 35. Auflage, München 2012.

Baur, Jürgen F. / Pritzsche, Kai Uwe / Garbers, Marco: Anreizregulierung nach dem Energiewirtschaftsgesetz 2005, Veröffentlichungen des Instituts für Energierecht an der Universität zu Köln Band 122, Baden-Baden 2006 (zitiert: Baur/Pritzsche/Garbers, Anreizregulierung).

Bayer, Steffen: Billigkeit und Angemessenheit von Preiserhöhungen bei Haushaltskunden - Grundsätze des Bundesgerichtshofs, ET 2010, 65 ff.

Bechtold, Rainer: Kartellgesetz, Kommentar, 6. Auflage, München 2010.

– */ Bosch, Wolfgang / Brinker, Ingo /Hirsbrunner, Simon:* EG-Kartellrecht, Kommentar, 2. Auflage, München 2009.

Becker, Peter: Kartellrechtliche Kontrolle von Strompreisen, ZNER 2008, 289 ff.

Bergmann, Bettina: Maßstäbe für die Beurteilung einer Kosten-Preis-Schere im Kartellrecht, WuW 2001, 234 ff.

Böcker, Lina Barbara: Zwischen Gestaltungsrecht und Verbotsnorm – Zur Auslegung des § 6 EnWG 1998 als gesetzliches Leistungsbestimmungsrecht durch den BGH, ZWeR 2009, 105 ff.

Bork, Reinhard: Über die Billigkeitsprüfung nach § 315 BGB bei Preisabsprachen für die Stromnetznutzung, JZ 2006, 682 ff.

Bowing, Andreas: Start der Anreizregulierung – Beginn einer neuen Ära?, N&R 1/2009, Editorial.

Britz, Gabriele: Behördliche Befugnisse und Handlungsformen für die Netzentgeltregulierung nach neuem EnWG, RdE 2006, 1 ff.

– */ Hellermann, Johannes / Hermes, Georg:* Energiewirtschaftsgesetz, Kommentar, 2. Auflage, München 2010

Büdenbender, Ulrich: Das kartellrechtliche Preismissbrauchsverbot in der aktuellen höchstrichterlichen Rechtsprechung, ZWeR 2006, 233 ff.

–: Die Bedeutung der Preismissbrauchskontrolle nach § 315 BGB in der Energiewirtschaft, NJW 2007, 2945 ff.

–: Die neue Rechtsprechung des BGH zu Preisanpassungsklauseln in Energielieferungsverträgen, NJW 2009, 3125 ff.

–: BGH, Urt. v. 7. 12. 2010 - KZR 5/10, NJW-RR 2011, 774 – „Entega II", LMK 2011, 313540.

Bunte, Hermann-Josef (Hrsg.): Langen/Bunte, Kommentar zum deutschen und europäischen Kartellrecht, 2 Bände, 11. Auflage, Köln 2010/11 (zitiert: Bearbeiter, in: Langen/Bunte, Kartellrecht).
Danner, Wolfgang / Theobald, Christian (Hrsg.): Energierecht, Kommentar, 73. Auflage, München 2012 (Loseblatt), Stand: Januar 2012 (zitiert: Bearbeiter, in: Danner/Theobald, Energierecht).
Dauses, Manfred A.: Handbuch des EU-Wirtschaftsrechts, 2 Bände, Loseblatt, Stand: Februar 2012 (30. Ergänzungslieferung).
Dreher, Meinrad: Die richterliche Billigkeitsprüfung gemäß § 315 BGB bei einseitigen Preiserhöhungen aufgrund von Preisanpassungsklauseln in der Energiewirtschaft, ZNER 2007, 103 ff.
Elspas, Maximilian E. / Rosin, Peter: Netzentgelte zwischen Kostenorientierung und Anreizregulierung, RdE 2007, 329 ff.
Ernst, Lukas: Anmerkung zu den Beschlüssen des BGH v. 28. 6. 2011 – EnVR 34/10 und EnVR 48/10, N&R 2011, 213 ff.
Gerstner, Stephan: Vergleichspreise und Kostenkontrolle bei der Überprüfung von Wasserpreisen – Zwang zur Effizienz, N&R 2009, 52 ff.
Grigoleit, Andreas / Götz, Katharina: Ist eine Überprüfung von Netznutzungsentgelten im Rahmen des § 315 BGB nach der Regulierung noch möglich?, ZNER 2009, 224 ff.
Hartl, Bernd: Zur Ermittlung von Preisuntergrenzen in Wettbewerbsmärkten und im regulierten Umfeld, N&R 2008, 106 ff.
Haucap, Justus / Coenen, Michael: Mehr Plan- als Marktwirtschaft in der energiepolitischen Strategie 2020 der Europäischen Kommission, in: Festschrift für Franz Jürgen Säcker zum 70. Geburtstag, hrsg. von Detlev Joost, Hartmut Oetker und Martin Paschke, München 2011, S. 721 ff.
Haus, Florian C.: Anmerkung zum Urteil des BGH vom 7. Dezember 2010 - Az. KZR 5/10, N&R 2011, 95 ff.
– / Jansen, Guido: Zum Preismissbrauch marktbeherrschender Unternehmen nach dem Urteil des Bundesgerichtshofs im Fall Stadtwerke Mainz, ZWeR 2006, 77 ff.
v. Hayek, Friedrich August: Die Verfassung der Freiheit, 4. Auflage, Tübingen 2005.
–: Freiburger Studien. Gesammelte Aufsätze, 2. Auflage, Tübingen 1994.
Hellriegel, Mathias / Schmitt, Thomas: Anmerkung zum Beschluss des OLG Düsseldorf vom 8. Dezember 2010 [Az.: VI-2 Kart 1/10 [V], N&R 2011, 108), N&R 2011, 109 ff.
Hirsch, Günter / Montag, Frank / Säcker, Franz Jürgen: Münchener Kommentar zum Europäischen und Deutschen Wettbewerbsrecht (Kartellrecht), Band 1, Europäisches Wettbewerbsrecht, München 2007; Band 2, Gesetz gegen Wettbewerbsbeschränkungen (GWB) §§ 1 - 96, 130, 131, München 2008 (zitiert: Bearbeiter, in: Münchener Kommentar Wettbewerbsrecht)
Höch, Thomas / Göge, Marc-Stefan: Das besondere Missbrauchsverfahren der Regulierungsbehörde – Grundlagen und ausgewählte Probleme des besonderen Missbrauchsverfahrens nach dem EnWG 2005 –, RdE 2006, 340 ff.
Höppner, Thomas: Zeitliche Grenzen für die Rückforderung überhöhter Infrastrukturentgelte, N&R 2010, 2 ff.
Immenga, Ulrich / Mestmäcker, Ernst-Joachim (Hrsg.): Wettbewerbsrecht, Band 1. EU/Teil 1, 5. Auflage, München 2012.
Inderst, Roman / Schwalbe, Ulrich: Effekte verschiedener Rabattformen – Überlegungen zu einem ökonomisch fundierten Ansatz, ZWeR 2009, 65 ff.

Jaeger, Wolfgang / Pohlmann, Petra / Schroeder, Dirk: Frankfurter Kommentar zum Kartellrecht, Bände III und IV, EG-Kartellrecht, Köln, Stand: 76. Lfg., März 2012 (Loseblatt) (zitiert: Bearbeiter, in: Frankfurter Kommentar).
Jacob, Martin: Mehrerlösabschöpfung in der Anreizregulierung, RdE 2009, 42 ff.
Kling, Michael: Sprachrisiken im Privatrechtsverkehr: Die wertende Verteilung sprachenbedingter Verständnisrisiken im Privatrecht, Tübingen 2008.
– / Thomas, Stefan: Kartellrecht, München 2007.
Kühling, Jürgen: Die Bedeutung der Eigentumsgarantie aus Art. 14 GG für die Regulierung der Energieordnung, in: Festschrift für Franz Jürgen Säcker zum 70. Geburtstag, hrsg. von Detlev Joost, Hartmut Oetker und Martin Paschke, München 2011, S. 783 ff.
Kühne, Gunther: Gerichtliche Entgeltkontrolle im Energierecht, NJW 2006, 654 ff.
Lettl, Tobias: Anmerkung zum BGH-Urteil vom 7. 12. 2010 – KZR 5/10, WM 2011, 517, WuB V A § 19 GWB 1.11
Lotze, Andreas: Kartellrechtliche Wasserpreis-Missbrauchskontrolle nach »enwag« – Grundlegende Einzelfallentscheidung und kein Generalverdacht gegen eine Branche, RdE 2010, 113 ff.
Mankowski, Peter / Schreier, Michael: Zum Begriff des Wertes und des üblichen Preises, insbesondere in § 818 Abs. 2 BGB / Zugleich zur Verzahnung von Zivil- und Kartellrecht, AcP 208 (2008), 725 ff.
Markert, Kurt: Anmerkung zum Beschluss des BGH v. 28. 6. 2005 – KVR 1704, RdE 2005, 228 – Stadtwerke Mainz, RdE 2005, 233 ff.
–: Zur Kontrolle von Strom- und Gaspreiserhöhungen nach § 307 und § 315 BGB, ZNER 2008, 44 ff.
–: Die Kontrolle der Haushaltspreise für Strom und Gas nach den §§ 307, 315 BGB, ZMR 2009, 898 ff.
–: Anmerkung zum Urteil des BGH v. 19. 11. 2008 – VIII ZR 138/07, RdE 2009, 54, RdE 2009, 60 ff.
–: Wasserpreise und Kartellrecht, N&R 2009, 118 ff.
–: Die Anwendung des deutschen und europäischen Kartellrechts und der zivilrechtlichen Preiskontrolle nach §§ 307, 315 BGB im Strom- und Gassektor im zweiten Jahrzehnt der Marktliberalisierung, ZNER 2009, 193 ff.
–: Sonderzivilrecht für Energieversorger contra legem? – Kritische Anmerkungen zur neueren Rechtsprechung des VIII. Zivilsenats des BGH bei der Anwendung der §§ 307, 315 BGB auf Strom- und Gaspreise, in: Festschrift für Franz Jürgen Säcker zum 70. Geburtstag, hrsg. von Detlev Joost, Hartmut Oetker und Martin Paschke, München 2011, S. 845 ff.
Metzger, Axel: Energiepreise auf dem Prüfstand – Zur Entgeltkontrolle nach Energie-, Kartell- und Vertragsrecht, ZHR 172 (2008), 458 ff.
Missling, Stefan: Anmerkung zum BGH-Urteil v. 28. 6. 2011 – EnVR 34/10, IR 2011, 206, IR 2001, 207 f.
Musielak, Hans-Joachim: Kommentar zur Zivilprozessordnung, 8. Auflage, München 2011.
Nettesheim, Martin / Thomas, Stefan: Entflechtung im deutschen Kartellrecht. Wettbewerbspolitik, Verfassungsrecht, Wettbewerbsrecht, Tübingen 2011 (zitiert: Nettesheim/Thomas, Entflechtung).
Nyssens, Harold / Schnichels, Dominik: Energy, in: Faull, Jonathan & Nikpay, Ali, The EC Law of Competition, Second Edition, Oxford 2007, p. 1361 ff.
Olbricht, Tim: Netzzugang in der deutschen Gaswirtschaft, Düsseldorfer Schriften zum Energie- und Kartellrecht, Band 10, Essen 2008 (zitiert: Olbricht, Netzzugang).

Palandt, Otto: Bürgerliches Gesetzbuch, 71. Auflage, München 2012.
Peters, Carsten: Rechtsschutz Dritter im Rahmen des EnWG, Diss. Köln 2007, München 2008 (zitiert: Peters, Rechtsschutz Dritter).
Piepenbrock, Andreas: Das Zeitregime von § 315 BGB am Beispiel der Elektrizitätsnetznutzung, ZIP 2010, 1925 ff.
Pohl, Manfred / Rädler, Peter: Rechtsfragen der Anreizregulierung, – Zehn Thesen zum anstehenden Wechsel in die neue Entgeltregulierung –, RdE 2008, 306 ff.
Rosin, Peter: Bestimmung des Ausgangsniveaus für die Erlösobergrenzen in der ersten Regulierungsperiode nach § 6 Abs. 2 ARegV, RdE 2009, 37 ff.
Säcker, Franz Jürgen: Freiheit durch Wettbewerb, Wettbewerb durch Regulierung, ZNER 2004, 98 ff.
–: Zum Verhältnis von § 315 BGB, § 30 AVBElt, § 30 AVB Gas, § 24 AVB Fernwärme und § 19 GWB – Zur MVV-Entscheidung des Bundesgerichtshofs vom 18. 10. 2005, RdE 2006, 65 ff.
–: Die privatrechtliche Dimension des Wettbewerbsrechts – Zur systematischen Harmonisierung von Vertrags- und Wettbewerbsrecht, ZWeR 2008, 348 ff.
–: Die wettbewerbsorientierte Anreizregulierung von Netzwirtschaften, N&R 2009, 78 ff.
– (Hrsg.): Berliner Kommentar zum Energierecht, Bände 1 und 2, 2. Auflage, Frankfurt a.M. 2010 (zitiert: Bearbeiter, in: Berliner Kommentar)
– / *Rixecker, Roland / Oetker, Hartmut (Hrsg.):* Münchener Kommentar zum Bürgerlichen Gesetzbuch, Band 2, Schuldrecht, Allgemeiner Teil, §§ 241 – 432, 6. Auflage, München 2012 (zitiert: Bearbeiter, in: Münchener Kommentar zum BGB)
Salje, Peter: Energiewirtschaftsgesetz (EnWG), Kommentar, Köln, Berlin, München 2006 (zitiert: Salje, EnWG).
Schebstadt, Arnd: Anmerkung zu BGH, Urteil v. 18. 10. 2005 – KZR 36/04, MMR 2006, 154, MMR 2006, 157 f.
–: Vorverständnis und Methodenwahl in der Missbrauchsaufsicht, zugleich Anmerkung zu BGH, Beschluss v. 28. 6. 2005, Stadtwerke Mainz, WuW 2005, 1009 ff.
Schendel, Jörg: Investitionsanreize in der Anreizregulierung: Schritte vorwärts und zurück, IR 2011, 242 ff.
Schneider, Jens-Peter / Theobald, Christian: Recht der Energiewirtschaft, Praxishandbuch, München 2011
Scholz, Ulrich / Purps, Stephan: The Application of EC Competition Law in the Energy Sector, Journal of European Competition Law & Practice, 2010, Vol. 1, No. 1, p. 37 et seqq.
Schalast, Christoph / Abrar, Kamyar: Wettbewerb und Regulierung in Netzsektoren: Modell Breitband-Telekommunikationsmarkt, ZWeR 2009, 85 ff.
Scholtka, Boris / Baumbach, Antje: Die Entwicklung des Energierechts in den Jahren 2010 und 2011, NJW 2012, 2704 ff.
Schreiber, Kristina: Zusammenspiel der Regulierungsinstrumente in den Netzwirtschaften Telekommunikation, Energie und Eisenbahnen, Diss. Bonn 2009, München 2009 (zitiert: Schreiber, Zusammenspiel der Regulierungsinstrumente).
Schröder, Torsten: Anmerkung zum Beschluss des BGH v. 30. 3. 2011 – KZR 69/10, IR 2011, 155 f.
Schwalbe, Ulrich / Zimmer, Daniel: Kartellrecht und Ökonomie / Moderne ökonomische Ansätze in der europäischen und deutschen Zusammenschlusskontrolle, 2., überarbeitete und erweiterte Auflage, Frankfurt 2011.
Schwintowski, Hans-Peter: Die Verjährung von Ansprüchen auf Rückzahlung überhöhter Stromentgelte, ZIP 2006, 2302 ff.

Shleifer, Andrei: A theory of yardstick competition, Rand Journal of Economics, Vol. 16, No. 3, Autumn 1985, p. 319 et seqq.
Soergel, Hans Theodor / Siebert, Wolfgang: Bürgerliches Gesetzbuch, Band 2, Schuldrecht I (§§ 241 – 432), 12. Auflage, Juli 1990 (zitiert: Soergel/Bearbeiter).
Staudinger, Julius v.: J. von Staudingers Kommentar zum Bürgerlichen Gesetzbuch, Buch 2 Recht der Schuldverhältnisse, 13. Bearb. 1995 und Neubearbeitung 2009 (zitiert: Bearbeiter, in: Staudinger/Bearbeiter)
Tamm, Marina / Tonner, Klaus: Verbraucherrecht, Beratungshandbuch, Baden-Baden 2012.
Telchow, Carsten: Anmerkung zum Urteil des LG Mainz v. 28. 1. 2011 – 12 HK.O 94/09 Kart, IR 2011, 63 f.
Thau, Liane / Schüffner, Marc: Grundsatzentscheidungen des BGH zur Anreizregulierung, N&R 2011, 181 ff.
Theobald, Christian / Hummel, Konrad / Gussone, Peter / Feller, Diane: Anreizregulierung: Eine kritische Untersuchung, München 2008 [Rechtsgutachten im Auftrag des Verbandes kommunaler Unternehmen e.V. – VKU] (zitiert: Theobald/Hummel/Gussone, Feller, Anreizregulierung).
Thomas, Heinz / Putzo, Hans: Zivilprozessordnung, Kommentar, 31. Auflage, München 2010.
Weyer, Hartmut: Die regulatorische Missbrauchskontrolle nach § 30 EnWG, N&R 2007, 14 ff.
–: Vergleichsmarktbetrachtungen in der Preismissbrauchskontrolle, in: Festschrift für Franz Jürgen Säcker zum 70. Geburtstag, hrsg. von Detlev Joost, Hartmut Oetker und Martin Paschke, München 2011, S. 999 ff.
Wiemer, Frederik / Schultheiß, Christian: Entega I und II – Zu Mehrmarkenstrategien von Marktbeherrschern, ZWeR 2011, 218 ff.
Wiedemann, Gerhard: Handbuch des Kartellrechts, 2. Auflage, München 2008.
Wielsch, Dan: Die Kontrolle von Energiepreisen zwischen BGB und GWB, JZ 2008, 68 ff.
Wolf, Thomas: Anmerkung zum Urteil des BGH vom 30. 3. 2011 – KZR 69/10, RdE 2011, 260, RdE 2011, 261 f.
Zeidler, Anne Christine: Die Abschöpfung rechtsgrundlos erlangter Mehrerlöse bei Energieversorgungsnetzbetreibern, RdE 2010, 122 ff.
Zöttl, Johannes: Kein Verbot der Kosten-Preis-Schere im US-amerikanischen Kartellrecht, RIW 2009, 445 ff.

Stichwortverzeichnis

Abhilfemaßnahme(n)
– strukturelle ~ 109
– verhaltensorientierte ~ 109
Abstellungsbefugnis 109
Abstellungsverfügung 104, 112
Allgemeiner Gleichheitssatz des Art. 3 Abs. 1 GG 28, 152
Als-ob-Konzept 63
Anmaßung von Wissen 61
Anreizregulierung 69, 76, 100, 111, 120, 126 f., 149, 152 ff.
Ausbeutungsmissbrauch 60, 73, 90, 94, 99, 102, 155, 156

Behinderungsmissbrauch 50, 73, 90, 94, 96, 155
Benchmarking-Verfahren 19
Berufsfreiheit des Art. 12 Abs. 1 GG 23 f., 152
Beschleunigungsrichtlinien der EG 49, 87, 98
Beseitigungsanspruch 111, 113, 157
Besonderes Missbrauchsverfahren 103, 106 ff., 111, 157
Bestimmtheitsgrundsatz 104
bestreitbare Märkte *siehe* contestable markets
Bilanzausgleichsgebühr 78
Billigkeitskontrolle 41, 118 ff., 157 f.
Billigkeitsmaßstab des § 315 BGB 136 ff.
Binnenmarkt 69 ff.
"bottleneck"-Situation 2

contestable markets 47
Cost Plus-Regulierung 11

Data Envelopment Analysis (DEA) 16 f.
Diskriminierung 74, 94, 97 ff., 123, 126
Diskriminierungsverbot

– externes ~ 97
– internes ~ 98 f.
Durchleitung von Energie 1, 24, 108

Effizienzsteigerung 9, 12, 20, 30, 126
Effizienzvergleich 16 ff.
Effizienzvorgaben 9, 11, 14, 16 f., 25
Eigentumsfreiheit des Art. 14 Abs. 1 GG 25 ff., 152
Einstandspreisentwicklung 30, 32
Eisenbahninfrastrukturnetzverträge 125
Entdeckungsverfahren 12, 15, 151 f.
Entgeltgenehmigung 8, 28, 58 ff., 67 f., 80, 82, 93, 100, 108, 123, 127, 149, 152, 156
equally efficient competitor-Test 73, 77
Erheblichkeitszuschlag 63, 65 f.
Erlösobergrenzen 9 f., 14, 16 f., 20, 22, 24, 27, 29 ff., 36, 41, 47, 59, 67, 100, 112, 126, 154
Erweiterungsfaktor 37, 39
essential facilities-Doktrin 54, 60, 80, 153

Fernleitungsnetz 44 ff.
Feststellungsbefugnis 110
Frontier-Ansatz 19
Frontier-Unternehmen 15, 17, 30

Gasnetz(e) 11, 34, 43 ff.
Gebotsverfügung 105, 108 f.
Gefährdungsdelikt 75
Gemeinsamer Markt 70 f., 127
Gerechter Preis 66, 127, 140
Geschäftsbedingungen, sonstige 94, 99 ff., 156
Geschäftsverweigerung 93
Gewinnspannenermittlung, -begrenzung 62, 66 f., 153
Grenzkosten 67 Fn. 105

incentive regulation *siehe* Anreizregulierung
Investitionen 20
Investitionsbudget des Netzbetreibers 22, 38
iustum pretium *siehe* gerechter Preis

Konzessionsabgabe 50, 95
Kosten
– durchschnittliche Gesamt~ 81 Fn. 176
– durchschnittliche Grenz~ 67 *Fn.* 105
– durchschnittliche vermeidbare ~ 67 Fn. 105
– inkrementelle ~ 81 Fn. 176
Kostenbasierter Ansatz 7 f., 152
Kosten-Preis-Schere 60, 68, 72 ff.

Leistungsbündel 99, 101, 156
Leistungskondiktion 115, 128, 147, 158
Leistungswettbewerb 54, 81
Leitungswettbewerb 3, 7, 11, 44 ff.

Malmquist-Index 30 f.
Markt, Märkte
– vorgelagerte(r) ~ 72 f., 76, 83, 89, 145
– nachgelagerte(r) ~ 24, 45, 72 ff., 89, 95, 154
– vertikal verbundene ~ 72, 83
marktbeherrschendes(s) Unternehmen 54 f., 57, 60, 68, 72, 75, 78 ff.,
Marktstufen, verschiedene 72
Marktverhalten 73, 83
Methodenregulierung 29
Missbrauchsbegriff
– kartellrechtlicher ~ 54 f., 59, 81, 90, 155
– regulatorischer ~ 102, 167
Monopolistisch strukturierte Wirtschaftsbereiche 10 f., 52

Natürliches Monopol 1, 45, 53, 64, 153
Netzgebiet 61, 64, 69 f., 153 f.
Netzzugang, diskriminierungsfreier 5 ff., 25, 151

Objektive wirtschaftliche Rechtfertigung 84
Opportunitätsprinzip 105

pipe-in-pipe-Konzept 46
Positive Tenorierung 105 Fn. 125
Preis, wettbewerbsanaloger 62 ff.
Preisspaltung 102
Preisspanne 73
Preishöhenmissbrauch 60 ff., 67 f., 74
Price-Cap-Regulierung 9
Produktivitätsfaktor, genereller sektoraler 29 ff., 152
Produktivitätsfortschritt 10, 15, 30 ff.

Quasimonopol 83

Rabattsystem(e) 69, 78
race to the bottom 21, 152
Rationalisierungsmaßnahme(n) 43, 126
Regulierungsformel 32, 152
Revenue-Cap-Regulierung 9
Restwettbewerb 56, 81
Rückforderungsanspruch *siehe* Leistungskondiktion

Sanktionscharakter 135, 145, 158 ff.
Schadensersatzanspruch 50, 51, 59 f., 71, 111 ff., 123, 153, 157
Selbständigkeitspostulat 57 f., 76
Sicherheit der Energieversorgung 13, 21, 89 ff., 143, 154 f.
Sicherheitszuschlag 63
Simulation von Wettbewerb 10 f., 15, 27, 33, 152
Spezialitätsgrundsatz 50
Stochastic Frontier Analysis (SFA) 16 f.
Strafcharakter *siehe* Sanktionscharakter
Streuschäden 107, 114, 157
Stromnetznutzungsentgelt-Rechtsprechung des BGH 122, 126, 131, 157
Strukturmissbrauch 90, 94, 101 ff., 155 f.

Törnquist-Index 30 f.
Trassennutzungsentgelt 125

unavoidable trading partner 83 Fn. 181
Unterlassungsanspruch 112 f.
unvermeidlicher Handelspartner *siehe* unavoidable trading partner
unvorhersehbares Ereignis 39 ff.
unzumutbare Härte 36 ff.

Verdrängung 56, 73, 123
Verdrängungseffekt 73, 83 f.
Vergleichsmarkt, -märkte 63, 65, 102
Vergleichsmarktkonzept 62 f., 66 f., 92, 101, 153, 156
Versorgungsaufgabe 39
– nachhaltige Änderung der ~ siehe Erweiterungsfaktor
Versorgungssicherheit 21, 89 ff., 155
Versorgungsqualität 13, 21 f.
vertikal integrierte(s) Unternehmen 3, 69 ,72 f., 78, 98
Vertrauensschutz 116, 120, 126
Verwirkung
– Umstandsmoment der ~ 129 f., 131 ff., 158
– Zeitmoment der ~ 129 ff., 158
Vorteilsabschöpfung 111, 113 f., 157

wesentlicher Teil des Binnenmarktes bzw. des Gemeinsamen Marktes 69 ff.

Wettbewerb
– aktueller ~ 45
– echter ~ 3, 11, 44 ff., 92, 155
– funktionsfähiger ~ 7, 10, 152,
– potentieller ~ 44 f.
– wirksamer ~ 11 ff., 44, 46 f., 63, 77, 88, 91, 99 ff., 143, 151 f., 154 ff., 159
wettbewerbsanaloger Preis siehe Preis, wettbewerbsanaloger
Wettbewerbskonditionen, fiktive 101, 157
Wettbewerbsmärkte 10

Yardstick-Competition 9

Zuverlässigkeit der Energieversorgung 89 f., 154 f.
Zwischenstaatlichkeitsklausel 69, 71, 79, 154

Beiträge zum deutschen, europäischen und internationalen Energierecht (EnergieR)

Herausgegeben von
Jörg Gundel und Knut Werner Lange

Praktische Bedeutung und rechtliche Komplexität des Energierechts sind in den letzten Jahren sprunghaft gestiegen. Es ist zu einem weit ausgreifenden Rechtsgebiet geworden: Vertikal erfasst es das nationale Recht ebenso wie die internationale und die supranationale Ebene, horizontal verbindet es Rechtsfragen des öffentlichen Rechts und des Privatrechts. Trotz seiner hohen Relevanz und Entwicklungsgeschwindigkeit ist das Energierecht in seiner Gesamtstruktur dogmatisch bislang nur schwach durchdrungen.

Die Schriftenreihe will zur Schließung dieser Lücke beitragen. Sie zielt gleichermaßen auf das öffentliche wie auf das private Energierecht in seiner europäischen und internationalen Verflechtung ab. In ihr erscheinen herausragende Arbeiten aus der gesamten Breite des Rechtsgebiets, insbesondere Dissertationen, Habilitationsschriften und vergleichbare Monographien.

Lieferbare Bände:

1 *Lecheler, Helmut / Germelmann, Claas F.:* Zugangsbeschränkungen für Investitionen aus Drittstaaten im deutschen und europäischen Energierecht. 2010. XXII, 236 Seiten. Fadengeheftete Broschur.

2 *Wegner, Matthias:* Regulierungsfreistellungen für neue Elektrizitäts- und Erdgasinfrastrukturen. Gemäß Art. 17 der Verordnung (EG) Nr. 714/2009 und gemäß Art. 36 der Richtlinie 2009/73/EG. 2010. XXVI, 363 Seiten. Fadengeheftete Broschur.

3 Klimaschutz nach Kopenhagen – Internationale Instrumente und nationale Umsetzung. Tagungsband der Ersten Bayreuther Energierechtstage 2010. Herausgegeben von *Jörg Gundel* und *Knut W. Lange.* 2011. XI, 106 Seiten. Fadengeheftete Broschur.

4 Die Umsetzung des 3. Energiebinnenmarktpakets. Tagungsband der Zweiten Bayreuther Energierechtstage 2011. Herausgegeben von *Jörg Gundel* und *Knut W. Lange.* 2011. XII, 128 Seiten. Fadengeheftete Broschur.

5 Der Umbau der Energienetze als Herausforderung für das Planungsrecht. Tagungsband der Dritten Bayreuther Energierechtstage 2012. Herausgegeben von *Jörg Gundel* und *Knut W. Lange.* 2012. XII, 154 Seiten. Fadengeheftete Broschur.

6 *Kling, Michael:* **Die Rechtskontrolle von Netzentgelten im Energiesektor.** Entgeltbestimmung durch „simulierten Wettbewerb" und Missbrauchskontrolle nach Regulierungsrecht, Kartellrecht und Zivilrecht. 2013. XIII, 169 Seiten. Leinen.

Einen Gesamtkatalog erhalten Sie gerne vom Verlag
Mohr Siebeck, Postfach 2040, D–72010 Tübingen.
Aktuelle Informationen im Internet unter www.mohr.de